海外中国研究丛书

到中国之外发现中国

本书为"北京高校高精尖学科建设项目——城市民族学"阶段性成果。

北京的人力车夫
1920年代的市民与政治

［美］史谦德 著
周书垚 袁剑 译 周育民 校

RICKSHAW BEIJING
CITY PEOPLE AND POLITICS IN THE 1920S

江苏人民出版社

图书在版编目(CIP)数据

北京的人力车夫:1920年代的市民与政治/(美)史谦德著;周书垚,袁剑译. —南京:江苏人民出版社,2021.10(2022.1重印)

(海外中国研究丛书/刘东主编)

书名原文:Rickshaw Beijing: City People and Politics in the 1920s

ISBN 978-7-214-22486-6

Ⅰ.①北… Ⅱ.①史… ②周… ③袁… Ⅲ.①社会生活—北京—民国 Ⅳ.①D693.9

中国版本图书馆 CIP 数据核字(2020)第 035805 号

Rickshaw Beijing: City People and Politics in the 1920s by David Strand
Copyright © 1989 The Regents of the University of California
Published by arrangement with University of California Press
Simplified Chinese edition copyright © 2021 by Jiangsu People's Publishing House
All rights reserved
江苏省版权局著作权合同登记号:图字 10-2018-408 号

书　　　名	北京的人力车夫:1920年代的市民与政治
著　　　者	[美]史谦德
译　　　者	周书垚　袁　剑
校　　　者	周育民
责 任 编 辑	康海源　卞清波
特 约 编 辑	陆诗濛
责 任 监 制	王　娟
装 帧 设 计	周伟伟
出 版 发 行	江苏人民出版社
地　　　址	南京市湖南路1号A楼,邮编:210009
照　　　排	江苏凤凰制版有限公司
印　　　刷	苏州市越洋印刷有限公司
开　　　本	652毫米×960毫米　1/16
印　　　张	24.5　插页4
字　　　数	270千字
版　　　次	2021年10月第1版
印　　　次	2022年1月第3次印刷
标 准 书 号	ISBN 978-7-214-22486-6
定　　　价	88.00元

(江苏人民出版社图书凡印装错误可向承印厂调换)

序"海外中国研究丛书"

中国曾经遗忘过世界,但世界却并未因此而遗忘中国。令人嗟讶的是,20世纪60年代以后,就在中国越来越闭锁的同时,世界各国的中国研究却得到了越来越富于成果的发展。而到了中国门户重开的今天,这种发展就把国内学界逼到了如此的窘境:我们不仅必须放眼海外去认识世界,还必须放眼海外来重新认识中国;不仅必须向国内读者迻译海外的西学,还必须向他们系统地介绍海外的中学。

这个系列不可避免地会加深我们150年以来一直怀有的危机感和失落感,因为单是它的学术水准也足以提醒我们,中国文明在现时代所面对的绝不再是某个粗蛮不文的、很快就将被自己同化的、马背上的战胜者,而是一个高度发展了的、必将对自己的根本价值取向大大触动的文明。可正因为这样,借别人的眼光去获得自知之明,又正是摆在我们面前的紧迫历史使命,因为只要不跳出自家的文化圈子去透过强烈的反差反观自身,中华文明就找不到进入其现代形态的入口。

当然,既是本着这样的目的,我们就不能只从各家学说中筛选那些我们可以或者乐于接受的东西,否则我们的"筛子"本身就可能使读者失去选择、挑剔和批判的广阔天地。我们的译介毕竟还只是初步的尝试,而我们所努力去做的,毕竟也只是和读者一起去反复思索这些奉献给大家的东西。

刘　东

献给 Ceceile

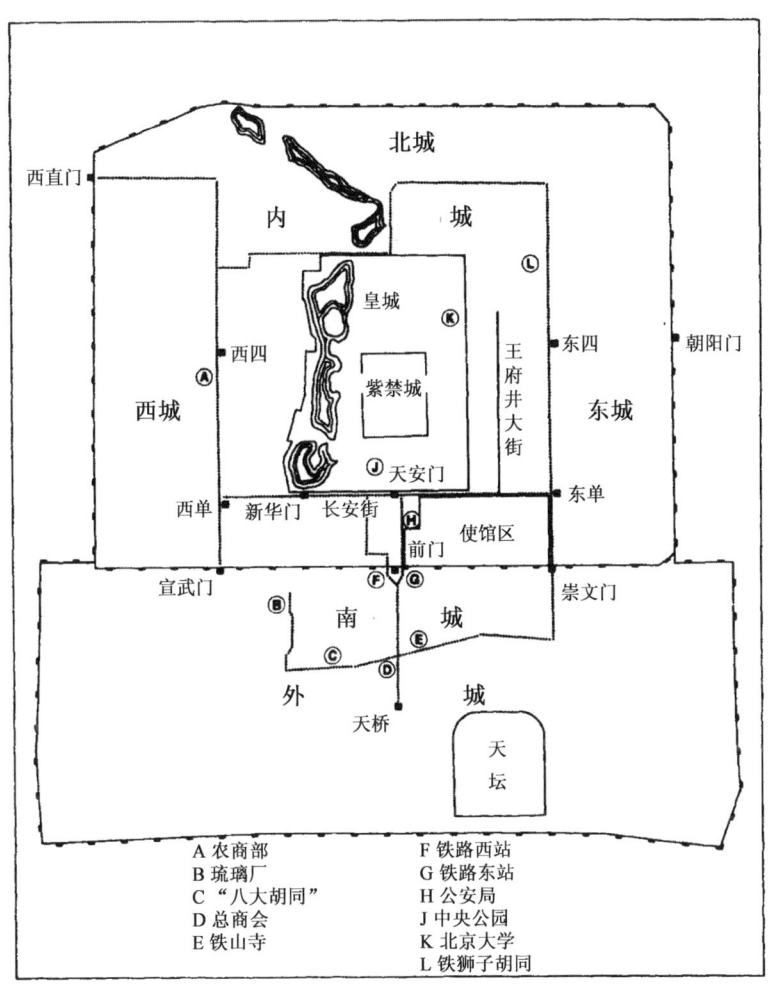

北京城

目　录

序言　*1*

鸣谢　*1*

拉丁化拼音及货币注解　*1*

第一章　一座 20 世纪的城郭　*1*
　　摇摇欲坠的国家政权　*1*
　　北京与北平:鸟瞰衰落的京城　*7*
　　无中央政府下的地方政治　*17*

第二章　人力车:老少咸宜的谋生方式　*22*
　　人力车——一种现代发明　*27*
　　乘客　*31*
　　车夫　*33*

第三章 人力车夫：劳苦大众的职业生涯 45

当街谋生 45

大杂院中的贫民窟 53

车厂主与出租人 55

从市井角度观察权力和地位 58

车夫与警察 62

无权势者 65

集体行动：前兆与先例 71

第四章 身为和事佬与街头官僚的警察 76

晚清警察改革 77

招募和部署 85

警察言行 88

暴力执法与道德剧场 94

家长作风、父权制以及警务权限 96

北京警察说辞与理念之比较 102

镇压与调停 105

官僚扩张的代价 109

第五章 珠宝商、银行家和饭馆掌柜：京师商会的权力斗争 113

京师商会的由来 114

安迪生的大起大落 118

银行家的商会 130

孙学仕与社交领域 133

无人问鼎的一年 136

第六章　利益与民生：有轨电车发展的政治　138
各地对技术变革的反应　138
北京电车公司的创办　140
关乎民生的政治　146
北京进入电车时代　153

第七章　工头、行会和工帮：劳资纠纷和工会主义的兴起　163
未工业化城市中的无产阶级政治　163
行会和劳工利益　169
不和、斗争与派系　173
工会主义的兴起　186

第八章　新公共领域下的市民：日益扩大的政治参与　192
公民集会　199
自治　205
五卅运动　209
职业政客和政治暴力　219

第九章　兵临城下：军阀的冲击　227
兵临城下　228
控制保护成本　247

第十章　工会与派别：北伐战争后有组织的劳工阶层　253
干部　256
工会主义　260
群众反抗　264

党派斗争　272

第十一章　机器捣毁者：1929年10月22日电车风潮　276
　　工会与群众　278
　　政治意识和阶级意识　287
　　风潮序曲　298
　　风潮来临　305
　　结论　318

第十二章　城市政治中的秩序与趋势　324
　　错位的发展　324
　　守势政治　329
　　冲突与聚合：一种连贯过程　331

参考文献　337

索引　353

译后记　361

序　言

1982年9月，当我到北京进行为期一年的研究时，中国共产党第十二次全国代表大会（中共十二大）正在北京召开。第一次造访故宫博物院时，我站在紫禁城中央的太和殿台基之上，向南望去，我想古代帝王们在重大场合上也是如此。从这金瓦红墙轮廓线外，我能瞥见远处红旗招展的大型公共建筑像升起的一座座山冈：右侧是人民大会堂，中共十二大正在这里召开；左侧是中国革命博物馆和中国历史博物馆。① 从我所在的位置，看不到由帝国遗迹和带有鲜明社会主义色彩的建筑所包围的一片空旷地，那是天安门广场，广场上耸立着人民英雄纪念碑和毛主席纪念堂。（天安门是皇城及其内部紫禁城的正南门，广场在天安门南面。）

从天安门北面的明清时期宫殿群以及南面的庞大建筑里，人们可以清晰地分辨出帝制的北京（终于1911年清王朝被推翻）与社会主义的北京（始于1949年中华人民共和国建立）。虽然遗迹

---

① 2003年2月，两馆合并，成立中国国家博物馆。——译者注

林立，但是民国北京——作为本书主题的这座过渡性城市，却越来越难以寻迹。在人民英雄纪念碑的一面，一块汉白玉浮雕上刻着1919年在天安门外爆发的五四运动学生抗议的场景。浮雕中英雄式造型所表现的学生爱国主义义愤，矛头直指准备接受《凡尔赛条约》，将德国在中国山东的权益转让给日本的政府。中国革命历史博物馆内，陈列着1919年示威活动的照片，同时陈列的还有1927年在北京绞死共产党创始人李大钊的绞刑架。

民国北京作为对革命历史的脚注被刻在了当代的纪念碑上，在博物馆的展览品中也只是一闪而过。稍微离开市中心，就能从那个时期的建筑中找到一些民国遗迹，如铁狮子胡同内的前执政府。铁狮子胡同是1926年三一八惨案的发生地，手无寸铁的抗议者就是在这里遭到了军阀政客段祺瑞卫队的机枪扫射和刺刀砍杀。这里却没有纪念牌。但是在城市东北郊，离北京大学新校区不远的圆明园旧址，有一座铁狮子胡同的死难者纪念碑。这座小小的纪念碑树立于1929年，是北京仅存的几个民国时期纪念碑之一，除了惨案纪念日之外，这里几乎无人问津，纪念日当天学校的孩子和他们的老师会送上花圈纪念罹难者。①

想了解民国北京，需要留意那些涵盖这一时期的帝国时代和社会主义时代的纪念性工程。但若要重构这段时期，就需要对中国人如何从臣民变为公民，民族主义、共产主义等现代意识形态如何开始抓住人们的想象力，政客和官员们最初如何应付人民主

---

① 三一八烈士墓位于圆明园西南"九洲清宴"遗址，墓园占地约100平方米，中央有一米多高石砌圆形台基，上立九米高六面体大理石墓碑。墓园东北角有三米高的三棱形石质三一八惨案江禹烈、刘葆彝、陈燮烈士纪念碑，原于1926年立于西城区北京工业大学，1970年代，因工业大学早已迁走，当地施工建设而将纪念碑迁到现址。——译者注

权理论和现代政府等棘手问题进行还原真实细节般的观察。读者们会发现，许多众所周知的民国人物，如孙中山、蒋介石、毛泽东等人，本书没有提及，或者只是谈及崇拜、痛斥或无视他们的群众的观点。相反，我侧重的是那些生活在伟大建筑和伟人阴影之下无名之辈的集体或个人传记。我希望这样的视角，能让城市生活和芸芸众生的内在的自然光芒驱散一些阴影，那些遮蔽了民国作为大众和地方的创造物同时也是精英与民族的创造物的真正面貌的阴影。

1920年代的北京很容易就能对此做出解释，它投射出了一幅宏伟与袖珍的双重影像：宽敞的街道与狭窄的胡同、雄伟的宫殿与朴素的四合院、国家政治的舞台中心与行会及街坊的古老礼仪。作为一个构想，我选择了袖珍的而不是宏伟的一面，即"人力车之北京"，因为人力车这种单人乘坐的小型运输工具是1920年代北京生活中极为寻常的东西，而且它糅合了新旧、人机、中西等元素，蕴含了北京在民国时期的窘况。从时间和空间上来说，中华民国被夹在了多重世界之间：中国帝制时代的过去和中华民族的未来之间，中国文化和世界上其他国家的文化之间。

民国北京为若干精英和国家层面的杰出政治研究提供了很好的背景。① 然而，从这些描述中所瞥见的城市景观的内涵尚未得到很好的定义。总统、部长、军阀、知识分子入木三分的形象背

---

① 例如，参见 Andrew J. Nathan（黎安友），*Peking Politics, 1918–1923: Factionalism and the Failure of Constitutionalism*（Berkeley and Los Angeles: University of California Press, 1976）; Ernest Young（杨格），*The Presidency of Yuan Shih-k'ai: Liberalism and Dictatorship in Early Republican China*（Ann Arbor: University of Michigan Press, 1976）; Chow Tse-tsung（周策纵），*The May Fourth Movement: Intellectual Revolution in Modern China*（Stanford: Stanford University Press, 1967）.

后,是从剪影中依稀可辨的背景——环绕着古老城墙的首都。穿行在城内鳞次栉比的楼阁房舍中,整座城市就像一件古老的道具,用以把现代政治的色彩反衬得更为鲜明,或是与那些盘算着恢复帝制的人的复古思想更好地融为一体。

对这座城市物质和人文层面的阐释也会迫使人们改变看法。1920年代,与军队和政党伴生的政治角逐者们一个个"乱哄哄,你方唱罢我登场",国家政治,而不是当地社会,缺乏清晰度和连贯性。虽然城市居民对这一幕幕"城头变幻大王旗"饶有兴趣,但他们对自己的生计和安全忧心忡忡也不难理解。至1923年,北京政府因腐败而声名狼藉。① 各省已经不听首都的行政管辖,有的甚至公开反叛。在民国四分五裂的政治残骸中,军阀和帝国主义者各自抓住手上的一点权力:这边是职能部门、官营铁路,那边是海关税务司。同时,当地居民则通过群众集会表达他们对主权独立共和国的观念诉求,当地精英分子则努力维持着社会秩序。这些要素组成了现代中国政治秩序这块尚未完成的大拼图的一部分。虽然许多中国人非常期望不久就能有人有实力夺取政治中心并把这块拼图全部完成,但是一块块小拼版却等不了大拼图的重建。正如本书中各章节所描述的"市民"那样,警察、商人、资本家、工人、市民领袖以及政治干部将他们自己及其组织嵌入了被地方政治所占据的拼图一角。在此过程中,零碎的政治与社会发展也在步步进行,尽管最后赢家的身份和最终完成的政体性质如何还是个谜。

接下来的章节将按照五四运动之后10年内政治意识和参与度提高的时间顺序来描述市民。第一章概述了本书的中心主题,

---

① Nathan,尤其是第7章,"The Republic Debased,1923"。

即城市对社会和政治变革的折中反应。警察、政党、商会和工会等新组织开始产生并逐渐发展,而行会、水会、民团、善会、工帮和精英调停等旧组织也得以幸存且欣欣向荣。在这个新旧的大杂烩里,市民能用上的政治策略和战术也是花样不断翻新。第二、第三章,将人力车作为混乱年代的象征,并以人力车夫作为一个具体实例,考察北京作为一个区分阶级、发展不平衡又被同一种城市文化所拉动的社会是如何运转的。尽管这一行业有其特殊性,人力车夫依然可以被视作城市劳苦大众中不那么沉默的大多数的代表。

第四、第五章集中讨论警察和商会,这可以说是城市中最重要的两个维护秩序的机构。什么样的"秩序"才可以且应该被维持?在协调这一问题所引起的价值观和利益的竞争与冲突时,警察和商会都经历了大量内部纷争。第六章分析了技术革新对城市生活的影响。一套预示着进步与盈利的新电车系统,激起了围绕着"民生"观念的政治对立。

尽管有着像电车这样壮观的另类存在,北京大部分经济本质上依旧处于前工业化状态,因此大多数工人与现代机器或生产关系几乎没有直接接触。第七章中讨论的罢工、斗殴和长期斗争揭示了受传统束缚的工场中的矛盾与合作是如何反过来抑制和促进现代工会主义的形成的。

贫穷作为一种推动警察管理城市生活的新动力,提高了团体和阶级意识,变革的希望和资本主义的威胁也让市民有充足理由参与政治。因群众民族主义的迅猛势头而形成的新兴公共领域也为他们提供了途径。第八章追溯了五四运动式群众政治的发展过程——从学生带头,直至成为一个涉及范围更广的特殊城市现象。

虽然群众性民族主义周期性地为城市敞开政治之门，但军阀主义也以同样的频率威胁关闭和切断城市生活的正常功能。第九章概括了战争对城市社会与政治所产生的多重影响。研究这种围城状态，是为了从中找到应对军事危机而产生全市领导权的相关证据。

到1920年代末期，又一轮战事使城市政治的改组成为可能。国民党分裂成左右不可调和的两大派系，左翼党干部于1928年展开了一场激烈的群众动员计划，他们同转向右翼的南京中央和桀骜不驯的华北军阀之间貌合神离。第十章主要讨论这些外部压力，再加上内部派系纠纷是如何推进城市工会运动，之后又是如何脱轨的。最终，一个始于五四运动理想主义的、与精英分子休戚与共的激情十年，却在一场几乎毁灭整个电车系统的人力车夫暴动中落下了帷幕。在1929年的电车风潮中，之前章节中着重指出过的所有要素——人力车、城市贫民、警察、商人政客、电车公司、公共舆论、士兵、无产阶级和政治干部——统统登上了舞台，再加上佛教僧侣等其他角色的登场，表现了民国时期现代城市政治的复杂性与生命力。高潮一幕中的卢德主义色彩，为人们提供了一个机会，来反思中国对城市现代性的特殊贡献的能量和脆弱性。①

---

① 现代中国城市化的特点问题已经成为中国城市学术研究的热点之一。参见Martin K. Whyte(怀默霆) and William L. Parish(白威廉)，*Urban Life in Contemporary China* (Chicago: University of Chicago Press，1984)和William T. Rowe(罗威廉)，*Hankow: Commerce and Society in a Chinese City, 1796-1889* (Stanford: Stanford University Press，1984)。

鸣 谢

Michel Oksenberg(欧迈格)曾建议我以民国时期北京为话题,我至今仍为这个想法和他之后给予我的建议与支持心存感激。我最感谢的是 Andrew Nathan(黎安友),是他从论文写作之初至定稿这段时期为我提供了宝贵的帮助、批评和建议。陈永发、Joshua Fogel(傅佛果)、Susan Mann(曼素恩)、William Rowe(罗威廉)及 Richard Weiner 等人也在关键时刻以及这些年为我提供了必要的帮助和见解。

Guy Alitto(艾恺)、Richard Bush(卜睿哲)、陈明銶、Helen Hettinger、Philip Kuhn(孔飞力)、Laurel Kendall、William Muir、Evelyn Rawski(罗友枝)、邹谠、Frederic Wakeman(魏斐德)、Harry Weiss、Roxane Witke(维特克)、王国斌以及诸多匿名读者对原稿和各章节的评论与反馈也对这本书的研究、撰写以及编辑至关重要。北京大学陈庆华教授在我访问北京期间给予了我无私的协助。加利福尼亚大学出版社的 Sheila Levine 在整个编辑阶段非常娴熟地指导了我。Gladys Castor 熟练地审读了原稿。

我也希望感谢 Betsey Scheiner，是她在本书创作的最后阶段提供了编辑上的帮助。我也特别感谢 *Modern China* 允许我引用我的 Feuds, Fights, and Factions: Group Politics in 1920s Beijing ［vol. 11, no. 4（October 1985），pp. 411-435］一文。

富布莱特论文研究奖学金以及哥伦比亚大学东亚研究所的支持，使得初期研究得以实现。我也感谢芝加哥大学国家人文科学现代中国项目基金、加利福尼亚大学伯克利分校中国研究中心、美中学术交流委员会及狄金森学院给我提供的经费支持。

谨将此书献给 Ceceile Strand，是她多次提出了编辑上的合理建议，也是她为研究这一项目所进行的工作和旅行带来了极大的乐趣。

拉丁化拼音及货币注解

除了蒋介石（Chiang Kai-shek）和孙中山（Sun Yat-sen），其他中文人名用的都是拉丁化拼音。相应地，根据现代中国地名的拼法，我将本书命名为"Rickshaw Beijing"而不是"Rickshaw Peking"。1928年6月，这座城市的名字被国民政府改称"北平"。这一日期之后（以及直到1949年共产党将其旧称归还这座城市），我用的都是"北平"。

除非特别指出，本书所有货币单位皆为中国货币单位。在1926年，1银元等于345枚铜元（中国曾经有一套受市场价格影响的复本位制货币体系）、0.72两白银（中国旧银两单位）和0.49美国金元。[来源：John S. Burgess（步济时），*The Guilds of Peking*（New York：Columbia University Press，1928），pp. 63-64.]

第一章　一座 20 世纪的城郭

摇摇欲坠的国家政权

宽阔的大街、公园和广场为公众集会敞开了当代的都市世界，而这些都是现代商业、文化和政治的基础。反观 20 世纪早期的北京，作为一个物质实体，依旧是一个在城墙、院落和大门严实包裹下的城市。① 15 世纪，明代迁都北京时营建规制就是一个单元套着一个单元，外城套着内城。中国传统建筑习惯又将这一规制延伸到了胡同和民居。② 外包砖层、内夯泥土的城巍然屹立，构成了正方形的内城，而紧贴其南边的，则是矩形的外城（图 1）。（内城一般划分为东、南、西、北四个城或"区"。见地图。）内城里又有皇城，皇城里也同样有围裹了黄瓦红墙的紫禁城和金銮殿。报社记者李诚毅在他的民国北京回忆录里，引用了京剧中一位皇

---

① 对于北京人工环境的描述，可见余棨昌编、陈克明校勘的《故都变迁纪略》（北平，1941 年）；Juliet Bredon（裴丽珠），*Peking*（New York：Oxford University Press，1982）；Oswald Siren（喜仁龙），*The Walls and Gates of Peking*（London：Lane，1924）。

② 晚清帝国的京城十分注重以宫殿群为中心，沿着长长的南北中轴线形成以林荫道为格栅的分区，体现了古代城市规划布局的真传。Arthur Wright（芮沃寿），"The Cosmology of the Chinese City"，in G. W. Skinner（施坚雅），ed.，*The City in Late Imperial China*（Stanford：Stanford University Press，1977），p. 72。

帝的台词,来回忆当时大圈套小圈般的城市景观:"大圈圈当中有个小圈圈,小圈圈当中还有个黄圈圈。"①众多院落如马赛克图案一样镶嵌在这些巨大的城墙和纵横交错的京城大道周围,其中不乏权贵的宅邸、富家文豪的庭院以及穷苦百姓的贫民窟。

那些随意建造且如迷宫般错综复杂的胡同和季节性的自然景观,使得北京那庞大而又严格对称的布局看上去并不十分呆板。在深秋与入冬之后,"天色特别蓝,太阳特别猛,月亮也特别亮",辉映着建筑风格独特的宫殿和城墙,让人看了特别舒心。②

图1 城墙

这道城墙分割内城与外城。前门与中央铁路站西翼遥遥相望。在1900年拳乱之后,照片中的城墙部分置于外国管辖之下,以保卫城墙北侧使馆区的安全。采自 Heinz v. Perckhammer, *Peking* (Berlin: Albertus-Verlag, 1928)。

---

① 李诚毅:《三十年来家国》(香港:振华出版社,1961),第4—5页。
② 这里根据的是知堂(周作人的号——译者注)在《北京的好坏》中对北京天空的赞美,此文见于陶亢德编的《北平一顾》(上海:宇宙风社,1938),第2页。Leonardo Benevolo将18世纪的那不勒斯描写为全意大利境内独一无二的巨大而完美的丰碑,见 *The History of the City*, trans. Geoffrey Culverwell (Cambridge: MIT Press, 1980), p. 701。

在春季,华北有名的沙尘暴一起,为这些人为景色带来了一种朦胧感。进入夏季,树木丛生,郁郁葱葱,错杂在建筑物之间,使北京俨然成了一座"森林城市"①。

　　清末民初,针对北京的物质和社会转型的变革开始并发展起来。在世纪之交,改良派和企业家们开始引进新发明和新制度,希望把北京建设成一个名副其实的首都,最初是帝国的,之后则是民国的。作为物理空间范畴的北京,对于变革似乎时而接受,时而抵制。在明代建造的宽阔大街中央铺设碎石路并不大费周章。然而为了使从农村来的窄轮马车能够在城里继续行驶,且不破坏已经铺好的街道,大街得留出两侧不加铺设。②沿着新铺的街道,工人们铺埋水管,架设路灯,安装邮箱、公共厕所以及电话和电报线路。新成立的警察队伍身着统一制服,在街边建造警亭以部署警力。警察的任务包括禁止骡夫把骡子赶到铺过的路面上,保护邮箱和公共设施免遭破坏和盗窃(图 2 和图 3)。③亦有传闻,清朝官员考虑拆除城墙以铺设电车轨道。④考虑到当时的北京城墙不仅具有象征意义,同时也起到了捍卫皇权和皇帝本人的作用,所以这种想法未免过于激进。虽然这些规则排列的砖土被当作天理常道,有许多人竭力维护,但仍有些思想先进的中国人开始想要拆除城墙了。

------

① Peter Quennell, *A Superficial Journey Through Tokyo and Peking* (London: Faber and Faber, 1934), pp. 181–182.
② Sidney Gamble, *Peking: A Social Survey* (New York: George H. Doran, 1921), p. 62.
③《警务规则》(北京:顺天时报社,190?),第 31 页。
④ 内藤湖南 1911 年《清国的立宪问题》的报告,见 Joshua Fogel(傅佛果)编译:"Naito Konan and the Development of the Conception of Modernity in Chinese History", *Chinese Studies in History* 17: 1 (Fall 1983): 61.

图2 马路

在北京的这条现代大路上,一位骡车夫对窄轮胎车辆不得使用铺设的中央车道的禁令视若无睹。请注意那些排水沟、路灯和区隔未经铺设的侧路边界的新种的行道树。行人自然选择走碎石路而不愿与尘土飞扬的骡车为伍。美国国会图书馆惠准采用。

图3 胡同

北京的一条胡同。狭窄、弯曲而无铺设。这条商业胡同是一条小有名气的商业长街,还有一个帽店和一个珠宝店。注意照片上的老式招牌和外立面的雕刻。美国国会图书馆惠准采用。

到1912年民国之初,由污渍斑斑而又蜿蜒曲折的电线、管道和碎石路所形成的网络模仿了——如果不是威胁的话——城墙和城门的古老几何结构。新的政府机关、大学、工厂以及各国公使馆给这座尚未工业化的传统城市平添了几分现代化的气息。街道上随处可见各种新发明,包括电话通讯网、人力车以及后来的汽车,再加上对公共行为的约束,这些赋予街道新的社会功能,并将现代思想和发明一同带入了这座城市。正如马歇尔·伯曼(Marshall Berman)所言,这些现代街道,以豪斯曼①设计的巴黎街道和彼得堡的涅夫斯基林荫道(Nevsky Prospect)为其杰出的代表,它们是一种"独特的现代环境","聚集了新近的物资和人力:碎石路和沥青路、煤气灯和电灯、铁路、有轨电车和汽车、电影和公共交通"②。当欧洲的城市模式被全部或部分地引进到第三世界时,20世纪早期在北京建造的这类街道便构成了一个新型城市有机体的骨骼结构和神经系统。③

在一些像上海这样的城市中,现代化的飞地和基础设施改变了城市生活方式,而城市本身成了未工业化的腹地中的一片孤洲。但对于大多数像北京这样远离中国海岸的内陆城市来说,这些变化还不是决定性的。不过,随后出现的带宿舍的工厂、大学和现代政府机关等新建筑,以及随之而来的无产者、资本家、政客和各色专业人员,虽然数量不多,却也凸显出城市生活方式的重大改变。即使全民参政尚未实现,烟囱林立也非随处可见,然而

---

① 乔治-尤金·豪斯曼(Georges-Eugène Haussmann),1853至1870年巴黎重建计划总设计师。——译者注
② Marshall Berman, *All That Is Solid Melts into Air*: *The Experience of Modernity* (New York: Simon and Schuster, 1982), p. 194.
③ Mark Girouard 在其 *Cities and People* (New Haven: Yale University Press, 1985) 一书中讨论了欧洲城市观念的输出。

无政府主义者投掷炸弹、学生们发表演讲、企业家们创办股份公司这些现象,令人无法忽视其深远的影响。

帝都北京,以其依天理风水建造的仪式性行政建筑、拥挤的商业区和舒张的院落式民居,轻而易举地化解了最初由凤毛麟角的现代建筑、机械车辆和一条粗铺道路所构成的转型威胁。故障频频甚至是危险的机械车辆、恃强凌弱的警察、大声吆喝的人力车夫,虽然弱小甚至荒诞,却无法掩盖新技术和新行业正在锲而不舍地入侵这座城市的事实。它们悄无声息地改变着城市生活的节奏、范围和发展方向。一旦帝国的顽固中枢被囿于层层的城墙之中,北京就开始持久而又踌躇地复苏起来,因为现代国家权力是以电话线和电报线为甲胄,并为大众民族主义所驱动的,并非来自天授。

图4 老式冰橇

衣着时尚的男女享坐冰橇。几个世纪来,在紫禁城北的皇城河可以雇到像照片上的这种简易冰橇。橇夫穿着装有铁钩的特制防滑鞋拉着冰橇。一旦冰橇滑动起来,橇夫便跳上岸跟着橇上的乘客。采自 H. Y. Lowe(罗信耀), *The Adventures of Wu: The Life Cycle of a Peking Man*, vol. 2 (Princeton: Princeton University Press, 1983), pp. 132–133. UPI/Bettmann Newsphotos.

到1920年代,城市生活的转型已经有了长足进步。城里已经有了有轨电车系统、数十家现代化工厂和报馆、一座赛马场、数家影院、一座机场以及几个火车站。各种政党、商会、工会、爱国社团、读书俱乐部以及职业律师、银行家或记者的协会,人数号称有成千上万。然而事情并不如清末的规划者所想象的那样,城墙并未被在方形内城和矩形外城间穿梭的电车轨道所取代。同样地,工会和各种职业协会也没有淘汰那些工匠和商人的行会。它们相互竞争、相辅相成、犬牙交错,形成了不拘一格的管理风格和领导策略。

有些城市看起来像未擦干净的画布,尽管处处充满现代气息,历史旧痕仍依稀可见。与其不同的是,1920年代的北京,作为居民和物质的实体,不仅完好地保存了过去,同时容纳了现在,并孕育着未来发展的若干基本要素。1920年代的中国,像北京这样古风依然而带有现代西洋都市风情的城市屈指可数。实际上,这种城市风貌的暧昧不清也表明了民国时期不平衡和不彻底的社会转型。新技术、新行业增加甚多,而由工业制度、现代行政体制乃至社会革命者革除的却甚少,北京既滋长了这种反差,又不得不在生产和社会活动的新旧模式之间进行磨合(图4)。

北京与北平:鸟瞰衰落的京城

紫禁城西侧的皇城中,有三片人工湖:北海、中海和南海。两片靠南的湖泊,即"中南海",周围是皇城西南角的亭台楼阁。[①]新华门是进入中南海建筑群的主要入口,面对东西走向的长安

[①] Bredon,pp. 133–146.

街。明清时期,皇帝和宫廷人员在庄重肃穆的紫禁城公干之余,时常把中南海作为休闲之所。辛亥革命及袁世凯就任大总统后,中南海被民国元首们用作居所和办公衙署。① 1949年以来,中华人民共和国的领袖们也在这块富丽堂皇的场所起居办公。

辛亥革命虽使北京得以安然无恙,然而皇帝的退位,使充满象征意义的城墙宫殿政治权威不再而黯然失色。1911年之后,实际的和名义的权力转归中南海、位于东城区铁狮子胡同②的内阁和西城区分割内外城的城墙北边的国会大楼,抑或是使馆区的帝国主义堡垒。紫禁城仍作为废帝溥仪的居所,1924年他被逐出之后,这里成了公园和博物馆。北京政治权力在空间上的分散预示着民国的动荡与游离,权力分处于中南海这样的宫殿、府邸和国会大楼这样的西式建筑之中,也降低了民国政府机关的地位。

中南海是民国第一位国家元首的总统府,也是北洋政府最后一位首脑张作霖大帅的居所。从1926年12月至1928年6月,军阀张作霖主政北京,直到北洋政府覆灭(其间,国民党人在南京重建国民政府)。③ 他的军事冒险使1920年代初就已濒临破产的政府更加捉襟见肘。入不敷出的官员们异想天开,竟变卖城墙上的城砖和帝王庙中的古树来充作官俸。④ 即便与其前任们相比,张作霖对于恪守共和的承诺也是言不由衷。他在任职期间,

---

① 段祺瑞执政府设在东城铁狮子胡同是一个例外。李诚毅,第8页。
② 今张自忠路。——译者注
③ 政治腐朽的趋势在这十年之初已经显而易见。参见 Andrew J. Nathan, *Peking Politics, 1918 – 1923*: *Factionalism and the Failure of Constitutionalism* (Berkeley and Los Angeles: University of California Press, 1976).
④ *NCS*(《华北正报》), 17 March 1927, p. 8; 22 March 1927.

曾多次供奉孔子,屡次显露出称帝的野心。① 诚然,他并没有效仿袁世凯在1915和1916年的做法试图称帝。或许张作霖心里清楚,如果他称帝,充其量不过是像袁世凯成为"帝国的笑柄"那样,变成"共和国的笑柄"。②

1928年春,张作霖的军队在蒋介石率领的北伐联军夹击下被迫撤离。这位军阀准备撤出中南海和北京,退回东北老家。6月3日午夜刚过,张作霖由20辆车组成的车队护送驶出新华门开到北京东站,乘上开往奉天(沈阳)的装甲列车。③ 次日凌晨,在奉天郊外,日军事先安置的炸药将张作霖乘坐的那节车厢炸毁,并将这个军阀炸成重伤而死。④

之后的一周,根据1920年代"出逃—占领"情况下的惯例,知名的前政府官员、商人和银行家组织起治安维持会来管理城市。张作霖的北京驻军司令鲍毓麟帮助该组织维持北京治安。张作霖撤退后,他率领一支部队继续留守北京。治安维持会还协助将奉系军队的权力和平移交给国民党。6月8日清早,阎锡山手下的晋军士兵衣衫褴褛,像农民那样三三两两地走进了外城南门。⑤ 与此同时,事先已有准备的鲍将军和他的部队,在驻守城区数月之后,个个都看上去神采奕奕,由内城东侧的朝阳门出城。

---

① Gavan McCormack, *Chang Tso-lin in Northeast China, 1911–1925: China, Japan, and the Manchurian Idea* (Stanford: Stanford University Press, 1977), p. 210.
② 见Joseph Levenson(列文森)对于洪宪皇帝(袁世凯)闹剧的讨论,见 *Confucian China and Its Modern Fate* (Berkeley and Los Angeles: University of California Press, 1968)第二卷"The Problem of Monarchical Decay", pp. 37.
③《益世报》,1928年6月4日第2版。
④ McCormack, p. 248.
⑤ NCS, 9 June 1928, pp. 1, 12. 鲍刚离开北京不久即被国民党军队俘获。他和他的军队回到北京,和平维持会的头面人物保证他们将受到善待。7月初,他们获准前往奉天。

前民国总理、企业家、慈善家熊希龄代表治安维持会发表演讲,赞美鲍毓麟履行了其驻军司令的职责。北京商会也赠予鲍将军厚礼,并为其部队提供补给。他们还为纪念这次活动拍摄了集体照。

像从前首都易手后一样,6月和7月的北京成了胜利者们的聚集地。蒋介石及各路支持国民党北伐战争的军阀,乘坐装甲列车,汇聚北京商讨国事,同时祭告国民革命运动的发起人孙中山。1925年孙中山去世后,他的灵柩暂时安放在城西香山碧云寺。但是这次聚会不像之前那样意在北京重组政府,国民党已经定都南京,并将北京更名为北平。①

国民党把首都迁至南京,是为了实现孙中山的遗愿,他为了实现南北统一,进行了无数次劳而无功的谈判,最终因癌症去世。选择南京同样有其战略意义,因为将政权中心南迁可以避开日本来自东北的威胁。南京地处中国经济中心地带,而且离国民革命发祥地广东较近。

况且,国民党人骨子里也不喜欢北京。他们将共和国的失败部分地归咎于这座城市和它的居民,并深怕由他们自己发起的运动被这座旧都城玷污。② 就连国民党领导人在北京发表演讲号召市民支持国民党时,也无法克制对混杂着满人、军阀和共产党人的所谓北京人的蔑视。1928年6月30日,市民聚集到中央公园(不久后更名为中山公园),在雨中耐心地听着湖南籍军官李品仙对北京作为文化古都的赞颂及对其近代历史的不满。他称北

---

① 北京之名,始于明初。1409年,明都北迁,北平遂成为"北京"。
② 一道由南京发出的指令声称,腐朽的因素支配了北京,依然构成了对革命的威胁。《益世报》,1928年7月7日第7版。

京"封建遗制及最近受军阀箝制之下,以致言论不自由,思想不发达"①。更糟的是,共产党人利用北京"腐化浓厚"这一事实,开始宣传其更吸引人的主张。他在总结时说道,他在去西山祭告孙中山灵柩时,曾看见一个人留着小辫,许多人还戴着前清凉帽。这些"实为革命前途之障碍","应厉行铲除"。

通过报纸和诸如商会、旅店行会这些当地组织,北京市民对这座城市的声誉及其首都地位进行了有力的维护。他们指出北京"观瞻壮丽"②,这个国家还有其他城市拥有如此之多的宫殿和博物馆吗?南京或许称得上是内地十八省的中心,但是新疆和蒙古也在中国版图之内。恢复北京的首都地位能起到警告俄国和日本帝国主义者的作用,告诉他们大中国及其北方边境不容侵犯。为了证明北京市民民国情感之深切,北京商会通电全国,发起为在北京树立孙中山铜像的募捐,并倡议设立纪念孙中山的全国性节日。③

国民党在社会团体的谴责下诚惶诚恐,北京人却像是一脸无辜,作壁上观。有一份给蒋介石和他同僚的陈情书巧妙地指出,虽然谈"北京腐化之论"显得很"流行",可自从国民党进驻之后,他们也已经在北京设立了许多政府机关。政府声明听上去依旧像皇帝诏书。那么按照国民党人自己的逻辑,这些行为不也是堕落的一种形式吗?④

不消说,国民党对于北京居民为自己利益量身定做的说辞恼羞成怒,并更加确信对这座城市的定见并非凭空捏造。蒋介石于

---

① 《益世报》,1928年7月1日第3版。
② 《益世报》,1928年7月4日第3版。
③ 同上。
④ 《益世报》,1928年7月6日第7版。

6月3日一早抵达北京,他对已经在站台等候他一个晚上的各界名流和社团组织的问候只是挥帽致意,说了几句"谢谢""好好",连个合影也没同意①,便和他的随行匆匆前往西山拜祭孙中山了。后来,在他离开碧云寺时,一位记者问他"国都问题如何",他答道:"当然在南京。"一年后,蒋介石返回北京,企图借助两位昔日的北方军阀盟友镇压暴动,但没有成功。数百名商人在他下榻的宾馆前示威,要求将首都移至北京。② 蒋介石称这一要求是"无理取闹",因为这是"国家事务"。③ 对于"故都"居民来说,他们习惯于把国家事务看成地方产业。这种高高在上地位的失落和蒋介石及其国民党同僚的冷嘲热讽,对他们的生计和城市自豪感构成了痛苦的打击。

随着1920年代时间推移,京城之外的政治势力越来越少问津城墙内的统治,除非他们想进攻这里。虽然某些机关部门仍在运作,但是当权者已经无力支付官员哪怕是应得的微薄薪金。④ 由于充斥着领不到薪金而情绪低落的官员,政府机关也变成了无所事事的地方。⑤ 尽管如此,北京依然充满着行政和政治氛围。只要还有一丝机会能够在北京重新建立强有力的全国性政权,数

---

① 《益世报》,1928年7月4日第3版。
② *Peking Leader*,9 July 1929,p. 1.
③ *Peking Leader*,11 July 1929,p. 1.
④ 直到1925年,外交部仍在运作,包括在北京召开的关税会议。见颜惠庆回忆录中外交总长任上的记载(*East-West Kaleidoscope, 1877－1946*,New York: St. John's University Press, 1974)。但1920年直皖战争以后,由于债台高筑,政府已经举步艰难。NCS, 16 June 1926, pp. 23. 到1920年代中期,官员欠薪的严重程度被认为已经超过太平天国运动以来的任何时候。《顺天时报》,1927年1月1日第5版。
⑤ 鲁迅于1912—1926年供职于教育部,其间总长换了27任,在他的日记和小说中流露了这种情绪。William A. Lyell, *Lu Hsun's Vision of Reality* (Berkeley and Los Angeles: University of California Press, 1976), p. 125.

第一章 一座 20 世纪的城郭

以万计的野心家和钻营之徒就不会离开这片充满结帮拉伙、派系角力和巴结庇护的红尘。①

在 1920 年代,虽然北京的全国性政权趋于衰落并最终覆灭,只留下了一些档案馆和博物馆可以看到早期北洋政府顶峰时期的标识,然而北京依旧保留着"浓厚的官场习气"②。人们毫不客气地说这座城市散发着"官僚气息"③。北京的旅馆、客栈、会馆、饭店、剧院、茶馆、公园和澡堂继续为政治活动提供着适宜的场所。报纸上的时政要闻也是真真假假、虚虚实实。许多经济部门在很大程度上与政府和政治有着直接或间接的关联,从为官员政客提供住宿、餐饮、交通和娱乐的服务行业,到那些受惠较少的行业,例如为政府办公楼和私家大院跑腿的人提供代步工具的自行车买卖,无不例外。④

北京社会自然而然地追逐权力,这恰是这座城市五百年来最主要的产物和资源。民国初期继续助长了北京的这种倾向,只不过使北京人看起来有点卑贱而又虚骄。"总之,北平这一个社会,实在是衰朽不堪。……广东人生活没办法时,则铤而走险;山东人则离家乡挣扎;但北平人,尤其是皇清遗族,奋斗精神全失。"⑤ 写下这段讽刺意味话的人,是一位非常了解 1920 年代北京的社会研究者。他是说旗人在 1928 年北京丧失首都地位之前,就已

---

① 据非正式的估计,此类谋求官职的人数高达 10 万人。Gamble, *Peking*, p. 101; NCS, 18 April 1926, p. 8. 1925 年有个较准确的估计,政府官员和职员的人数为 8 万人。L. K. T'ao, "Unemployment Among Intellectual Workers in China", *Chinese Social and Political Science Review* 13:3 (July 1929): 3.
② 西滢[陈源]:《西滢闲话》(上海:新月书店,1928),第 127 页。
③ 例如,这个名词用在 1920 年的一篇报纸文章上,该文谈的是商会领袖致力于其组织功能没有丝毫衙门气息或不受官方干预。《益世报》,1920 年 4 月 22 日第 7 版。
④ 《益世报》,1928 年 10 月 9 日第 7 版。
⑤ 曲直生:《平庸集》(台北:台湾商务印书馆,1958),第 120 页。

经在个人和集体意义上尝到了失去地位的滋味。而他们才是旧体制真正的"遗族"。

八旗原是满人的军事单位,根据军旗上的不同颜色和图案区分。满人在17世纪征服中原之后,旗人及其户下人①驻防京畿和遍布帝国的战略要地。② 在1920年代,旗人及其家眷(其中包括汉军和蒙旗,但主要是满人)仍占京城约一百万总人口的三分之一。③ 人们普遍认为旗人已经丧失尚武精神,只是徒有虚名。从着装、风俗和习惯来看,旗人与普通老百姓没有太大差别。他们在北京居住超过250年,理所当然地成了典型的北京人。根据身份地位,旗人有权领取津贴和口粮,然而在辛亥革命之前,津贴的金额和优待已大打折扣。④ 由于津贴时有时无和反满情绪的高涨,旗人被奚落成国家的寄生虫,还拼命地想保住他们的衰落地位。⑤

辛亥革命之后,民国政府继续给旗人提供津贴和口粮,然而到了1920年代初,它们就像其他政府支出一样,处于拖欠状

---

① 户下人包括包衣和旗下家奴两部分,没有独立户籍,隶属于主家名下,所以被称作"户下人"。——译者注
② Frederic Wakeman, Jr., *The Fall of Imperial China* (New York: Free Press, 1975), pp. 76 - 78.
③ 1926年,警方调查城内有913,000居民,本地人占30%,外省人占40%,还有273,000是旗人。*NCS*, 19 November 1926, p. 1. 另外有15万~20万人居住在城外的北京郊区。在这整个十年中,这座城市的人口规模略超过百万。例如,1922年的一项警察调查记载城内城外共有1,133,541人,而1928年的调查数据为1,287,516人(*China Weekly Review*, 11 March 1922, p. 74;《顺天时报》,1928年9月10日第7版)。
④ 混乱加之义和团叛乱使旗人津贴更是雪上加霜。见第四章有关招募贫困旗人为警察的论述。
⑤ 参见如晚清作家吴沃尧笔下一个在茶馆中的旗人的故事, trans. Gloria Bien, *Renditions* 4 (Spring 1975).

态。① 由于生计维艰,满人开始从事他们所能找到的任何工作。当警察、士兵的数以千计,当人力车夫的不下万人。还有一些则干起了小贩、仆人、妓女、戏子和说书人的营生。② 在这点上,人们很难断定评论家们发现的哪种情况更让人担忧孰是孰非:是满人公认的懒惰,还是他们从事显然不愿干的卑微职业,而这些职业往往需要勤奋苦干。

北京满人的地位下降与皇权的陨落被赋予相同的意义。由于北洋政府相对更快地衰落,人们记叙北京特色时,总免不了要把满人描述为封建残余。一位友善的南方观察者如此评价1928年后的北平:旧京城是"沉静的、消极的、乐天的、保守的、悠久的、清闲的、封建的"③。这座城市人们的生活方式与1920年代政府的疲软和腐化产生了共鸣。这并不是因为一般意义上的腐化,而是由于,像大多数国家的首都一样,其生计和价值以官场习气为转移。

除了相互扶持,不惜代价地抓住这衰落政权的最后一根稻草以期分得一杯羹,满人和衰落的民国共同的当务之急,就是保住自己既得的政治地位。虽然1920年代中后期,北京已经失去了其可以大规模发号施令的传统地位,但这座城市依然还在迎合那些追逐权力和地位的人。北京人之热衷于政治游戏,是因为他们的生计依赖于形形色色政治行家的阔绰开销,而且因为他们似乎还热衷于玩弄权术和炫耀地位权势。作为不可自拔的戏迷和京

---

① 例如,1924年应付旗人津贴拖欠已达四十个月,而津贴的折扣总额高达40,000元,每人实际只能领到1650文铜钱。NCS, 11 April 1924, p. 8.
② NCS, 23 October 1929, p. 8. 该期载有林志宏(Jermyn Lynn)撰写的题为"The Manchus of Yesterday and Today"的文章。
③ 味橄[钱歌川]:《北平夜话》(上海:中华书局有限公司,1935),第4—5页。

剧爱好者,各个阶层的北京市民都对充满巧思的剧情、细腻微妙的举止情有独钟。因为官僚势力渗透到北京广泛的城市生活领域,平头百姓在许多场合也会拉大旗作虎皮,这与行政长官、军阀们的虚张声势如出一辙。

一个严肃而又不失诙谐的例子可以告诉我们这场政治游戏是何等地复杂。1924年4月的一个早晨,在宣武门外的一条大街上,一辆载满粪便的骡车肆无忌惮地行驶在道路中央。值勤的警察将其拦下,斥责车夫虐待他的骡并违规让它在道路中央铺设过的路面上行驶。报道这一事件的报纸如是说——车夫"瞪着眼"愤怒地反驳道:"你管的着吗?"①两人争吵了快一个小时,引来众人围观。警察最后扬言要把他带区署严办,车夫"冷笑"着说道:"我总统府的拉粪车,谅你也不敢带区。"警察不甘示弱,况且他还不完全相信车夫的话,总不能让车夫说他是谁就是谁。一些围观者试图调解冲突,不过都失败了。报道最后说:"车夫至此亦无法子,于是跟同上区,究竟车夫是否冒充总统府,那可就不得而知了。"曹锟于一年之前通过无耻地贿赂国会议员而当上总统,而自称拥有曹锟总统府粪便的车夫,显然没有那位曾在民国第一任大总统袁世凯手下把持要津的人物那么大的权势,也没有问鼎中南海的潜力。不过,虽然处在衰落之中,北京官场依然能够左右在其日趋缩小的影响范围之内的各色人等的算计。

1920年代,北京的名声不仅来自贪赃枉法的政治家、强取豪夺的军阀、奔竞职位的官员和沉浸于理想的学生,也来自那些彬彬有礼而又寸步不让的警察、疾言怒色的驴车夫和挑粪工、礼貌且有自知之明的店掌柜、乐于助人的电车司机以及技艺精湛的扒

---

① 《益世报》,1924年4月15日第7版。

手。有人充满敬意地评论道,北京人"大方、从容"。不过他们也常常保持克制,因为他们对"人情"十分敏感。① 住在中国政治中心的人常有的那种妄自尊大而又谨小慎微的心态,也使得北京人在待人接物时非常仔细谨慎。如警察和粪车夫的例子所示,市民在处理涉及地位、权力及那些带有官场气息之类不确定的事情时,总是在摸索解决之道中展现出他们坚持不懈和谨言慎行的品质。

无中央政府下的地方政治

如果把北京自身的衰落过程与其作为中国首都的失落相比较,人们肯定可以找到其在本质上颓废的依据。城中的重要建筑,曾经折射出无与伦比的权力和威严,到了 1920 年代则成了这座城市走向衰落的鲜活证据。1928 年,一位记者在中南海拜访张作霖,看到这些宫殿都缺乏修缮。"彩绘和漆面都已大面积脱落,窗玻璃碎了,也没有换掉,而是用纸糊上。"②一名欧洲旅行者在游览紫禁城之后说道:"每走过一个拐角……都会浮现物质腐烂和死亡的念头……宫殿本身正在死去;屋檐上长满了厚厚的杂草;就连负责管理的官员都开始变卖宫里的财宝。其他历史建筑也是这样。"③清末民初的改革虽然留下了一些能够使城市生活更加现代的遗产,也未能扭转这种颓废的趋势。

旧北京在瓦解,新北京在锈蚀。现代技术光亮的建筑物与脱

---

① 知堂:《北京的好坏》,陶亢德编,第 23 页。
② *New York Times*,1 January 1928,III,p. 7.
③ Peter Quennell,"The Marble Foot"(London:Collins,1976). 引自 *Times* (London),4 September 1976,p. 7.

落的彩绘和漆面形成的反差，只不过是颓废的异曲同工而已。中心地区的衰落表现为破败的宫殿、停电以及军事化的民事机构，这些表现形式给人留下的视觉和社会印象很容易招致西方人和国民党人的批评，甚至是绝望的评论。这些具有全球眼光的西方人总是把颓废堕落与"东方"联系起来，而那些挑剔的国民党人则把民国的腐败加诸满人的自满。如果这些判断是正确的，那么北京乃至整个中华民国的唯一希望，就只能寄托于一场道德和社会革新。而这场革新要么由自称是革命人士的国民党人着手进行，要么就是他们的对手共产党人。

然而，在中南海、紫禁城和外国使馆区之外，还有一个更加复杂而生机勃勃的北京，这远远超出了外国人浪漫想象和激进分子猛烈抨击的范围。这座城市配备了在亚洲数一数二的警察部队，基本由被视为懒惰的旗人所组成。北京的报纸和通讯社通常是由军阀和政客创办的传声筒，但就新闻业而言，整个中国都找不出几个城市能有如此的规模和产出。虽然财政问题和政治压迫使这座城市的高等院校举步维艰，但是他们依然聘请了当时中国最杰出的思想家，培养了一批那个年代最著名的政治活动家。人声嘈杂的市场打破了北京作为博物馆、档案馆和腐败官僚之乡的那份恬静，这些市场发出的噪声听上去就像"刺耳的尖叫、地狱的喧嚣，即便是欧洲，甚至最嘈杂的南方集市，也相形见绌"①。以商业、手工业和服务行业为基础而形成的诸如行会、商会和工会的当地组织，制定了能够提升行业利益和理念的经营策略。与北京官界的"政治宴会"和末日狂欢（fin de siècle entertainment）相对应的，是商、工、学界共享的生气勃勃的、政治上日益成熟的社

---

① George Kates, *The Years That Were Fat* (Cambridge: MIT Press, 1967), p. 87.

团活动。政局动荡,在政治觉悟日益增长的市民群体中激发了无数的自我调整、回应和运动。地方政治不能填补北京政府垮台所留下的政治和文化的真空,不过旧政府机关废弃的空地和建筑很快就被画上了社会运动的涂鸦,并被新政治仪式的炮制者和派系阴谋家所占据。

北京这座"宏伟壮丽"的舞台,增强了民国政权更替的戏剧性效果。但是一个公认的政治"中心"突然变得空空荡荡、无人关照,既不能也无力按照其愿望和价值观行事,这并不是北京特有的。中央政府的缺位、羽翼未丰或瓦解,是民国时代的主要特征。军阀主义本身就意味着中央权力被任意地分散到各个地区或省的掌权者手中。他们中有许多人期望以他们假定所代表的"人民"为基础,成为统领全国的领导人。在这种形势下,中央权力的设想并没有多少实际意义。在探索这个世界从以"凯撒-教皇式"①的皇帝为中心转变成概念本不清晰的基于民意的政权的道路上,富有政治觉悟的中国人正面临着一场意义深远的"文化危机"②。

警察、商会等地方实权组织,以及形势允许而自由存在的学生会、工会等,小心翼翼甚或诚惶诚恐地建立起来,因为它们无法确定哪里将会成为或被迫成为下一个政治中心。北京的中心舞台就像中国其他城市那样,也是示威人群、全国或地方的名流会议、前来游历的军阀随行人员、空想的自治政府方案以及组建新

---

① 指身兼政治和精神领袖。——译者注
② Guy Alitto, "Rural Elites in Transition: China's Cultural Crisis and the Problem of Legitimacy", 见 Susan Mann Jones, ed., *Political Leadership and Social Change at the Local Level in China from 1850 to the Present: Select Papers from the Center for Far Eastern Studies*, University of Chicago, vol. 3 (1978–1979), pp. 218–275.

机构的框架轮番上演。政府机关风雨飘摇,当地名流以及他们的组织竭尽全力来缓解军队入侵和政权垮台所带来的冲击。就像1928年张作霖撤出北京的那段插曲一样,1920年代中期的当地名流已经把对居心叵测而身无分文的不速之客的管理当作了一门精巧的艺术。如果说中国人的治国能力长久以来就注重管理社会破坏势力,那么城市名流在缓解这些"你方唱罢我登场"的虎视眈眈的政权角逐势力方面已经得心应手。在接到市郊的店掌柜和警察的紧急通知后,商人代表和退任官员便会组成代表团,前往市郊迎接占领军,把他们的将领带进城内,在献金问题上讨价还价,而当华北平原的政治局势再度改变时,再到火车站目送他们离开。

如果当地精英手中握有市民传统中包含的大量准政府职能——就像在中国的情形,政府管理的缺失或治理无方,并不一定会引发无政府状态。[1] 在政府机关缺位或低效的地盘周围,出现了多元化的机制。在清朝的最后十年里,官方支持建立一些诸如商会、律师公会和银行公会这样的自治行业协会(法团),把相当权力交给绅商领袖的趋势正规化了。在1920年代,这些公共团体的地盘具有针对某些不稳定因素的城市社会秩序的"城防"性质,或借用艾拉·卡茨内尔森(Ira Katznelson)的话来说,是条"护城河"[2]。本来是为了防止市场和运动失序而由指派的名流

---

[1] 参见 William T. Rowe(罗威廉), *Hankow: Commerce and Society in a Chinese City, 1796-1889* (Stanford University Press, 1984). 罗威廉记录了太平天国以后汉口出现的以行会为中心的隐形市政机构。

[2] Ira Katznelson, *City Trenches: Urban Politics and the Patterning of Class in the United States* (New York: Pantheon, 1981). Katznelson 关于护城河的意蕴来自 Antonio Gramsci. 参见 Gramsci, *Selections from the Prison Notebooks*, Quintin Hoare and Geoffrey N. Smith, eds. and trans. (New York: International Publishers, 1971), pp. 229-239.

所建立的组织，却有趣地变成了阻止危险政权的得寸进尺和保护他们自身及其委托人利益的工具。

对于当地名流来说，政治变成了他们不得不进行的两线作战，一方面要抵挡来自上层的官方和外界经济势力的进攻，另一方面还要承受来自下层平民委托人的压力。例如商会这样的组织，不仅是抵御官方横征暴敛和遇事掣肘的第一道防线，也是制止市场和工作场所发生暴动的最后一道防线。对平民百姓来说，投身政治意味着要么接受名流代表和保护这一逻辑，要么自己想办法攻破这些防线。对于诸如学生、工人、妇女和农民这些未被代表或代表份额不足的阶层来说，1920年代北京政治的主要趋势就是加入或者公然挑战法团那诱人的势力圈，从而为他们自己赢得一点点权力。

市民从店铺、学校或街坊邻居这些与其生活息息相关的地方开始了解政治，之后通过行会、工会、协会、联合会和商会一步步体会政治。在这些市级组织之外，则有更加变幻莫测、危机四伏且充满机遇的地区性、全国性乃至国际性的政治。在政治舞台上，军阀、国民党、共产党等竞争者，无不循此路径，希望把必不可少的市民争取到自己这边或至少保持中立，或者调查并设计与之规模相当的新途径。要驾驭这种背景下的城市政治，不仅需要智勇双全，能够许下实现并不存在的新的、统一的政治秩序的诺言；还要有能力在北京庞杂的环境下从不同的利益集团和对不同势力效忠的人那里获得支持。若要全面详细地了解这些谋略的全貌和重要性，则必须从充满国家政治斗争的大道深入那些纵横交错的地方政治的林荫小道和旮旯胡同。

第二章　人力车：老少咸宜的谋生方式

通过审视老迈而又官气十足的北京,来观察其城市生活和政治活动,人们不难发现断壁残垣的共和国正享受着最后的临终看护,并且离她过去的辉煌越来越远。① 中央的政治腐败激起了一股团体激进主义。作为一种补偿机制,它代表了从堕落衰败中升起的新势力。那些对新兴事物抱有理想主义情结的人,总会用此类冒险行为来对比步步衰落的共和国垂死而又腐败的本质。不过当时的观察家们却无法确定这些新势力到底是复兴中国社会的新途径,抑或只是另一种形式的衰落。

在那些对家家户户的生活产生始料未及影响的技术变革中,人力车可谓是最佳例子。作为一种配备了充气轮胎和滚球轴承的现代发明,人力车因其在交通和就业方面的杰出贡献而赢得了美名,但同时也因其代表了社会脱序而为世人诟病。

在文学家和评论家眼中,人力车以及车夫的重要性不仅在于其作为交通工具的性质本身,还在于其在中国城市中呈现的惊人数量。在1920年代的北京,人力车真可谓公共奇景。在这座人

---

① Richard Gilman 将由标准、正常和典型的成就"下滑或坠落"作为衰败的核心含义。Gilman, *Decadence: The Strange Life of an Epithet* (New York: Farrar, Straus and Giroux, 1979), p. 68.

口略过一百万的城市里,6万车夫每日拉客的人次就有50万。①社会学家李景汉曾这样估计,这座城市的16至50岁男性中,每六人中就有一名车夫。人力车夫以及他们的家眷占了北京将近20%的人口。②

在20世纪早期的城市里,人力车"即便不是数量最多,也至少是最显眼的东西"③。在繁忙的交叉路口,乘客们任由成群结队的车夫摇晃着铜铃来驱赶其他车辆,听上去就像"上千个电话

---

① 一个粗略的计算人力车夫收费数量的方法是比较有轨电车和人力车的生意。我们可以确定1926年有轨电车的平均费用,这一年人力车夫生意的较好数据由此也就可以得到了:

$$\frac{1926年总收入}{总运费} = 平均运费 \frac{\$727866}{22885299} = \$0.03$$

(来源:H. O. Kung, "Tramways in Shanghai, Tientsin, and Peiping", *Far Eastern Review* [February 1937])。根据1926年人力车大约每里4文运费的标准(虽然会有相当大的差异),乘坐人力车的费用是有轨电车的两倍。人力车和有轨电车的比例依据的是《(实用)北京指南》(上海:商务印书馆,1926)第6编第16页。忽略人力车的车程,就平均值而言,这个数据在有轨电车车程方面有点欠缺(因为有轨电车比人力车速度更快、路程更长),人力车的平均费用是6分。以此为基础计算,一个人力车夫平均每天挣的总收入估计在4角7分["Economic Study of the Peking Ricsha Puller", *Chinese Economic Monthly* 3:6 (June 1962):256],或5角4分[L. K. T'ao(陶孟和,原名履恭), *Livelihood in Peking* (Beijing:China Foundation for the Promotion of Education and Culture, 1928), p. 124],以及6角6分[Sidney Gamble, *How Chinese Families Live in Peiping* (New York:Funk and Wagnalls, 1933), p. 32]。假定6万人力车夫一年工作331天("Economic Study of the Peking Ricsha Puller", p. 256),那么年总收入分别是940、1070和1310万元。每天的总收入分别达到429,223、488,584和598,173元。这些数据表明每个人力车夫一天的开支在7分至1角之间。每个车夫平均每天实际拉营运的时间在四五个小时。李景汉:《北京人力车夫现状的调查》,《社会学杂志》第2卷第4期(1925年4月)。该文估算每乘平均为三四十分钟,约为二三英里的路程,不无道理地给出了北京一带的平均出行路程。

② 李景汉:《北京人力车夫现状的调查》,第1页。

③ Harry A. Franck, *Wandering in Northern China* (New York:Century Co., 1923), p. 197. 当时的照片证实了这种印象。例如,见于Heinz v. Perckhammer, *Peking* (Berlin:Albertus-Verlag, 1928)一书中的街景。

同时在响"①。车夫们拥挤在火车站、公园和剧院的入口以便争抢乘客,这使得他们与乘客和试图维持秩序的警察之间时常恶语相加甚至大打出手。一位曾到过北京的游客总结道,"心烦气躁的车夫所发出的嘶哑嗓音和呲嗟叱咤的咒骂声"是演绎北京街景所不可或缺的一部分。②

无论是在对民国时期城市现实的描绘中,还是在对伴随城市发展而来的变革和骚动所进行的更富想象力的解读里,都有人力车和车夫的影子。众多作家和诗人曾以人力车夫为其作品的主人公,从而赋予了"人力车夫的工作"各式各样的含义。③ 如诗人徐志摩等浪漫主义者以及革命者周恩来等现实主义者都认为,人力车夫可以成为探讨上至生命奥秘下至资本主义本质等主题的恰到好处的文学题材。④ 李景汉这样的社会学家,则把人力车夫视为他们极具吸引力而又唾手可得的考察对象,并对其加以研究。正如另外一位研究者所言,人力车夫是这座城市里"最普通且最易接触的"工人。⑤ 这些车夫同时也成了报纸表现城市艰辛生活取之不尽的素材。在报纸上经常会出现有关人力车夫生活冷暖的描述:他们会偷窃乘客的财物,或被人诈取钱财;他们也许

---

① Tan Shih-hua(邓惜华), *A Chinese Testament*, as told to S. Tretiakov (New York: Simon and Schuster, 1934), p. 235.
② Peter Quennell, *A Superficial Journey Through Tokyo and Peking* (London: Faber and Faber, 1934), p. 187.
③ Yi-tsi Feuerwerker(费梅仪慈), "The Changing Relationship Between Literature and Life", in Merle Goldman, ed., *Modern Chinese Literature in the May Fourth Era* (Cambridge: Harvard University Press, 1977), p. 302. 亦见 Jonathan Spence (史景迁)在其 *The Gate of Heavenly Peace: The Chinese and Their Revolution* (New York: Viking, 1981), pp. 194-195, 397-398 对这流派的谈论。
④ Spence, pp. 194-195.
⑤ 黄公度:《对于无产阶级社会态度的一个小小测验》,《社会学界》第4卷(1930年6月),第158页。

第二章 人力车：老少咸宜的谋生方式

曾是皇亲国戚，或者达官显贵；他们在街头斗殴中赢了还是输了；抑或今日某某也寻短见了。在这些人身上，似乎散发着一种戏剧张力，使得诗人、教授和时评家统统难以抗拒。

没有人比小说家老舍更了解人力车在民国城市风景以及大众成见中的重要地位。老舍，满族人，其父死于 1900 年，正值义和团运动。他通过大量如街头摄像机般的细致观察，写下了许多关于民国衰落和混乱的道德传说。① 老舍曾坦言道，"北平是我的老家，一想起这两个字就立刻有几百尺"故都景象"在心中开映"②。在他的短篇和中篇小说的叙事框架里，人力车夫常常作为四合院租客、家仆或者无产阶级起义者的身份出现。③ 在他著名的有关民国北京的小说里，老舍还以一名车夫为其主人公，并以他的名字把小说命名为《骆驼祥子》。

《骆驼祥子》的创作灵感来自老舍在山东港口城市青岛旅居期间与从北京来访的友人的一番对话。这位友人谈及了有关北京人力车夫的两则真实轶闻，而那些记者和他们读者就是爱听这种充满人情味的故事。其中一则是说一位车夫自己买了车，又卖掉，如此三起三落。另一则讲的是一位车夫被军人抓去，之后又带着偷偷牵走的三匹骆驼逃了回来。老舍当时就说："这颇可以写一篇小说。"④之后，他便根据这两则故事构思了一部长篇小说，并塑造了"骆驼"祥子这一角色。"有了人，事情是不难想到

---

① 有关老舍早期的生平概要，参见 Ranbir Vohra, *Lao She and the Chinese Revolution* (Cambridge: Harvard East Asian Research Center, 1974), pp. 59.
② 老舍：《老牛破车》（香港：宇宙书店，1981），第 48 页。
③ 例子可参见《柳家大院》和《黑白李》，载王际真（Wang Chi-chen）编译：*Contemporary Chinese Short Stories* (New York: Columbia University Press, 1944).
④ 老舍：《我怎样写骆驼祥子》，见胡絜青编《老舍生活与创作自述》（香港：三联书店，1981），第 66 页。

的。人既以祥子为主,事情当然也以拉车为主。只要我教一切的人都和车发生关系,我便能把祥子拴住,象把小羊拴在草地上的柳树下那样。"①在小说中,祥子为了实现拥有自己的车的目标,遭遇了接二连三的变故,他被军人抓去,被密探搜身,受骗而经历了一场没有爱情的婚姻,遭疾病侵扰,并最终沦落为受雇于警察的线人和游行队伍旁的看客。

在决定"事情当然也以拉车为主"后,老舍有意避免对民国城市社会中其他代表性人物的描述,诸如造反的学生、破除旧习的知识分子、有抱负的政治家、无情的军阀、卑鄙的官僚以及利欲熏心的企业家。他将小说里出现的这些人物形象与祥子紧扣在一起,通过他们对一个普通老百姓艰难生计的影响,让读者去感受当时社会的世态炎凉。老舍在这部作品中,常常取景于皇宫、衙门、宅第公馆和京城高等学府外,以及集市、茶馆、胡同和四合院里,这些都是北京普通百姓生活和工作的地方。老舍构想了强加于人力车夫身上的外力因素(社会因素,诸如城市运输市场,以及自然因素,如沙尘暴和严冬),并通过一位车夫的视角描绘了整座城市的风情。"这样一想,我所听来的简单的故事便马上变成了一个社会那么大。"②

如祥子这种虚构的故事,再加上千千万万北京人力车夫的集体传记,从市井层面由外向内地呈现出了民国的历史。车夫们艰苦的生存环境,就是北京那犹如人体血管般错综复杂的蛇形胡同。日复一日,为了拉客,他们都要穿梭于大街小巷,奔赴衙门、学校、公园、会馆和戏院等北京政治、商业和文化的中心。车夫们

---

① 老舍:《我怎样写骆驼祥子》,第67—68页。
② 老舍:《我怎样写骆驼祥子》,第68页。

在工作中互相结识,一起融入城市生活的基本节奏中,从赶集、看戏到游行、群体性恐慌等集体活动。和现代的出租车司机一样,他们也乐于传播道听途说的消息和谣言。和所有的穷人一样,他们对物价的稍许变化都十分敏感。当然,一位人力车夫不可能像商人那样了解市场形势,像官员那样深谙官场勾结,像军阀那样运筹帷幄且狡兔三窟,像记者那样通晓时事,又像学生那样充满国家使命感并成为政治聚光灯下的明星。但是,他们生逢其时,历史的车轮从他们中间无情地碾过,使他们有幸成为永恒的见证者,抑或是临时的参与者。

人力车——一种现代发明

日本人在1860年代末发明了人力车,起初可能用来帮助残疾人或恢复期病人。早期的人力车,看上去就像把一个轿车座位卸下之后,笨拙地安在一根车轴和两个过大的轮子上。① 之后,人们对其做了诸多改良,例如避震弹簧、滚球轴承以及橡胶轮胎,使其变得更加轻便实用。因此,人力车于19世纪晚期至20世纪早期在中国、朝鲜、东南亚及印度等地迅速走红。这项发明出奇成功地将低资金投入、低技术门槛和大量个人出行需求结合在一起,使人力车成为亚洲各大城市的一道风景线。在1940年代,伴随自行车装置的引入而生成了一种更有持久性的终极形态:三轮

---

① Tsuchida Mitsufumi, "Rickshaw", *Kodansha Encyclopedia of Japan*, vol. 6(东京:讲谈社,1983), p. 311; Joseph I. C. Clarke, *Japan at First Hand: Her Islands, Their People, the Picturesque, the Real* (New York: Dodd, Mead and Co. , 1920), p. 182; and John R. Black, *Young Japan*, vol. 2 (London: Trubner, 1881), p. 312.

脚踏车,即三轮车。

1886年,第一批从日本购来的私家人力车首次出现在北京的街道上,就引来了不小的争议。① 被这种竞争激怒的骡车夫马上就把这种拿人当牲口使的可憎洋玩意儿翻进了臭水沟。② 当时,城市个人交通主要依赖骡车、马匹、轿子和推车。北京的街道肮脏不堪、崎岖不平,那些乡下来的窄轮板车在穿过这些泥泞不堪的街道时,会留下一道深深的车辙。一旦这些车辙积水,不论北京的大街还是胡同,都会变得无法通行。亚洲内陆的沙尘暴周期性地侵扰着这座城市,也难怪当地的老话说,"无风三尺土,有雨一街泥"。

1900年,就在拳民攻占这座城市的前几个月,人力车的数量又有所激增。③ 车厂向劳工出租车辆,然后他们上街去拉客。一人在前拉,一人在后推,他们用这种方式征服了恶劣的路况,并从商人、官员和洋人中争取到了一些常客。一位日本来访者注意到,在1900年的春夏两季,随着城外的农民起义愈演愈烈,城内的人力车和车夫的数量也在迅速增长。④ 他甚至怀疑,拳民可能以拉车为伪装渗入这座城市的劳工阶层。这么想也合情合理,因为这两个非同寻常的新动向在城市和郊外同时发生。也许,正像一二十年代所发生的那样,人们由于农村的骚乱来到城市,从而扩充了城市中寻找像拉车这样不需要什么技术的工作的短工阶层人群数量。这些新车夫中确实有一些是同情拳民的,但是当起

---

① "Economic Study of the Peking Ricsha Puller", p. 253.
② Edward T. C. Werner, "Peking in the Eighties", in E. T. C. Werner, *Autumn Leaves: An Autobiography with a Sheaf of Papers, Sociological, Philosophical, and Metaphysical* (Shanghai: Kelly and Walsh, 1928), p. 167.
③ 服部宇之吉:《北京笼城日记》(东京:平凡社,1965),第199—200页。
④ 同上。

义者在1900年夏季攻入北京之后,他们的进口新车也成为义和团打洋人灭洋货的对象。

在八国联军镇压北京城内的拳民之后,车行又东山再起,并且在和清政府的联合整治下,恢复了商业秩序。接下来的几年里,两方面的改进为人力车招揽新生意助了一臂之力。首先,在设计者和制造者的协力之下,一种性能更好的人力车诞生了。1900年的型号坐感差、噪音大。它的车身和轮子是铁制的,拉杆偏短,位置偏高,使得车夫拉起来十分吃力;行车时哐哐作响,乘客在座位上颠来簸去,动不动车子就会陷入泥潭不能自拔。甚至是那些不排外或不常坐骡车、轿子的人,也不得不承认坐人力车出行很难受。女士们尤其觉得在车里被晃来晃去十分不体面。在20世纪第一个十年中期,更轻的框架、橡胶轮胎(起初实心,之后充气)大大缓解了乘客的不适和车夫的工作强度,同时也减少了在后面推车的需要。①

欧式马路的出现也使人力车行业受益颇多。诸如内河港口长沙、湖畔胜地杭州、海港城市福州以及地处丘陵的省会成都,虽然风格迥异,都印证了马路取代泥路和石子路是成功引入人力车的先决条件。② 在北京,义和团运动后的改良派在城市主干道的中间铺设了路面,而这些道路的两侧和小巷则依然如故。人力车占尽了平行道路系统的优势,既能在碎石路上与其他轻便或宽轮载具(比如自行车或汽车)一争高下,且依旧还能在未经改善的道路上发挥自如。

但遇上城门附近或热闹的前门大街交通堵塞时,车夫们依然

---

① 李景汉:《北京人力车夫现状的调查》,第1页。
② *Chinese Economic Bulletin*, 10 October 1925, pp. 209 - 210; 2 January 1926, p. 11; 11 April 1925, p. 212; 23 April 1927, p. 211.

会遭到妒忌的竞争者的白眼。一位1909年首次造访北京的政府官员曾目睹赶骡车的冲撞车夫,冷嘲热讽地说些刻薄话,诸如"你们为啥不赶车?你们只配拉车。放着人不做,偏要做驮东西的牲口"①。然而,令骡车夫无可奈何的是,人力车的数量已经超过了骡车。1915年,北京大约有两万名人力车夫。而到了1920年代中期,这个数字是原来的三倍。②

对于当时的人和我们这些回顾历史的人来说,无论这幅画面有多么不协调,作为进口技术产品之一的人力车,确实在中国城市经济的发展中赢得了一席之地。就在世纪之交后不久,清朝洋务派和早期改良派的代表人物之一张之洞,在汉口下令拆除该市部分城墙,并在城墙旧址上建设了一条标准近代化马路。③ 为了刺激经济,他还添购了100辆人力车,以官方标价出租。马路上

---

① *Millard's Review*, 8 November 1919, p. 408 引用的一位前法部总长的讲话。
② 北京人力车和人力车夫的数量如下:

年份(月份)	公用车	私家车	总车数	车夫
1915			20,859	
1923(9)	24,000	6941	30,941	
1923			41,553	70,000
1924(4)	29,000	7500	36,500	70,000
1924			44,200	60,000
1925(6)	18,937	6940	25,877	
1925(9)	18,899			
1929(2)	30,252			
1930	38,600	4300		

数据采自 T'ao, *Livelihood*, p. 106; "Economic Study of the Peking Ricksha Puller", p. 253; *China Weekly Review*, 8 September 1923, p. 68;李景汉:《北京人力车夫现状的调查》,第1页;《顺天时报》,1924年4月17日第7版;娄学熙、池泽汇、陈问咸编纂:《北平市工商业概况》(北平:北平社会局,1932),第638页。
③ *Chinese Economic Bulletin*, 27 February 1926, p. 11.

人力车川流不息,电灯让夜间灯火通明,新市场欣欣向荣,以及中国主要资本主义企业南洋兄弟烟草公司的奠基,皆出自张之洞为汉口现代化所构想的蓝图。虽然人力车在北京的问世和增加完全是一种私人企业家行为而非政府规划,但是效果却如出一辙。就像电报加快了城际通讯、工厂提高了产能一样,人力车不但提高了城市交通的现代化程度,还提升了人们在市内交通的速度。

乘　客

然而,并不是所有人的生活节奏都会因此加快。出行并不是大部分北京人的日常。他们通常就在工作的地方居住,例如商铺、工厂、宿舍,或者就近的四合院。对家庭开支的研究表明,几乎半数的北京家庭在交通上的开销微乎其微甚至没有。[1]

一方面,对工人、店员、工匠来说,北京在1950年代自行车流行以前,就是一座"步行城市"[2]。另一方面,要想利用北京的天时地利人和来大展宏图,光用脚是不行的。民国时期的北京,政治、经济和文化生活的中心并非集中在一处。北京内外城总占地面积超过50平方千米,政府机关、学校、店铺、饭馆和公园分布其中。革命前的北京,以紫禁城为中心,周围商业闹市、戏院茶馆、

---

[1] 李景汉:《北平最低限度的生活程度的讨论》,《社会学界》第3期(1929年9月)。这些家庭一年挣不到200元。四分之三的家庭一年的交通开支不到2元。在穷困的工人阶级家庭,开支的60%～70%用于食物,视乘车为奢侈。随着收入阶层的提升,收入中用于乘坐人力车、汽车、有轨电车和火车的开销和比重也相应水涨船高。Sidney Gamble, *How Chinese Families Live in Peiping* (New York: Funk and Wagnalls, 1933), pp. 170 - 171.

[2] "步行城市"一语,是Sam B. Warner在其 *Streetcar Suburbs: The Process of Growth in Boston, 1870 - 1900* (Cambridge: Harvard University Press, 1962)一书中创用的。

居民宅院星罗棋布。1920年代,其各副中心之间往往相隔数里,各有特色:紫禁城东北面是大学区,东交民巷是使馆区,内城是机关行政区,外城则是商业娱乐区。从前,官员、士绅和富商们寻访北京时,坐的都是骡车和马车。① 有些人则因其职业或者消遣的关系,需要经常出入北京,其中包括谋求官职者、记者、学生、政客、商人、游人以及那些在外城投宿客栈或在内城政府、金融、教育机关任职的人。人力车恰恰为这些人提供了一种更加自由的代步工具。

如果把人力车的特点和乘客们的社会背景结合起来看,就不难发现经济效用已经与身份考虑和炫耀性消费密不可分了。人力车夫省去了乘客步行的麻烦,且加快了他们出行的速度。同时,乘坐人力车也给了那些身份意识较强的乘客一种更加体面的出行方式,既能来去快捷,亦能不沾灰土。虽然主道中间已铺设马路,但是穿过道路两侧和小巷仍旧有沾惹尘泥的风险。在北京潮湿的夏季步行就像"走在摄影师的浆糊盆里"②。报社专栏作家陈西滢曾说:"穿长衫的人不能走路。这仿佛是北京一条不成文的规定。"③当然,毕竟还有一些穿长衫而坐不起人力车的人,在一个讲究实用和体面的环境下,这多少有点丢人。一位山西学生后来回忆1923年来北京时的情形说:"那时北京没有公共汽车、电车。有钱的人坐人力车,我们是走路。"④

---

① 《北京指南》(上海:中华书局,1917),第6编第5页。
② H. Y. Lowe(罗信耀), *The Adventures of Wu: The Life Cycle of a Peking Man*, vol. 2 (Princeton: Princeton University Press, 1983), p. 24.
③ 《现代评论》,第3卷第64期(1926年2月),第230页。
④ 张友渔:《我的回忆》,《文史资料选编》第9辑(北京:北京出版社,1981),第5页。

第二章 人力车：老少咸宜的谋生方式

这段回忆明显夸大其词了。在北京，人力车的主要乘客不是富人，而是中产阶级。在各个社会阶层的交通工具排行中，人力车位于倒数第二。自下而上，首先是公交车和有轨电车，然后是公共人力车（稍有钱的会包车），条件更好的坐古色古香的骡车或马车，最有钱的坐汽车。根据陈西滢的观点，要是一个人从包车而马车，从马车而汽车，大家都说某人"红"了，或是"发财"了。当他不堪回首地发现自己在北京这么多年居然都没有包一辆人力车之后，陈西滢感叹道，"包车也真是小波淇洼 Petit bourgeois（小资产阶级——译者注）的护照"。人们倾向于认为："要是连包车都没有，他还算什么呢？"

20世纪一二十年代人力车在北京的蓬勃发展，原因在于这种交通工具适合这座城市平坦的地形，而且满足了北京自由职业者和工商界人士的出行需求。不过乘坐人力车同时也代表了一种与社会地位相关的炫耀性消费形式。城里的官员、富人以及有产阶级，再加上那些从事新兴工种和职业的人，能够选择各种各样的人力车，从普普通通的到精心装饰的，或者从公共人力车到体现身份地位的私人包车，不一而足。它原本是清代的舶来品，作为一种方便的代步工具，却成了民国的一种设施。

车　夫

按照收入和人数情况划分，1920年代北京人口的阶层分布呈金字塔形。根据一项1926年的警方普查，富有家庭仅占城市总人口的5%。[①] 富商、银行家和政府要员占领了尖顶部分。在此之下，铺垫

---

① 李景汉：《北平最低限度的生活程度的讨论》，第3页。

着一个相对庞大、殷实的"中产阶级"(22%)和一个更加巨大的"下层阶级"(47%)。在下层阶级之下,还挣扎着少数"贫困人口"(9%)和更大的一块"赤贫家庭"(17%)。

乘客主要来自城市的中产阶级,如店主、教师还有小官员。而车夫则来自工人阶级的底层,他们的身份不如技术工匠、现代设施工人以及某些店员,只比普通劳工稍好一些。车夫们一个月挣 10 到 12 元,和警察、学徒工、佣人以及大部分店员差不多。① 如果拼命工作,且家眷负担较轻或者根本没有,一般车夫不必像乞丐"到粥厂喝粥"或"吃不饱穿不暖的贫民"②那样遭罪。如果大多数乘客只能算小康而不富有,那么大多数车夫只能算贫穷而非一贫如洗。

北京车夫中有相当数量(几乎四分之一)的人从前是农民。③老舍笔下的祥子,就是禁不起城里机遇的诱惑而进城干起这份行当的。"这座城给了他一切,就是在这里饿着也比乡下可爱……在这里,要饭也能要到荤汤腊水的,乡下只有棒子面。"④因为城乡巨大的收入差距,所以就算像拉车这样下贱的工作,也能满足

---

① 李景汉:《北平最低限度的生活程度的讨论》,第 6 页。
② 同上,第 2 页。
③ 李景汉:《北京拉车的苦工》,《现代评论》第 3 卷第 62 期(1926 年 2 月 13 日),第 5 页。这项对一千名拉车夫的考察发现了以下籍贯和拉车以前职业的分布:

北京	53%	旗人	25%
顺天府	31%	农民	24%
直隶	9%	工人	18%
山东	5%	小贩	13%
其他省份	2%	军人	5%
		失业和游民	15%

④ 老舍:《骆驼祥子》(香港:南华书店,无版期),第 39 页。

一个农民改善生活的雄心壮志。

1930年,一个地主家庭为了躲避土匪到城里逃难,他们对穷人们通过工作争取来的相对有所改善的生活感到惊讶。地主在一座四合院租了间房子,院子里还住着三户人家,他们的一家之主分别是洋车夫、听差和卖水的。农村来的难民起先瞧不起他们的邻居:"你想人若不穷,谁干卖水、车夫、厮役之类的事?"①但是地主家最终惊奇地发现,他们之前所习惯的生活还不如他们的邻居。地主老婆曾略带惊讶地说:"咱街刘财主家有十几顷地,才终年吃白的(指麦子面馒头),他们(指卖水的、洋车夫、听差)没一亩、没一陇的,到一年一年吃白的。哼!"去掉车厂老板的租金和上工时的餐费,他们的车夫邻居,每个月可带回15元给妻子和两个孩子以补贴家用。除了包子以外,家里每天还能吃到用油炒过的蔬菜或者用醋、芝麻油拌的泡菜来调口味。地主抱怨,在乡村时自然不缺少青菜,但都是拿来腌着食用。食用油很紧缺,炒煎是稀罕的事。腌菜虽然不缺,然而因为盐放得太少,发酸臭味,让人难以下咽。车夫家每个月能开两到三次荤,孩子们每天还能得到几个铜板去买瓜果零食。通过每个月挣的15元,车夫的家境正在稳步改善,按照社会学家李景汉的说法,就是从"对付着过"变为那些每月赚15到20元之间的人过的"舒适生活"。② 在这一收入水平上的大多数北京下层阶级,包括足足一半的工人和劳工以及混得较好的人力车夫,都能享受略微像样的食物、穿着和居所,甚至可能留些闲钱看戏或者参加其他娱乐活动。

北京人力车夫中农民的比例在冬季会有所上升,因为这时数

---

① 王次凡:《农村地主与都市贫民》,《独立评论》第106期(1934),第6页。
② 李景汉:《北平最低限度的生活程度的讨论》。

以千计的人会进城务工以补贴农作收入。而到了夏天,正值农耕高峰,这些车夫又会回到田里务农。① 但就总体而言,这里来自农村的流动工相对其他有大量车夫的城市来说,要少得多。上海有7万人力车夫,其中绝大多数都来自长江以北的农村地区。② 在1920年代,武汉3万车夫大多数来自农村。③ 他们不带家属,孑然一身而来,住在城郊私搭的小棚中。上海和武汉都有许多工厂和作坊招收城市贫民和失业者。北京的现代设施和工业水平要差得多,但这里依旧生活着大量贫民和收入比车夫还要低的人。因此,当像祥子这样的农村外来人员到北京并以拉车谋生时,他们所加入的阶级并不是由清一色被迫进城的农民组成的,而是一个由城里人、郊区人和农民所构成的大杂烩。当地的工业化程度如此之低,以至于城里人和农村进城务工者连拉车也得竞争上岗。④

在拉车这一行当里,有城市背景的人主要是旗人。直到1920年代,八旗身份仍旧算作一种职业,在1924年的调查中,足足四分之一的车夫填写他们以前的职业是旗人。北京满人的存在、旗人的粮饷,再加上宫廷和政府的开支,促进了北京工商业及服务业的发展。⑤ 这一市场吸引了北方乃至全国的商人和劳工,他们利用同乡人脉做起了生意,建立起行会。北京的许多行业被各个省、县来的人各自垄断。有时候人们会不假思索地认为挑粪

---

① 李景汉:《北京拉车的苦工》,第5页。北京车夫在冬天要比夏天多出6%。
② *China Weekly Review*,3 March 1934,p. 24.
③ *Chinese Economic Bulletin*,1 January 1927,p. 9.
④ 在成都,也有一个像北京这样管理和营运联合体的小翻版,城里几乎所有7.8万名人力车夫都来自郊区的失业者。同上,23 April 1927,p. 212.
⑤ 李华:《前言》,李华编:《明清以来北京工商会馆碑刻选编》(北京:文物出版社,1980),第14页。

工都是山东人，裁缝都是宁波人，做糖糕的都是南京人。①满人一失去强加在他们身上的政治地位和关系，就立刻发现，原本对其有利的未工业化的社会，现在却将他们拒之门外。他们的粮饷减少了，所以只要有工作，哪怕拉车他们也干。

满人的不幸只是北京城里人沦为车夫的一个原因，当然还有其他原因。正如老舍所言，许多车夫是"被撤差的巡警或校役，把本钱吃光的小贩，或是失业的工匠，到了卖无可卖，当无可当的时候"②。在李景汉的调查中，他列了车夫们之前的职业，包括"鞋匠、木匠、巡警、厨子、刺绣工、园丁、渔夫、音乐家、做肥皂的、排字工、学生、玉匠、银器匠、裁缝、抄写员、演员、报童、织工、店掌柜、做地毯的、酿酒工、矿工、洗衣工、国营造币厂工人、佣人、当兵的、勤杂工。"③也有人会女扮男装去拉车。④

城市经济，不仅以行会、生意兴隆的商铺和企业为核心，还包括诸多外围的略欠稳定的投机。大量商铺开张歇业也是经济生活的常态。⑤为数不多的资本不断地分拆、整合，小部分员工、手艺人总是在失业和就业之间徘徊。根据一份官方研究，每年有上千名北京工人因失业而沦为人力车夫。⑥另外，作为行会招工的主要制度，学徒工出师之后也未必能获得一份稳定的工作。在某

---

① Niida Noboru（仁井田陞），"The Industrial and Commercial Guilds of Peking and Religion and Fellow Countrymanship and Elements of Their Coherence"，*Folklore Studies*（1950）.
②《骆驼祥子》，第2页。
③ "Economic Study of the Peking Ricsha Puller"，p. 256.
④《益世报》，1923年1月26日第7版；1923年8月13日第7版。
⑤ 例如，市政府公报表明，1930年有2278家商号歇业，2838家开业；118家老茶馆关门，而有132家新茶馆开门；106家煤行关门，119家开门，等等。《北平市市政公报》第80期（1931年1月19日）。
⑥ *NCS*，3 May 1925，p. 8.

些行业,如地毯业,业主和经理通常从农村招募大量学徒,试用期三年,仅提供食宿和少量工资,一旦学徒满师有资格成为正式工人时,就将他们解雇。① 其中许多人就只能去拉车了。②

虽然人们似乎偏向在有行会管理的工商业谋一份稳定的差事,但对工人而言,通过季节性工作和临时工来补贴家用的情况却并不罕见。例如,在夏季,有一定经济能力的北京居民会搭起凉棚遮阳,店铺前和开放的院子里都有这种凉棚。③ 北京有200多家商号做这一行,除了商号经营者和一些学徒工,其他都是临时工。工人们聚集在城里各区的几家特定茶馆,和中间人谈妥就立刻上工。到夏末秋初,数以千计的工人干起了滚煤球的工作,为冬季供暖做准备。在冬天,临时工们从北京的湖里切下冰块,拉到冰窖保存起来,以待夏季提供给餐馆、水果铺、火车餐车使用,或者作为私人住宅消暑的奢侈品。④ 这些把冰块从河里拉到冰窖的人都是从乞丐、老人和失业者中招来的。就连已经组织起很有实力的行会的建筑业,在春夏用工高峰期也会雇用临时工。高流动性的劳工市场和一个依赖同乡关系与行会成员资格的严格体系并存,人力车行业从前者汲取劳动力,形成了社会学家陶孟和所称的"劳工之逋逃薮","各种失业之工人,无论有无技能,莫不以之为栖身之所"⑤。

如果说人力车为农村移民和城市贫民提供了向上或横向的

---

① Chu Chi-ch'ien(朱启钤)and Thomas Blaisdell, Jr., *Peking Rugs and Peking Boys: A Study of the Rug Industry in Peking* (Beijing: Chinese Social and Political Science Association, 1924), p. 30.
② 李景汉:《北京拉车的苦工》,第6页。
③ *Chinese Economic Bulletin*, 2 June 1928, pp. 274-276.
④ *Chinese Economic Bulletin*, 21 April 1928, pp. 196-198.
⑤ 陶孟和:《北平生活费之分析》,第29页。

发展途径，那么它同时也是落魄市民谋生之路上的一根救命稻草。随着北京作为行政中心的地位不断下降，破产的政府再也无力支付官员和职员的全额工资。一些部门和公办学校办不下去了，只能让员工们在当地自谋出路。人们能在车夫中发现小学教师、政府职员甚至清朝将军们的身影，他们通过拉车来赚外快，或仅仅是因为早已耗尽积蓄而不得不赖此为生。① 某位北京的评论家，写过关于人力车问题的文章，他提醒读者，"北平的洋车夫并不像一般人所想象的出身低贱，全是不识字和由乡下进到城里来的；有的是北京时代的政客，与前清的秀才举人，以及旗人的公子哥儿，为生活所迫，干起这一行的"②。当然，这些昔日的天潢贵胄，在一般车夫群体中并不典型，通常情况下车夫都是些农民、普通旗人或是手艺人。但是他们的存在，却体现了车夫作为一个阶层所拥有的多样性和不稳定性。

前清的皇亲国戚、"大人、老爷"或者大学教授穷困到去拉车，总让人觉得可怜可惨。③ 陈西滢在决定离家赴京时，曾描写过他内心的顾虑。一位亲戚曾建议他不要这么做，就算去，别当读书人。"我曾在报上看见北京的教员有的穷到晚上拉街车。在远地方拿不到钱不是玩的。拉车我们又没那力气。"④

车夫们让知识分子良心不安，因为他们的工作有点太落后，太不人道。然而他们的存在却无情地提醒着人们，民国时期个人

---

① 《益世报》，1921年1月9日第5版；1921年5月28日第7版；1925年2月11日第7版；1921年7月31日第7版。
② 吞吐[笔名]：《北平的洋车夫》，载陶亢德编《北平一顾》（上海：宇宙风社，1938），第165页。
③ 叶德尊：《社会生活（北京的人力车夫）》，《新中国》第1卷第1期（1919年9月），第130页。
④ 陈西滢：《苦力问题》，《西滢闲话》（石家庄：河北教育出版社，1991），第228页。

地位变幻莫测的程度。一位教师,同时也是北京一家报社颇有名气的专栏的兼职撰稿人,曾批评过一位熟人,他不想想,因世事沧桑亲戚朋友也会落到不同的阶层里。

> 我的朋友某教员,因受了人力车夫的气,大骂畜类不止。我说:"你不要骂他畜类,他有拉车的一技之长。要知我们若不能教书了,我们欲当畜类,还没有拉车的力量呢。生在这变化不定、七乱八糟的时代,谁知将来升降到什么地步。我的老友陆军中将某师的参谋长某君,已摆了卦摊卖卜为生了。"①

就算知识分子们无法预见他们沦为车夫的未来,他们也会陷于围绕着车夫而产生的争论之中,因为,作为中产阶级的一员,他们坐得起人力车。当乘坐人力车出入工作场所、社交聚会和政治会议时,他们会发现自己正面对着汗流浃背的车夫的背影。1919年,就在五四运动数周之后,有人给《新中国》杂志投稿,指出了当一位有现代价值观的人雇佣一位人力车夫时所产生的道德矛盾:"人类去干那牛马的生活,在人道上实在讲不过去。你看那拉车的喘着气,拼着命的跑,坐车的却踏着铃还要催快!"②

一位为一份北京改良派日报撰文的作者,在一个名叫"改变你的话题"的专栏里,承认汽车和人力车正作为北京社会最突出的问题而困扰着自己。由汽车造成的人身伤害和人力车引起的道德和社会难题,给他敲响了警钟。他觉得自己无法无视这些问题。

---

① 老宣[笔名],《实报疯话》(北平:时报出版社,1935),第116—117页。
② 张厚载:《人力车问题》,《新中国》第1卷第1期(1919年9月),第123页。

第二章 人力车：老少咸宜的谋生方式

图5 人力车夫

在不间歇地拉了17千米到达颐和园后人力车夫与乘客的合影。车夫是典型的劳动者装束：长裤、衬衫和布鞋。他们的人力车也是一流的，专门用来招徕外国游客。美国国会图书馆惠准采用。

每当我们想到北京社会的现状，汽车和人力车就自然而然地浮现于我们的脑海中。每当我们批评这种现状时，也很难避开这两个问题。但是每当我写专栏时，总有人对我说，"你就不能换个话题么？"可每当我试着换个话题时，汽车喇叭的嚣叫声和车夫们的喘气声总萦绕在我耳边。①

两天之后，正如他之前承认的，他写了另外一篇《奋斗的权力》，文中他用人力车夫的骂街来象征中国政治局势的混乱。这位专栏作家暗示道，中国人就像人力车夫一样，整天为了揽客与人拌嘴斗舌，面对一点点冒犯都会大发雷霆。结果便是内战和两败俱伤。不过看到巡警和士兵时，车夫们"连屁都不敢放一个"，简直

---

① 《益世报》，1928年1月28日第5版。

和中国人遇到列强侵略时一个模样。① 另一位评论者用更加直白的措辞表达了每次只要他"见西人踞坐人力车上,一华人为之奴",就会有无名之火。(图5)②

人力车十分成功地成了一种出行模式和体现身份的手段,致使其在当时的政论及文坛上获得了显著地位。对一种现代发明来说,人力车确实有其特别之处。从某种意义上来说,它代表了科技进步,因为拉车比起抬轿子要轻松许多。跑短途的话,人力车要快于其他传统车辆,比如华北地区常见的笨重缓慢的骡车。但与此同时,人力车不仅是简单地用机械装置替换畜力或者人力,更强化了体力上的付出。缓步行走的车夫只是让乘客不必亲自动脚,快步流星的车夫则为他们节省了时间。只有跑得最快最持久的人才能在这一行出人头地,因此我们才能看到穷人们含辛茹苦地为中产阶级客户拉车的奇景。人力车不仅成为北京、上海和汉口等城市常见的交通工具;这种人拉人的景象也成了落后和剥削的象征。

约翰·劳伦斯·哈蒙德(J. L. Hammond)③及其夫人芭芭拉·哈蒙德(Barbara Hammond)等西方的工业化批评家,认为在重塑个体使其适应工业生产秩序的过程中,"人畜"(human animals)正在被"机畜"(machine animals)牵着鼻子走。然而人力车,却通过让车夫——也就是"人形大马"——拖着他后面的机器和剥削者,令人毛骨悚然地颠倒了这种关系。在中国,不光知识分子,就连赶骡车的,都觉得这种行为不堪入目,况且儒教对仁义的重视以及把人当牲口所带来的耻辱,更加深了人们对此的厌

---

① 《益世报》,1921年1月26日第5版。
② 《益世报》,1921年6月17日第7版。
③ 英国记者、作家,与其妻合作著有多本有关近代工业化问题的作品。——译者注

恶感。五四时期的革命家们在报刊上谴责拉人力车是"一种不生产的劳动,无意义的生活",与其他像汽车之类更加一目了然的现代化发明比起来,显得更像是一种"畸形发达的现象"①。因此,人力车曾被视为中国物质文明落后的确凿证据。

一些知识分子受制于大环境和他们自己的生活方式而做了些有点良心不安的事,因此觉得有义务为乘客与车夫做点沟通的事。在一次有关北京人力车夫工作和生活条件的社会问题新发现的讨论中,陈西滢叙述了他亲身经历的一次跨阶级、跨语言界限沟通的失败尝试。

> 我是不懂统计学的……所以也从来不想在车夫身上去搜集社会调查的资料。不过我也曾经想同他们谈谈话,问问他们对于许多事物的观念。可是我的京话实在太糟了。我们中间总隔开了一堵墙。我偶然问一句话,也许得反复的申说了几遍才懂得一点,那自然使我灰心而默然了,也许他们以为我是在责难的申斥,登时现出难看的颜色!在他们的生活中,责难固然是家常便饭呵!那使我更加灰心而默然了。因此,虽然同我曾经有过关系的洋车夫至少有几百,我实在不曾看见他们的心。他们是有心的,我并不疑惑。②

城里知识分子和街上车夫近在咫尺,再加上穿长衫和洋服的乘客高高在上所暗示的象征含义,为人们把人力车视作中国社会经济和文化的断层线起到了推波助澜的作用。人力车夫被描写成这种形象,他们被社会压力所压迫,与乘客一起身陷于不那么合理的现代化进程所导致的社会难题中,作家们借助描写人力车夫们

---

① 张厚载,第119页。
② 陈西滢:《苦力问题》,《西滢闲话》(石家庄:河北教育出版社,1991),第229页。

的生活来表现并解释这种压力和进程是怎样产生的。这种表现性、诊断性的功能,有助于解释民国时期不计其数的书籍和报刊上出现的真实或者虚构故事中的观点和深层含义。

人力车夫通常老套地被描写成毫无心机的普通人,或者腐朽的无辜者。在漫长的 1920 年代里,北京的车夫们,和其他之前被排除在公共和政治生活之外的人群一样,慢慢变得有了心机,甚至有了一点政治觉悟。人力车夫作为民国时期社会问题的代表人物被放到了公共舞台的中央,有时在那些不如陈西滢能说会道的知识分子帮助下,他们试图根据自己的意愿和政治方向感,摸索着走自己的路。把人力车夫和人力车放到问题的中心,我们可以此为切入口,走进纷扰动荡的民国时代。

第三章　人力车夫：劳苦大众的职业生涯

当时的作家们为了鞭笞民国社会的不良现象,戏剧化地描写了人力车夫的生活。人力车代表了贫穷和社会脱序,为了表现这些本质,最好的办法就是把拉车的人当作受害者来描写。不过,这一形象只反映了车夫真实生活的一部分。把车夫简单地视为叫花子或牲口等于无视了他们工作时在公共场合上演好戏的才能。这些"街头喜剧"终将演变成街头政治,并相应地促使车夫们投身于大众政治,而这也是1920年代的知识分子和工人们的共同目标。

当街谋生

老舍笔下的祥子,车夫生涯跌宕起伏,他租车上街拉活,享受了短暂的车主之福,然后断断续续地在各家拉包月。小部分北京车夫被家庭雇佣,只有3%的人才能像祥子一样实现拥有一辆车的梦想。① 对大多数人来说,他们的收入就是乘客的车费减去车厂的份子钱。为了赚取足够的钱来付租金以及养活自己和家人,

---

① 李景汉:《北京人力车夫现状的调查》,《社会学界》第2卷第4期(1925年5月),第15页。

图6 满载的人力车

一位少妇和包装严实的一头猪身,再加上一大包的香肠,让这人力车显得有点不堪重负。在这种场合,人力车可谓集仆人、货车和客车的功能于一身。采自 UPI/Bettmann Newsphotos.

一般车夫都要在街上平均呆 9 到 12 小时,实际用在拉车上的时间大约只占到一半。① 若要讨得好价钱,则需要了解些城市布局,以及像小贩那样沿街招徕乘客的技巧。不过干这一行最要紧的还是体力。

拉车最难的部分,不是所载的重量,而是乘客对速度的要求。平衡感强的车夫能轻轻松松地拉起一位体形丰满或携带行李的乘客。在中国,时至今日拉重物依旧是稀松平常的差事。最难的是要边拉边跑。跑的时候,双手搭住身体两侧的拉杆,保持平衡,不能撞到人或东西,也不能摔跟头,这是需要力量、体能以及一定技术的。头两天干这行会让人心灰意冷。老舍写道,祥子刚开始

---

① "Economic Study of the Peking Ricsha Puller", *Chinese Economic Monthly* 3:6 (June 1926):256.

干这行,就让他两天卧床不起,脚踝"肿得像两条瓠子似的"①。共产党人武光,于 1930 年代受任在北京车夫阶层中展开地下工作,他在回忆录中描述了车夫所承受的背部疼痛和腿部痉挛。他还回忆道,刚开始拉车时,"学着其他车夫的样子,躬着身子,用力向前拉。笨重的车身却不听使唤,忽而向前冲,忽而向后拽,忽而左右摇摆。我好像拉着洋车在马路上扭秧歌,险些翻了车"②。就算没有摔倒或翻车,恶劣的路况和自身技术的生疏依然会让车夫身陷险境,轻则惊动牲畜,重则在交通拥挤的街上撞到汽车甚至骆驼。③

特别年轻的和年长的车夫尤易患上这一职业所引起的疾病。有几千名车夫的年龄都不到 17 岁。虽然这么做是违法的,但是人们仍可看见 10 或 11 岁的孩子拉着成年乘客在跑。一位记者曾遇到一个令人同情的案例,三个孩子,年龄分别是 16、14 和 11 岁,为了养活重病缠身的母亲和外祖母,三人合力来拉一辆车。④ 乘客有时也会惊讶地发现他们雇来的车夫已经年过古稀了。⑤ 在一个案例中,令一位教授十分尴尬的是,一名车夫从背后叫住他,让他说个地方出个价,回头才发现原来是一个 71 岁的老头在等他上车。⑥ 车夫吸入的粉尘、穿着汗湿的衣服站在室外的寒冷以及风吹雨淋的自然环境,这些都是

---

① 老舍:《骆驼祥子》(香港:学林有限公司,无版期),第 7 页。
② 武光:《冬夜战歌(修订版)》(北京:北京航空航天大学出版社,2009),第 28 页。
③ 《益世报》,1929 年 10 月 15 日第 7 版:牛触车夫受伤入医院;1924 年 12 月 25 日:车夫车撞马车毁坏。
④ 同上,1922 年 7 月 20 日第 7 版。
⑤ 吞吐[笔名]:《北平的洋车夫》,《北平一顾》(上海:宇宙风社,1938),第 164 页。
⑥ 《益世报》,1929 年 5 月 16 日第 7 版。

研究者所关心的问题。① 有关北京健康问题的系列文章中，《华北日报》将拉人力车归于早死原因之一。"除了那些因中风和心脏病发作而猝死的人之外，慢性内部组织损伤也是一大杀手。事实变得越来越明显，人们很难找到年老的车夫。"②

北京的报纸经常报道车夫在拉车时猝死，或者被人发现横尸街头或坐毙在车中。车夫们忍病拉车，病魔缠身却无法休息，更糟的是有些人甚至还犯鸦片烟瘾。③ 根据警方的观点，死伤车夫中部分是"飞跑"所引起的，车夫们奋力疾奔，以便在一天里赚更多的钱，拉更多的客。④ 警方曾试图禁止"飞跑"，但是在北京拉车这一行当的现状，使得限速和其他这方面不合理的措施很难推行。虽然北京人口并未增加多少，但是从 1910 年代中期到 1920 年代中期，城里车夫的人数却翻了一倍多。一个激烈的买方市场应运而生，不断壮大的车夫队伍为了载客你争我夺，影响乘客数量的北京人口总数和中高收入居民及旅居者的人数却只是平稳增长。人力车夫在运输市场上所处的劣势，反映在车钱的实际下降上。1911 年车夫依照惯例平均每小时干活可收取 2 角 5 分的

---

① L. K. T'ao, *Livelihood in Peking：An Analysis of the Budgets of Sixty Families* (Beijing：China Foundation for the Promotion of Education and Culture，1928)，p. 125.
②《华北日报》，1929 年 9 月 10 日第 6 版。
③《京师警察公报》，1928 年 4 月 5 日，第 3 页。
④ 典型的飞跑而死的报道见《益世报》1920 年 10 月 19 日第 5 版，警方对飞跑的查禁见《益世报》1920 年 10 月 26 日第 5 版。

报酬，到了 1926 年只有 1 角了。① 迫于这些压力，北京的车夫比他们在亚洲其他城市，比如东京的同行跑得快多了。②

这份工作依赖身体素质的特性，以及坐人力车出行实为炫耀性消费的事实，使人们把那些最出色的车夫比作运动员一样的人物。这些人看上去油嘴滑舌，甚至有点拿腔作调，身着利索的短上衣和裤子，会说几句招揽游客的洋话，还能一天跑几回快活。③ 年纪轻的有时相互间会比赛谁跑得快，谁违反交通规则多。④ 他们为了讨好姑娘可以免费拉车。跑得最快的人还有像"伊犁马"（新疆伊犁因快马闻名）和"火车头"这样的名号或绰号。⑤ 祥子在体能的巅峰时期和他的精神与肉体堕落之前，为自己的跑姿有力好看而十分得意，还瞧不起其他同行，觉得他们要么跑得不稳，

---

① 这里表列的是 1911—1940 年间的若干平均人力车费：

年份	每月	每天	每小时	每里
1911			2 角 5 分	
1917	20 元	1.30 元	2 角	2 文
1920			1 角 6 分	
1926	18 元	1.00 元	1 角	4 或 5 文
1940				4 文

1911、1917、1920、1926 和 1940 年费率各采自 Emil S. Fischer, *Guide to Peking and Its Environs Near and Far* (Beijing: Tientsin Press, 1925), 第 11 页；《北京指南》（上海：中华书店，1917），第 6 编第 5 页；Sidney Gamble, *Peking: A Social Survey* (New York: George H. Doran, 1921), p. 63；《（实用）北京指南》（上海：商务印书馆，1926），第 6 编第 16 页；《北京案内记》（东京：新民印书馆，1940），第 342 页。1911 和 1920 年的费率是针对外国人的，所以略有偏高。钱文费率上升可以从 1920 年代铜钱急剧贬值中得到解释。

② Ellen N. LaMotte, *Peking Dust* (New York: Century Co., 1920), p. 20. LaMotte 将东京车夫的缓步慢行与北京年轻车夫的大步快行作了比较，认为这是竞争激烈所致。

③ 吞吐，第 161 页。

④《京师警察公报》，1928 年 1 月 22 日，第 3 页。

⑤ 李景汉：《北京人力车夫现状的调查》，第 1 页。

要么装作用力的样子在跑,不让人看出自己的虚弱,而在事实上一点也不比别人快。①

另外一些车夫,衣衫褴褛,因为年事已高、年纪幼小或者体弱多病、体力不济,他们一不留神就可能沦为乞丐。正如老舍的解释:"他们的车破,跑得慢,所以得多走路,少要钱。到瓜市,果市,菜市,去拉货物,都是他们;钱少,可是无须快跑呢。"②无法再拉人的车夫去揽把活猪拉到市场的活,"猪放在人坐的车上又脏又破,人看着总觉心里不舒服"③。

以一般车夫的生活水平来说,他们离普通的舒适生活也不是望尘莫及,但离可怕的贫穷线却只有一步之遥。这全部取决于每天的跑车次数、报酬多寡和家里有几张嘴等着他来喂。稍有不济就可能毁掉车夫和他的家庭。社会研究者曲直生发现,车夫家庭十分贫穷,以至于全家只能睡在没有床具的脏地板上,家徒四壁,屋里只有成打的当票。④

坏决定与坏运气或能招致灾难。1928年冬天的一个夜晚,一名警察在巡逻时穿过靠近护城河的冰窖胡同。他向昏暗的胡同看去,看见一位年轻车夫正准备用腰带自缢。面对巡警的质问,这位名叫姚英瑞的年轻人瘫在地上泣不成声。姚和他母亲还有三个弟弟住在鼓楼北面的一个区。其中一个弟弟严重智障,另外两个还只是孩子。他们已经欠了六个月的房租,穷得实在不行了,只能让姚穿上他母亲唯一的一条裤子冒着酷寒出来干活。这

---

① 老舍:《骆驼祥子》,第3页。
② 同上,第2页。
③ George Kates, *The Years That Were Fat* (Cambridge: MIT Press, 1967), p.99.
④ 曲直生:《北平社会调查所》,见曲直生《平庸集》(台北:台湾商务印书馆,1958),第119页。

第三章 人力车夫:劳苦大众的职业生涯

天早些时候姚英瑞的生意还不错,他给自己买了点吃的,留了些钱准备带回家。但是在他去公厕解手的时候,有人把钱从车里偷走了。他过了好久才发现自己被偷。现在他连份子钱都付不出,而且根本没脸回家,所以决定轻生。这名巡警把他送回家,并保证如果他所说的属实,警局会为他的家庭提供救助。①

一位长期住在北京的居民描述了姚英瑞极力想逃避的那种令人作呕的贫穷。

> 胡同里的小孩,谁都面黄身小,骨瘦如柴,一点没有活泼的气象。大多数面上身上都有些疮疤疗疖;许多还露出大头、眇视、歪嘴、缺鼻等残废的形状。②

贫困家庭,包括车夫,常常卖子求生。③ 另外一些则拥向临时救济处,有时警察会在那用棍子驱赶"数以千计的衣衫褴褛、冻得直哆嗦的男人、女人和小孩。他们已经饿得不行了"④。冬季时,每个月因寒冷和饥饿而死亡的人达到 500 之多。⑤ 夏季时,这一数字降至 80 到 90。因为警方会为穷人支付棺材钱,所以他们把人头数得很精确。

除了每天须竭力避免突然落得一贫如洗的惨境,车夫们对长远经济前景的不安全感也是与日俱增。在行会干活,至少还有往上爬的可能,从学徒到熟练工或工头,最终成为师傅。⑥ 而车夫的职业生涯却形同抛物线,从起步时就开始走下坡路,一旦年老体衰,便直线下滑。像祥子那样的车夫,也有着拥有自己的车厂或者存够钱去当

---

① 《京师警察公报》,1928 年 1 月 6 日。
② 西滢[笔名]:《西滢闲话》(上海:新月书店,1928),第 351 页。
③ 《益世报》,1920 年 8 月 3 日第 5 版。一位人力车夫把自己的 8 岁女儿卖给了一个肉商,换了 25 元,母亲在一旁看着流泪。
④ *New York Times*, 28 January 1928, III, p. 1.
⑤ *NCS*, 1 January 1928, p. 11.
⑥ 中国科学院经济研究所编:《北京瑞蚨祥》(北京:三联书店,1959),第 20—23 页。

个小贩或小店老板的梦想(图7)。但是研究者通过调查,发现只有极少数车夫能从收入中攒下一小部分。① 大约只有5%的车夫能存够钱让他们在别的行当立足。② 如果一位车夫不能通过干活攒下足够的钱或靠借钱来做些小生意,也没能养儿防老,一旦拉不了车,那么他能做的就是季工或临工,过更加不稳定的生活。像其他旅居者那样,农村来的车夫可以在中年或老年时回老家。但是大多数车夫都是城里人,必然也只懂得在熟悉的城市中生财生存之道。

图7　街头食摊

小买卖为积累了一些小本钱的劳动者提供了另外一种选择。北京警方估计,有2.5万余人靠街头摆摊卖瓜乃至卖棺材谋生。因为价格便宜,人力车夫常在这种小食摊用餐。美国国会图书馆惠准采用。

---

① *Chinese Economic Monthly* 2:8 (May 1925).
② *NCS*, 18 April 1924, p.1.

第三章 人力车夫:劳苦大众的职业生涯

大杂院中的贫民窟

　　大杂院和店铺(对车夫来说就是车厂)是北京工人能找到的最基本的两种住处。和姚英瑞一样,五分之三的城市车夫和他们的家人一起住在大杂院或其他条件很差的住房里。① 剩下的人中大部分通常是单身,住在车厂的宿舍里。

　　如果能忍受没有现代卫生设施和暖气供应,大杂院四壁能够阻隔外界的嘈杂和视线,四周是住房,当中是开放的院子,也差强人意。北京最漂亮的住宅其实都是由一系列院落相连而成的。有着对外界的封闭性,同时便于商贩朋友进出、街坊邻居家短里长串门聊天,以及采光良好的开放性,这种精巧设计对于居民和小贩可谓各得其宜。② 就连严肃的社会评论家陶孟和也承认:"即平常之住宅,亦较多而精美……北平居民之房屋,固优于任何都市者也。"③

　　但是这种住处很容易人满为患。在大杂院里,这些房间原来是为一个大家庭所设计,现在却分别租给个人或一个家庭。④ 老舍借祥子之口,道出了对这些拥挤的"平行"杂院生活条件的严厉评价:

　　　　他甚至想起马上就去娶亲……可是凭着拉车怎能养家呢?他晓得大杂院中的苦哥儿们,男的拉车,女的缝穷,孩子

---

① 李景汉:《北京拉车的苦工》,《现代评论》第 3 卷第 62 期(1926 年 2 月 13 日),第 5 页。
② Kates,p. 253.
③ 陶孟和:《北平生活费之分析》,社会调查所,1930 年,第 60 页。
④ 叶德尊:《社会生活(人力车)》,《新中国》第 1 卷第 1 期(1919 年 9 月),第 127—128 页。

53

们捡煤核,夏天在土堆上拾西瓜皮啃,冬天全去赶粥厂。①

在其他作品中,老舍暗示了正是这种对空间和收入的残酷竞争毒害了大杂院的生活,营造一种无名愤怒和绝望的气氛。在他的小说《柳家大院》中,叙述者说道:"在院子里走道总得小心点;一慌,不定踩在谁的身上呢。踩了谁也得闹一场气。大人全别着一肚子委屈,可不就抓个茬儿吵一阵吧。"②

北京各处都有贫穷地带,穷人,包括车夫,都集中在这些靠近城墙和城门外的地方。③ 除了外城天桥区,其他穷人聚集区都演变成了贫民窟或者尽人皆知的劳工阶层居住区。从住所来看,主要的阶层分割并不是富人区和贫民区鲜明的界限,而是街区中树立的大杂院。1920年代之初,社会学家西德尼·甘博(Sydney Gamble)注意到"北京没有真正意义上的贫民窟,人们可以发现富人和穷人在几乎任何地区都住得很近"④。到了1920年代末,阶层区隔才初见端倪。

> 北平本无贫民窟,尚不见现代化城市贫富区域对峙之显著现象,但近年以来,贫民在经济压迫之下,已逐渐移居于城厢及城内街道偏僻房屋破坏之区域矣。⑤

日日夜夜,轮班的车夫从内外城贫穷偏僻之地拥入市中心寻找客源,这种现象反映了阶层分离的形成。这些日常人口流动揭示了

---

① 老舍:《骆驼祥子》,第79页。
② 见王际真(Wang Chi-chen)编译:*Contemporary Chinese Short Stories*(New York: Columbia University Press, 1944), p. 67.
③ Gamble, *Peking*, pp. 272, 486. 在这些地区,极其贫困的比例是平均值的两倍乃至十倍。
④ 同上, p. 39.
⑤ 陶孟和:《北平生活费之分析》,社会调查所,1930年,第22页。

阶层与都市空间之间的新关系。但是人力车夫在北京街道上的出现不同于集体涌现的劳工社区和星罗棋布的贫民窟。相反,他们的存在证明了贫穷是深深扎根于整座城市的。

车厂主与出租人

若要当乘客,你可以在街上招呼一个车夫或者雇一个任你差遣。若要当车夫,你可以去城里上百个车厂中租一辆车。再多付点钱,就能住在车厂的宿舍里。① 办理租车手续通常须经车厂主的熟人介绍或携带一份商铺出具的担保书(铺保)。一辆人力车的价值近100元,车厂主必须保证车夫不会把车偷走或者损坏。万一车被偷了,介绍人或出具铺保的店铺有责任进行赔偿。

类似的保证方便了各种交易,包括借贷和学徒契约。根据介绍人或做担保的商铺财产情况,铺保被分为不同级别。车厂对保证书的要求不能太高,因为他们的委托人都很穷,而且车厂自己的金融级别也很低。举个例子,1921年,有两兄弟想做卖红薯的生意,在向政府资助的"贫民借本处"申请贷款时,得知需要一份铺保。他们已故的父亲在一家车厂租过车,而且现在这两兄弟和他们做车夫的大哥也住在这家车厂。但是当他们从这家车厂带回铺保时,机构职员说他们需要一份更加有说服力的铺保。"其冥衣铺、洋车厂子、煤铺、铁铺、成衣铺等等的,那全不成。"②

通常,人们靠关系就能从车厂主那借到车。共产党劳工组织者武光的经历就是一个很好的例证。③ 1930年代初,中共地下党

---

① 李景汉:《北京拉车的苦工》,第5页。
② 《益世报》,1921年11月1日第7版。
③ 武光:《冬夜战歌》,第26页。

指示武光扮成人力车夫作为建立工会的第一步,从此他过着一种双重生活。他住在北京西城区一家小旅馆里,并以北京大学学生的身份在当地警察分局登记。但是在白天,他并没有去上课,而是去拉车。武光需要隐蔽身份,这使得要拿到一份铺保难如登天。不过这个问题早已在考虑之内,武光结交了一位老车夫,经他介绍认识了一位车厂主。这车厂主对这老车夫十分信任,不用铺保就借了他一辆车。

车厂主和车夫之间的关系,虽然相对较高层次的交易常显得有些随意,但是同样遵循当时通行的规矩。互相依赖和保证所形成的纽带相比城市中主要的经济活动所遵循的规矩就显得有些弱不禁风了,后者有一套更加复杂完善的关系网。不过车厂主们也在努力完善这套契约和承诺系统,以防止车厂资产因车夫逃之夭夭而蒙受损失。

和北京大多数经济单位一样,车厂规模非常小,平均不到30辆能够出租的车。车厂主也和经营其他小本生意的人一样,会和租车人培养一种恩庇侍从的关系。与其他城市不同,北京车厂主直接与车夫打交道,而不通过中间人或掮客。① 车厂使出浑身解数在店里扮演家长式的角色来吸引和留住车夫。恩庇侍从关系的培养一定程度上消除了让车夫生活在水深火热中的不确定和不安全感。而拖欠租金和盗窃车辆的情况也经常发生,所以对车主来说最好是留住那些熟识的车夫。②

---

① 在上海、成都、广州和福州,中间人从车行租了人力车之后,再转租给车夫。这些掮客虽然承担了车辆损坏或丢失的风险,但也可从车夫那里赚取佣金。*Chinese Economic Bulletin* 216(11 April 1925):212;"The Ricksha in Shanghai and Peking",*Chinese Economic Monthly* 2:8(May 1925):38.
② 参见车主王子义在报纸上自许厚待车夫的例子。《益世报》,1921年6月24日第7版。

第三章 人力车夫：劳苦大众的职业生涯

在《骆驼祥子》中，刘四爷是"人和车厂"的老板，祥子经常去他那儿租车。刘四爷在当老板以后，恩威兼施。年轻时的刘四爷赌过博，当过打手，劫过票，还放过高利贷。因作恶多端而蹲了几年大狱后，他办起了车厂。"土混混出身，他晓得怎样对付穷人，什么时候该紧一把儿，哪里该松一步儿。"①刘的车厂比较大，管着60多辆车，他不存破车，所以车租也比别家的高。不过他让车夫白睡车厂宿舍，到过节也比别家多放着两天的份儿。要是有人交不上车份，他就把人"当个破水壶似的"扔出门外。但大家若是有个急事急病，"他不含糊，水里火里他都热心的帮忙"。

像刘四爷这样的老板可能会喜怒无常，也常会动用厂主之权无情地对待车夫。不过北京市郊海淀区的张氏兄弟，却是出了名的"凶恶"。② 在"张记人力车厂"，他们经常打骂向他们租车的车夫。有一位39岁的车夫，名叫张清元（非亲非故），他兢兢业业地干活，一个月来每天20个铜板的份子钱一分不少，直到他伤了脚。他勉强把车拉回住处，没力气再回车厂了。张氏兄弟怀疑他偷了车，找到介绍人。介绍人来到车夫家，了解了他的伤势。当张清元来到车厂时，张氏兄弟要他把租金还清。可张清元说他没钱，只有靠拉车才能把钱还给他们。张氏兄弟大发雷霆，对着车夫就是一顿毒打，把人给打死了。

小规模经营或许让车厂主和车夫看上去像一个大家庭。专栏作家陈西滢曾记述过从他家隔壁车厂传来的欢声笑语。③ 即便如此，在市场力量较弱的地方，恩庇侍从关系发展到相当充分的程度，以致车夫要改换门庭都受到限制。到1920年代，像市场

---

① 老舍：《骆驼祥子》，第42页。
②《益世报》，1924年11月4日第7版。
③ 西滢：《西滢闲话》，第232页。

57

力量可以左右车夫与乘客交易一样,车夫也能和车厂主在租赁条款上讨价还价了。各厂主收取的租金不等,厂址和车辆型号也不尽相同,使得车夫还能够货比三家。市场力量和恩庇侍从关系的此长彼消,导致了车厂的车夫流动率高达60%。① 人力车夫会觉得在像刘四爷这样的老板手下干活有更多的安全感。但如此一来他们却失去了在市场上货比三家的机会。

从市井角度观察权力和地位

一般人们是看不到绝大多数北京居民是如何工作的。大杂院外墙、店面还有工厂大门,屏蔽了外界对于这些经济活动的视线。经理、师傅和工头在他们所监督的工人和外部世界之间起到了缓冲和阻隔的作用。学徒一年中每天都要工作12小时,很少离开店铺或者工厂。另一方面,在一座尚未工业化的城市里,许多经济职能是在公共场合进行的。人们在户外购买商品,享受各种服务,货物从这里装起,运到那里之后再卸下。店铺和其他行当也喜欢在街上占地盘,这边放几个摊子、支几张桌子,那边再堆点东西,伙计们则霸着大街和胡同不走了。人力车夫为了拉客必然每天要面对公众。在工作当中,人力车夫与警察、搬水工、电车售票员等职业一样,需要和街道、人群打交道,对他们来说,都市生活就是为生存空间和认可度在体力和心机上的较量。

因为大多数北京人没那么多钱经常坐人力车出行,所以车夫的乘客通常是一个地位比他高的人。有一种例外就是士兵,要么他愿意出钱享受一下,要么就动用武力来占车夫的便宜。既然乘

---

① 李景汉:《北京人力车夫现状的调查》,第14页。

客习惯与车夫讨价还价,那么就总有争执发生的空间。如果争执双方有阶层差异,或其中一方携带武器,那这场交易就不会有好收场。人力车夫必须靠智慧或者拳头避免被骗或被打。然而如果占上风的是车夫,那么他也会欺骗或者威胁他的乘客。

人们从着装上就能看出车夫和乘客在社会地位上的鸿沟。男性乘客身着长衫或者西装,车夫则身穿劳工阶层的工装——长裤和短外套。冬天,车夫会再套一件长大衣或长袍(见图 6)。武光在他的学生、车夫双重生活的自传中描述了这种鲜明的对比。武光每天早上出门时,和学生一样穿着长衫,然后在去车厂的路上偷偷躲进巷子或者胡同里把衣服换掉。他"先把蓝大褂脱下来搭在肩上,若无其事地走着。等没人注意时迅速将大褂拧成麻花状围在腰里,藏在短褂底下,照样往前走。拐进另一个胡同,审视远近没人注意,又从衣兜里掏出带子,扎上绑腿。最后,再从腰里取出毛巾拿在手里,趁没人注意时,包在头上。这样,'大学生'就变成了'洋车夫'"。①

车夫和乘客在街上或其他公共场合进行交易,通常会有多名车夫互相压价,以获得将客人送去某地的优先权。老舍注意到,配有上等车的矫健车夫,在要价的时候还能"保持住相当的尊严"②。而大部分车夫则要扯开嗓子吆喝、讨价,才能盖过同在街上做生意小贩的嘈杂声。

不论车夫还是乘客,都很少会在到达目的地后对谈好的价钱出尔反尔。不过,有时车夫会因出力太多而要加价,乘客也会对车夫的表现挑刺。1928 年冬天,一位名叫郑金洋的车夫,被一家

---

① 武光:《冬夜战歌》,第 26—27 页。
② 老舍:《骆驼祥子》,第 1 页。

专卖羊肠的铺子雇来拉袋盐。他按指示,把盐和店铺伙计吉先生拉到月河寺这个离店铺最近的地方。车拉到月河寺之后,吉先生又要把盐直接拉到铺子,接着再要郑金洋把盐搬进店里。他一一照办之后提出要加钱,因为他干了分外的活。也许他们是按步算距的,而人力车夫总是一步也不会多跑的。吉先生不肯,他俩就吵了起来,吵着吵着就打在一起。两个伙计从店里冲出来帮吉先生,三人把郑金洋打了个半死,还掀翻了车子,把车身弄坏了。郑金洋好不容易爬了起来,立刻跑到附近的警署报案。警察答应会控告这三人。①

这一事件说明了在这座喜欢仗势欺人的城市的街道上独自干活的车夫所面临的一些问题。最初议价时,双方可以谈妥价格。可一旦乘客到达目的地,就成了车夫的对手,因为他还没有付钱,而且能从商店、住处、大学生或政府大楼里叫来援手。

人力车夫也能靠心机和对城市的熟悉来占乘客的便宜。比如有一个夏天,大雨瓢泼,一个车夫拉着一名嫖客,在半道上提出加价。这男人抗议说他身上没有这么多钱,车夫二话不说就把车停在烂泥路中央,不加钱就不拉他到干净的地方。警察出来制止,车夫因其恶劣行为坐了两天牢。② 1925年2月,警察逮捕了一个名叫李鹿儿的车夫,因其诈骗未遂而殴打乘客。③乘客名叫杜秋成,在紫禁城西面分隔北海和中海的桥上,招呼了车夫李鹿儿。李鹿儿一眼就看出他是刚从乡下来的。辛亥革命已经过了15年,而这老头还留着辫子,身着蓝布小棉袄,戴着顶白毡帽。根据记述这一事件的报道,车夫自见到杜秋成

---

① 《京师警察公报》,1928年1月9日,第3页。
② 《京师警察公报》,1928年1月17日,第3页。
③ 《益世报》,1925年2月28日第7版。

第三章 人力车夫:劳苦大众的职业生涯

的那一刻起,就已"生欺骗之心"。于是,上演了常见的市井小人欺负乡下人的一幕。杜秋成要去内城东北面的北新桥。两人谈好价钱,18个铜板。接着,李鹿儿就朝着紫禁城正北面的地安门跑,这离说好的地方还有一半的路。其实"北新桥"并不是什么桥,这个地名由传说而来,李鹿儿肯定觉得自己可以捉弄这老头,让他在地安桥下车。但杜秋成并没那么好骗,争辩说这儿不是北新桥。于是李鹿儿就打了杜秋成,还把他推倒在地。

类似这种事件所导致的结果就是,人力车夫挣得了狡猾和无信的名声。有一个能反映车夫已经被公认为不值得尊敬的现象,就是他们做的每一件好事都成了有价值的新闻。一位车夫因极力劝阻被他拉到河边的失意乘客不要投河自尽而被广为称赞。① 在车上拾金不昧、物归原主而且不求回报的车夫,也受到人们的称赞。② 一位破衣烂衫的车夫把一位老妇人落在车上的一捆衣服送到警局,请求帮忙寻找失主,警察赏给了他一元钱。③ 但总体而言,警察和公众还是会把车夫看作一有机会便会为非作歹的人。《京师警察公报》在一篇记述车夫从乘客那里偷东西的报道前序了这么一段话:"夫人力车夫中,良莠不齐,忠实者有,而奸滑者亦复不少。凡乘客携物,偶一不慎,即被彼等乘隙拐逃。"④

因为过着比较散漫且无规律的生活,车夫可以不用像店员和工人那样循规蹈矩。他们能从混乱的街头和人群中赚钱,而

---

① 《益世报》,1920年9月29日第5版。
② 《益世报》,1921年5月14日第7版。
③ 《益世报》,1929年9月2日。
④ 《京师警察公报》,1928年1月1日。

另一方面,他们自己也可能被殴打、欺骗或者威胁。乘客有时候把车夫招呼来,坐车之后不付钱就溜之大吉。1925年冬天,一位曾经当过木匠却无奈干起了拉车这行的40岁车夫,答应乘客带他全天满城走只付一元钱。快到黄昏时分,这位车夫几乎跑遍了北京的每一个区,而乘客离开车夫走进了一处热闹的商业街。他留了一幅"画"给车夫,以此保证自己会回来。可是等了半天不见踪迹,车夫急了,打开包裹一看,发现里面装的不过是一卷报纸。出于对损失车费的绝望,车夫回到家之后想要喝下做豆腐的卤水来毒死自己。① 在一种交易规范需要建立在中间人、保证人或至少要认识交易双方的城市文化中,乘客和车夫双方都会遭遇被骗的麻烦。在一座"陌生人世界"的城市里拉人力车,尔虞我诈简直是家常便饭。

车夫与警察

由于没有对乘客收取车费价码的严格规定,从激烈的议价升级到唇枪舌剑、恶语相加、拳打脚踢乃至遍体鳞伤的事情屡见不鲜。② 若是被乘客骗了,车夫可以向警察求助。警察会拘捕并关押只因奔跑速度不合意就肆意殴打车夫的乘客。③ 警察还帮助调停乘客纠纷。④ 车夫们有时也会找到警察或警局来登记指控

---

① 《益世报》,1925年2月8日第7版。
② 至少有一个场合,警方所提出的租用人力车夫一天、一小时和分钟的价目表,没有产生什么反响。《益世报》,1921年4月17日第3版。
③ 《益世报》,1928年5月12日第3版。这种情况,违法者将被关押两天。
④ 《益世报》,1928年2月15日第3版。一位行人竟在警察的眼皮底下拦着洋车夫,警察尤其恼火。

第三章 人力车夫：劳苦大众的职业生涯

或者提起诉讼。① 有一次，一个名叫张春的年轻车夫撞了一位叫陆宇的 70 岁老车夫，两人先吵后打，陆宇的脸上挨了一拳。围观的人群中有人出来劝架，把他俩劝开。但当陆宇回家时，发现整个脸肿得不行，胡子也开始往下掉。他怒气冲冲地找到张春，把他拽到警局对他提出指控。②

虽然警察很想帮车夫摆脱麻烦，但北京人都觉得车夫讨厌警察，警察也看不起车夫。武光在他的自传里提到，人力车夫常被警察"训斥""痛打"。"遇有顾客同洋车夫发生争执，警察往往不问青红皂白，上来先将洋车夫劈头盖脸训斥一番。洋车夫如若申辩，立刻就会遭到一顿痛打。……时间长了，洋车夫们的怨恨越积越深，同警察的矛盾也越加尖锐。"③一家报纸的评论员亦有同感，称"车夫有时误入禁地，岗警先赐一当头棒喝再讲话"④。一首北京民谣把警察描写为车夫的眼中钉、肉中刺。⑤

车夫和警察难解难分，他们之间有着一种时而对立时而合作的关系。北京现代化警察官僚体系的发展与人力车行业的兴隆形影相随。前者通常是经过深思熟虑的有计划的发展，而后者则是无秩序的市场力量的驱动。双方都把城市新铺设的大道作为自己的活动地盘，而且都是从劳苦贫民中招募成员。正如老舍所

---

① 《京师警察公报》，1928 年 2 月 3 日，第 3 页；1928 年 4 月 3 日，第 3 页；1928 年 6 月 7 日，第 3 页；《益世报》，1919 年 10 月 14 日，第 6 版。
② 《京师警察公报》，1928 年 6 月 3 日，第 3 页。
③ 武光：《冬夜战歌》，第 39 页。
④ 《益世报》，1925 年 3 月 18 日第 7 版。
⑤ Kinchen Johnson, *Folksongs and Children-Songs from Peiping*（台北：东方文化书局，1971），pp. 149-150.

言,巡警和洋车是"大城里头给苦人们安好的两条火车道"①。大字不识而什么手艺也没有的,只好去拉车。"识几个字而好体面的",就去当巡警。

早在 1913 年,警局就明文规定了街上洋车夫的行为和着装。② 首先,凡是低于 18 岁或超过 50 岁者、身体孱弱者、患传染病或有不良习惯者、长发者、酷暑严冬不戴帽者、赤膊赤脚者,都不准拉车。车夫在拥挤的街道和拐弯时不准跑快车。夜里拉车必须挂上灯笼。车夫只能在指定的地点,而不得在车行道和交叉口停车揽客。③

警察的规定是用来保护车夫和乘客以及道路畅通的。但是把车夫限制在指定地点,试图把他们从公园、剧院和其他公共场所的入口等这些最能赚车钱的地方赶走,简直是和捧着生意经的车夫对着干。由于这一不得人心的停车规定,激烈的斗争接踵而来。

相同的阶层背景和职业培训,使警察多少会对车夫产生些同情心或责任感。但是警察也必须遵循那些管制、改善和贬低车夫的法律以及习俗的指示。他们执着地觉得自己的职业是更有出息的那条"火车道",并相信是那点微不足道的文化教育背景上的差异使得他们在社会和职业地位上高于车夫。一位报社记者讲述了自己偶尔听到的两位车夫之间的谈话。其中一位认出了另外一位,发现他白天当警察而晚上则兼职做车夫。后者有一大家

---

① 老舍:《我这一辈子》,第 23 页。谈到此事的还有 Michael Duke, "The Urban Poor in Lao She's Pre-War Short Stories", *Phi Theta Papers* 12 (1970):92.
②《京师警察法令汇纂》(北京:无版期,1915),第二类第 261 页。
③《京师警察公报》,1928 年 1 月 7 日,第 3 页。*New York Times*, 6 February 1927, p.23,报道了有关衣着规则的推行。

子要养活,但是他的工资还拖欠着。那位全职车夫情不自禁地开始调侃他:"想不到你们专打拉车的人也拉车了。你们打车夫的威风,到什么地方去啦?"警察说道:"二哥别取笑啦,这不是时势所迫么?……别瞧我此时没有管车夫的权利,我要换上那件衣服,照旧打你。"①

有些车夫,在街上摸爬滚打多年,自然会挑战警察权威。在《骆驼祥子》的结尾,老舍笔下的主人公就成了一个这样的无赖,因蔑视警察而蹲几天班房,对他来说根本不算什么。② 警察也了解这些"车痞"。人们把这一绰号授予那些目无法纪的车夫,其中有一位名叫张树德。③ 张"年轻气盛",专在"红灯区""八大胡同"接妓女的生意。盛夏的一个下午,就在他奔跑时,车轮子压着了正在街上站岗的警察徐连忠的脚。徐追上去一把抓住他,命令他停下来。张慢慢悠悠放下车把手,走向徐,不费吹灰之力抓着他的领子,就把这个倒霉的警察举了起来,还挑衅地说,"看老子怎么收拾你"。幸好这时一名警佐看到了他的窘境,冲上前来逮捕了张。他被带到警局,并被处以15天的最高行政拘留。

无权势者

有些车夫为人正直,也相信警察会主持公道,这些人在危难前,往往会祈求有人伸出援手。有这么一位车夫,在他身处绝望境地时,幸得有位善人出手相救,为此他致信北京的一家报社鸣

---

① 《益世报》,1922年9月28日第7版。
② 老舍:《骆驼祥子》,第265—266页。
③ 《京师警察公报》,1928年7月13日,第3页。

谢。① 他说,他被一辆汽车撞了,人受了伤,人力车也毁了。深知"自己无权无势",若不是一位农商部的官员出面制止,那司机肯定头也不回就把车开走了。这位官员叫来了警察,确保了他能得到赔偿。

车夫们分散在城市各处的大杂院和车厂宿舍,被迫互相竞争拉客,深谙恃强凌弱或以柔克刚之道,他们很容易发现自己"毫无权势"。车夫们在北京社会所扮演的角色正是这样的弱势群体。他们觉得,干些微不足道的作奸犯科,只不过是对自己所受到的不公正待遇的一种补偿。

在一座充满围墙、凉棚和旮旮旯旯的城市,人力车夫无遮无蔽,便难有机会躲避对手和敌手的威胁。虽然洋车夫作为一种职业群体并非处于城市社会最底层,但是也不难将他们在社会和政治上显而易见的弱势,与其社会经济地位联系起来。武光写道,城里的车夫"为人当牛作马,被人瞧不起"②。

人力车夫可能对别人对他的地位和能力的成见十分不满,也会用欺骗或者暴力来弥补他卑贱的生活处境。整天面对警察的三令五申,有些车夫也开始对法律和他们应得的权利有所了解。1921年春天,在前门外大栅栏商业街,一名车夫不慎撞到了一位行人,造成轻伤。伤者情绪激动,一把夺走了车夫的帽子。前来处理的警察让行人(带着帽子)离开,并把车夫羁押了起来。在辖区警察局里,车夫承认自己撞了人,可不是故意的。再说,要是有人偷了别人的帽子该怎么惩罚他?他宣称这是一种"侵占罪"。他要求警察允许他提出正式控诉。车夫机灵地运用法律术语,让

---

① 《益世报》,1923年5月30日第7版。
② 武光:《冬夜战歌》,第33页。

第三章 人力车夫：劳苦大众的职业生涯

这位负责问话的警官一时间瞠目结舌。①

由于多数车夫有城市出生背景，更助长了这种街头混混般的油腔滑调。而且许多车夫也多少认些字。黄公度调查了100位车夫，发现其中61人识一些字，2人能写信，另有2人读过"四书"②。问卷调查的其他回复表明，车夫们经常会受到各种书面或口头的文学和文化形式的耳濡目染，包括小报、京剧、评书，还有政治标语和演说。③ 谈及北京洋车夫时，记者陈西滢说道：

> 他们中许多人读书认字都没问题。除了少数喜欢在工作闲暇时赌博、吹牛的，大部分人还是喜欢读读小报。人们经常会看见车夫把车停在街边或巷子里，悠闲甚至有些优雅地坐在他们的车里读着报纸打发时间。④

陈西滢意味深长地说："这才对得起北京'文化之都'的美名。"

车夫们经常光顾剧院看戏或其他表演，也是酒馆、妓院和茶馆的常客。⑤ 在这些娱乐活动的过程中，车夫们对城市文化有了基本的了解。有些车夫由于经常为北京中上层人士效劳，有机会经常出入北京一些晚宴和宴会圈子。如果车夫的客户或者"老爷"受邀参加宴会，那么东道主通常会给车夫一顿饭钱，这样他就能和其他客人的车夫一起用餐了。因为北京吃喝玩乐场所都有高中低档次的饭店、茶馆、妓院，车夫们也能和他们的雇主一样，享受一系列的娱乐活动，虽然没那么优雅别致，

---

① 《益世报》，1921年4月6日第7版。
② 黄公度：《对于无产阶级社会态度的一个小小测验》，《社会学界》第4期（1930年6月），第177页。
③ 同上，第173页。
④ 《现代评论》第3卷第64期（1926年2月27日），第232页。
⑤ 黄公度：《对于无产阶级社会态度的一个小小测验》，《社会学界》第4期（1930年3月），第169页。

但一样可以寻欢作乐。一些车夫总在车里备着一套逢场作戏时穿的行头,改良派对这些主要是私家车夫的花天酒地感到十分惊讶。① 有时下人和主人各自寻花问柳,却可能产生交集。在《骆驼祥子》里,祥子从一个年轻太太那儿感染了性病,而这女人正是曾经雇过他的官员的情妇。

地位较高的车夫自有其优越感,他们通过穿着、饮食的习惯以及在公共场合的言谈举止,将这种高人一等的心态表现得一览无遗。这些车夫主要是年轻人,他们上工时聚集在茶馆喝茶、吃点心。他们能够承担得起花点钱在简单的娱乐活动上,比如在惬意的环境里和与他地位相同的伙伴一起品茶。祥子在拼命存钱买新车的时候,也总在这群人边上晃悠,总怕自己也会浪费积蓄。

> 在茶馆里,像他那么体面的车夫,在飞跑一气以后,讲究喝十个子儿一包的茶叶,加上两包白糖,为是补气散火。当他跑得顺"耳唇"往下滴汗,胸口觉得有点发辣,他真想也这么办。这绝对不是习气、作派,而是真需要这么两碗茶压一压。这也不过是个念头,他还是喝那一个子儿一包的碎末。②

正如老舍所说,一般车夫并不像祥子那样,他们还是愿意出一两个子儿来买碗茶和兄弟们一起喝的。尽管大多数车夫都是个体户,但他们也常常会一起干活。跑远路的车夫会叫上一个同伴,在精疲力竭的时候换班,从自己的车钱里分一些给他。③ 陈西滢注意到,在车夫们公认的"许多不成文的规则"里,有一条就

---

① 叶德尊:《社会生活(人力车)》,第 121—122 页。
② 老舍:《骆驼祥子》,第 51 页。
③ 吞吐,第 164 页。

第三章 人力车夫：劳苦大众的职业生涯

是如何正确地超过慢车而不会无礼，也不会挑起一决胜负的竞赛。① 同时运送一大批客人时，车夫们都会放慢脚步配合跑得最慢的那一个。② 像祥子那样毫无顾忌地抢活，会遭到同伴的挤兑。不过，从车夫间为了争客而发生争吵的频率来看，上文提及的逼迫车夫们越跑越快的买方市场，似乎也在侵蚀这一约定俗成的规矩。残酷的竞争，对共有情感及利益的一种说不清道不明的情结，两者在车夫的社会中艰难地并存着。

歇车时，车夫们就在警察指定的路边休息或其他地点等着，这些地方一般容易接到生意（图8）。老舍发现，人们可以根据车

图8 人力车站

一个官方指定的人力车站，充满着车夫招呼乘客的嘈杂。空车上的绣花垫也是乘坐本车舒适的广告。警察有时惩处违规的人力车，就是把车上的垫子扔到街上。采自 Heinz v. Perckhammer, *Peking* (Berlin: Albertus-Verlag, 1928).

---

① 《现代评论》，第3卷第64期（1926年2月27日），第230页。
② Kates, p. 97.

夫们的工作地点把他们归类。① 例如，住在内城西北角西直门外的车夫，擅长跑海淀（燕京大学和清华大学所在地）和颐和园。有些则主要跑八大胡同和使馆区。跑外国使馆区的车夫都有正式执照，且非正式地隶属于某个大使馆。在1920年代中期，苏联使馆人员企图解散在他们大院门口安营扎寨的车夫，这些车夫奋起抗议，最后苏联使馆只能不了了之。② 在使馆区外，成群结队的车夫总能想尽各种办法占据有利地点拉客。为了巩固地盘，车夫得赶走觊觎自己地盘的同行，还要反抗或者躲开视该行为违法的警察。③

虽然市场力量使得车夫们互相竞争，要么单枪匹马，要么拉帮结伙，但是当遭遇不幸时，他们还是会向同行求助。吴印秀是镶蓝旗人，他独自养活年迈的母亲和几个年幼的兄弟姐妹，因为他当游缉分队长的饷银不够生计，就找了份车夫的差事。1923年8月，一名士兵和一个伙夫雇了吴和另外一个车夫拉他们去火车站。但是他们错过了火车，于是两名军人命令他们把自己拉回兵营。回去的路上，吴筋疲力尽，被一块石头绊了一跤，把当兵的摔在了地上。士兵连同伙夫对着吴就打了起来。边上的车夫见状，想来劝阻，但是当兵的骂骂咧咧不准他们插手。于是车夫们把士兵团团围住，紧紧相逼，一直追到他跳到护城河里。④

行业内稍有地位的车夫遇事更易动怒。就在吴印秀和两名

---

① 老舍：《骆驼祥子》，第3页。
② Vera Vishnyakova-Akimova, *Two Years in Revolutionary China，1925－1927*, trans. Stephen Levine (Cambridge：Harvard East Asian Research Center, 1971), p. 29.
③ 有一个案件中，为了保持公共浴室外一个生意较好的地点，一群车夫与警察玩起了猫与老鼠的游戏。《京师警察公报》，1928年2月15日，第3页。
④ 《益世报》，1923年8月8日第7版。

军人发生口角一个月前,10位从八大胡同来的车夫决定在他们接妓女生意的地方附近找家茶馆歇歇脚。这家茶馆地处天桥,边上就是嫖客们经常光顾的天坛公园。一行人穿着光鲜,坐定之后,每人点了杯上好茶。他们付过钱之后,老板告诉店小二,就算车夫有钱,他们店也不做车夫生意。他叫店里伙计把车夫们赶出去。几个车夫自然不会忍气吞声,纵身而起准备大干一场。一位维持治安的官员恰巧也在店里喝茶,就出面调停,止住了一场争吵。①

集体行动:前兆与先例

洋车夫们个个好斗而且对外还特别团结,因而名声在外,他们总是迫不及待地想摆脱同样言之凿凿的软弱可欺的名声。1910年代至1920年代早期,随着车夫队伍的不断壮大,当局和时评人曾公开猜疑车夫们是否会因对境况不满而造反。知识分子们在乘坐人力车时感到愧疚的同时,也开始担心车夫们是否还会心甘情愿地屈居人下。

陈西滢谈到了一位五六十岁的车夫对同伴说的话,"拉车的有拉车的命,坐车的先生有坐车的命。我坐了车,我的头就得晕"②。可这位专栏作者怀疑并不是所有的车夫都这么想。他觉得嫉妒和愤怒要比宿命论更具有代表性。1919年五四运动之后,一位北京知识分子在他的文章里写到,北京的车夫再也不能承受这种"悲惨境地"了。③ 通过引证上海车夫的骚乱,

---

① 《益世报》,1923年7月9日第7版。
② 《现代评论》,第3卷第64期(1926年2月27日),第232页。
③ 张厚载:《人力车问题》,《新中国》第1卷第1期(1919年9月)。

他推测将来发生的危险真正"不堪设想"。"外国已经有面包革命,中国将来有没有窝窝头革命,实在不敢预测。"

与亚洲其他城市的车夫相比,北京车夫的行动和组织的速度很缓慢。在日本与朝鲜的劳工史上,人力车夫是第一批罢工的人。① 在上海、广州这样的城市里,车夫们形成了如历史学家谢诺所称的"骚动不安的军队",他们有意愿也有能力举行罢工和抗议活动。②

在北京,低廉的租金稍许化解了车厂主和车夫之间的紧张关系。③ 小规模的店铺式车厂经营模式把矛盾局限在个人层面,使得大规模的冲突不可能发生。如武光随后指出的,小规模经营使得组织他们共同斗争难上加难。④ 车夫数量之大以及他们在城市里分布范围之广,亦使得全市规模的组织或行动举步维艰。况且,他们行踪不定,虽然外界对此充满遐想,却是动员工作的巨大障碍。

这样一来,车夫只能靠传统的商会出面来保护自己的利益。就连那些没有所属行会的工人,也能把自己置于受业主控制的团体的保护之下。可不幸的是,就连车厂主们自己都不能在行动时步调一致,而且当车夫们确实联合起来后,他们比庇护人更不可

---

① *Industrial Labour in Japan*, International Labour Office (Geneva: P. S. King, 1933), pp. 48, 88 - 89; Jon Halliday, *A Political History of Japanese Capitalism* (New York: Pantheon, 1975), pp. 68 - 69, 93.

② Jean Chesneaux, *The Chinese Labor Movement*, *1919 - 1927* (Stanford: Stanford University Press, 1968), p. 41. 人力车夫暴力行动的突出例子是 1918 年抵制上海电车公司风潮、1925 年南京抗议使用公共汽车的罢工和 1929 年当地公交公司过度竞争引起的风潮。Chesneaux, p. 128; *NCS*, 11 April 1925, p. 8; *China Weekly Review*, 13 April 1929, p. 275.

③ *China Weekly Review*, 26 October 1929, p. 316. 当时北京车租为 80 文一天,上海 36~52 文,芜湖 66 文,南昌 80 文,汉口 88~100 文,长沙 62 文。

④ 武光:《冬夜战歌》,第 41 页。

靠。1913年,车厂主组成了一个"京师人力车联合会",但没多久就无形解散了。① 1924年,各车厂主,联合人力车制造厂、骡车经营者和自行车店老板,成功组成一个车业联合会,并且试图阻止了警察想用银子而不是减色的铜元来增加车捐的计划。② 在车夫们也加入了反对者的行列之后,警察让步了。根据报道,"成千上万的车夫听说了(收税政策),他们聚集起来"反对它。③ 虽然只有少部分自己有车的车夫受车捐的直接影响,但是其他车夫认识到,车捐增加实际上会通过租金上涨或用银子交租而影响到他们自己。④ 车夫的骚乱持续了一个月之久,于是警察不得不屈服了。⑤

车厂主和车夫很少能像这样打一场共同的胜仗,特别是当车厂主自己要求提高租金或把支付手段从铜元变成银子时。4月间,西城一家拥有30辆车的车厂主陈士和,决定提高租金并希望其他车厂主效仿。⑥ 厂里的车夫闻讯之后,立刻与陈见面,劝他不要这么做。但是调解会迅速演变为愤怒的对峙。据报道,陈的提议没有得到同行的广泛支持。三个月后,另一伙车厂主试图强迫车夫用银子或其等价物交租。⑦ 因为担心车夫们难以确定的抗议活动,警方否决了这一计划。

车厂主的行会帮不了车夫大忙,因为这个团体很弱小(北京大约900家车厂只有10%加入),也因为车厂主会不择手段迫使

---

① 李景汉:《北京人力车夫现状的调查》,第19页。
② 同上。
③ 《顺天时报》,1924年2月1日第7版。
④ 有些车厂主为招徕车夫,许以免交五天车租。《益世报》,1924年2月4日。
⑤ 同上。
⑥ 《益世报》,1924年4月29日第7版。
⑦ NCS, 24 July 1924, p. 8.

车夫让步。① 恩庇侍从关系和某些厂主的菩萨心肠并非行会通行的规矩,大部分车厂主也没本事管住手下的车夫,让他们在街上约束自己的行为。车夫有机会接近行会组织,也熟悉它的某些特点,但是他们并不受其直接管辖。因此,人力车夫相比其他工人更加自由、独立。不过他们也失去了通往城市政治领域上层的机会和优势,搬水工、木匠、泥瓦匠、盲说书人、运粪工以及其他店员、手艺人和营业员等则各有其行会组织。

尽管车夫往往显得没什么规矩,给人的印象也不好,但是他们却总能找到人听他们诉苦。他们工作场所就在大街上。与封闭的大杂院、行会的繁文缛节,以及商店、工厂和包工团伙中的恩庇侍从与规矩相比,街道就显得更加自由,而且谁也说不准会发生什么。在其他市民同胞饶有兴趣并充满关切的目光下,车夫有着数不胜数的机会,保持或者改变自己在人们面前逆来顺受、作奸犯科和软弱无助的形象,也可使这种形象更加深入人心。

长期居住在北京的乔治·盖茨说道:"对于一个非正式的公开法庭来说,在中国总会有'芸芸众生'时刻准备着下判决书。"② 在街头和其他公共场合,人们"总爱凑热闹,毫无顾忌地使用特权;对公共场合发生的事情口无遮拦"地评论。而车夫们总能轻而易举地把自己的委屈,在公共场所的"非正式公开法庭"上诉说成冤情。正如老舍所言:"在洋车夫里,个人的委屈与困难是公众的话料,'车口儿'上,小茶馆中,大杂院里,每人叙说着、形容着或吵嚷着自己的事,而后这些事成为大家的财产,像民歌似的由一

---

① 《京师总商会行名录》(北京,无版期,1925)。李景汉的数据表明有更多数量的车行(385)至少偶尔地参加行会会议。李景汉:《北京人力车夫现状的调查》,第19页。
② Kates, p.15.

处传到一处。"①

　　车夫们想要开展有效的政治行动,面临着重重困难。但是他们与北京居民,与公私权力机构以及互相之间,却可零距离接触。在白天的商业活动中,夜晚的饭局、看戏,以及政治集会时,他们就成了人群之中的另一群人。他们在社会和政治中的弱势,使他们对城市社会政治团体的管理方式和人们参与政治的途径十分敏感。他们在养成桀骜不驯的习惯和不时在街头上演同仇敌忾的时候,就已经打下了更广泛、更激烈的政治基石。他们所需要的就是把这些自我意识和组织管理的要素集合起来。

---

① 老舍:《骆驼祥子》,第 67 页。

第四章　身为和事佬与街头官僚的警察

人力车夫在工作时要经受来自多方面的压力。他们会感受到市场竞争、家长式的权威、社会歧视和大众舆论所带来的压力。处在他们的位置，就很难避免被同行压价，被车厂主斥责，被乘客欺骗或辱骂，也可能受恩于好心的改良主义者。不过最难的还是躲开警察的注意。警察，作为现代中国政府为了维持社会秩序而招募的一线人员，必须面对抵制社会控制而又行踪不定的人力车夫。

黄公度在1929年调查一百位车夫时问道，"国民政府是什么？"回答包括"做官的""三民主义""不知""蒋介石""孙中山""阔人""总司令""南京""替人民做事的"，以及"不是张作霖"。① 这一术语鬼使神差地被理解成了一群官僚，一组理想，一位活着、已故或免职的领袖，军人，一届亲民的政府，家长式的政权，一个地方，一个阶级，甚至一个计划。或许是出于对民国时期国家强权的讥讽，也或许根本就是因为无知，有一位车夫的回答是"公安局"。

在北京，警察队伍就是大街小巷和大杂院的政府。无论他是

---

① 黄公度：《对于无产阶级社会态度的一个小小测验》，《社会学界》第4期，第176—177页。

愚昧无知还是确有真知灼见，那位在黄公度调查中把国民政府等同于警察队伍的车夫，还真是说中了对车夫和劳苦大众而言的关键方面。20世纪中国的政治现代化意味着一个更加无孔不入、条规繁琐、监管严密的政府的出现。车夫们对于这种针对每个公民的、与时俱进的管理措施下备受压力，即使不是警察国家，也有警察社会之感。① 在拉近平民百姓与国家权力之间距离的新型公民传统发展过程中，车夫不大可能成为警察的合作者。从某种角度来说，把国民政府视作警察，把本地警察比作政府，并不是什么意外。

晚清警察改革

　　1900年之前，负责管理北京治安的政府部门有好几个。② 巡捕五营万人驻扎城内负责城市巡查和城门防卫。③ 驻京八旗协助维护内城治安，五城都察院和顺天府尹负责裁判民事和刑事案件。④ 城墙内的京师被分为五城，每城由一名巡城御史掌管。⑤ 这座城市，由一条纵贯宛平至大兴的南北中轴线一分为二，这两个县则是以北京为中心的顺天府所辖20个县的一部分。帝国的

---

① Allan Silver 在 "The Demand for Order in Civil Society: A Review of Some Themes in the History of Urban Crime, Police, and Riot" 中，对"警察国家"和"受警视的社会"作了区分，见 David J. Bordua, ed., *The Police: Six Sociological Essays* (New York: John Wiley, 1967).
② 对于20世纪以前北京城市管理与治安最完整的叙述，见 Alison Dray-Novey, "Policing Imperial Peking: The Ch'ing Gendarmerie, 1650–1850" (Ph. D. dissertation, Harvard University, 1981).
③ Dray-Novey, p. 15; *The China Yearbook*, 1923 ed., pp. 596–597.
④ 余榮昌编、陈克明校勘：《故都变迁纪略》（北平，出版社不详，1941），第34页。
⑤ *North China Herald*, 12 April 1907, p. 90.

制度，一般并不承认城市作为完整单位的政治地位，而鼓励管辖权的互相重叠。一旦这种复杂的控制城市的方式出现缺陷，他们往往通过叠床架屋地增设机构来弥补。正如崔艾莉（Alison Dray-Novey）所言，北京市民满汉杂居，导致了这种重复性。八旗巡捕五营主要在满人的内城区维持治安，而巡城御史则"管理除了汉八旗之外所有的汉人"①。另外，小规模地区性组织"水会"（消防队）也在维持治安上扮演了重要角色。水会由当地绅商出资指挥，协助当局缉捕盗贼，防范奸宄，赈济贫民。②

1900年的义和团所引起的混乱，再加上1902年众所周知的"新政"，促使北京的全市性现代警察队伍的组建。③ 1900年夏天，义和团对使馆区的围攻以及八国联军于8月的干预，造成了巨大的破坏和伤亡。④ 八国联军占领北京数日之后，就将其分成若干区块由各国军队分别控制。⑤ 进攻北京的八国联军之中，有六个国家，即美国、英国、法国、德国、意大利与日本，到1901年春依旧占领着各自的区域。其中有些国家还在其占领区内招募中国人充当警察。

日警管区的指挥官名叫川岛浪速，他是自学成才的中国通，而且还与日本军方有密切的关系。⑥ 川岛有着典型的武士冒险

---

① Dray-Novey, p. 142.
② 今崛诚二：《北京市民的自治构成》（东京：文求堂，1947）。
③ 有关新政改革的重点探讨，参见 Mary B. Rankin, *Elite Activism and Political Transformation in China：Zhejiang Province，1865 - 1911* (Stanford：Stanford University Press，1986), chap. 6.
④ 这座城市一时有点陷入被遗弃的状态。Bertram L. Simpson, *Indiscreet Letters from Peking* (New York：Dodd, Mead, 1907), p. 309.
⑤ Robert M. Duncan（邓肯）, *Peiping Municipality and the Diplomatic Quarter* (Beiping：Peiyang Press，1933), pp. 122 - 124.
⑥ Marius Jansen, *The Japanese and Sun Yat-sen* (Cambridge：Harvard University Press，1967), pp. 137 - 138.

精神的血统,来到中国以求飞黄腾达。1901年4月,他建立了京师警务学堂,着手以现代警务方法训练学员。① 川岛在日本军方的支持下,利用占领北京的绝好机会,向人们展示了日本警务改革的魅力。其他占领者只是从大街上征募些穷人来当警察,而日本人却致力于训练合格的人员充实受其控制的警察队伍。京师警务学堂的教员是来自日本军队和民政的官员,他们熟悉警务,而且也懂中文。

满洲贵族肃亲王是川岛最重要的支持者,也替他与清政府之间穿针引线。② 1901年《辛丑条约》签订,联军只保留了对使馆区的控制,肃亲王遂受命维持京师治安,处理战事对城市造成破坏的善后。③ 肃亲王被川岛说服,成了警察改革的坚决拥护者,把日式警察系统推广到了整座城市。川岛和他精心挑选的教员们继续管理警务学堂,并由清政府授予正式衔位。

警务现代化迅速从北京扩展到其他城市,甚至是华北的农村。现代警务方式的传播在一定程度上归功于川岛激进的推销策略。袁世凯于1901年11月实授直隶总督后,川岛呈递了一份警察改革的蓝图,以求采纳。④ 川岛被召至省城保定,用了10天时间与袁世凯下属一起制定在当地创办警察学校和建立警务机构的计划。自1902年起,袁世凯和他的手下就在保定和天津建

---

① 葛生能久:《东亚先觉志士记传》(东京:黑龙会出版部,1935)第2册,第273页。
②《座谈会「六十年の思い出」——矢野仁一博士を囲んで》,〔出席〕矢野仁一、宫崎市定、荻原淳平,《东方学》第28辑(1964年7月),第143页。在义和团运动时,川岛等日本人曾经庇护过肃亲王,川岛后来收肃亲王的女儿为养女(即川岛芳子——译者注)。
③ 沈云龙:《徐世昌评传》,《传记文学》第13卷第3期(1968),第34页。
④ Kuzuu, p. 285.

立了警察队伍,之后又推广到直隶各县。① 新政是清政府自救的最后一搏,包括一整套军事、政治、经济和教育的改革。作为其中的一部分,警务改革得到了官员们的大力支持,他们希望尝试诸如川岛所正在推广的这种西方模式。

与此同时,京师警务学堂也在不断以 3 到 9 个月的周期培养警官和巡警。学员毕业后被直接编入北京或其他城市的警察队伍里。1902 年,在川岛的帮助下,肃亲王派遣另一位满人毓朗去日本考察警政,获得了第一手资料。② 毓朗在日本逗留了三个月,归国之后在京师担任巡警部侍郎。不久,大批学生踏上由川岛、肃亲王和毓朗铺好的道路,考取了日本的警察学校。当这些学生回到北京之后,他们与警务学堂的毕业生一起被编入数量与日俱增的城内各区警署。

然而扩张是缓慢的。新体制首先于 1902 年在内城建立,三年之后才迟迟推广到外城。③ 旧式巡捕五营,19 世纪中期就开始没落,理所当然地反对警务现代化,将其视为对自己地位的威胁。④ 但是通过拉拢保守派官员,从巡捕五营中挖墙脚,改革派化解了对手。川岛浪速从巡捕五营统领衙门里雇了许多官员,以丰厚的报酬让他们在他的学校教授清朝法律。北京所效仿的日本模式,最初是明治维新志士们从欧洲引进的。他们兼容并包了法国和普鲁士注重中央集权的官僚指挥系统以及英国以社区为

---

① Stephen R. MacKinnon(麦金农), *Power and Politics in Late Imperial China: Yuan Shi-kai in Beijing and Tianjin*, 1901 - 1908 (Berkeley and Los Angeles: University of California Press, 1980), pp. 151 - 163.
② 沈云龙,第 34 页。
③ Duncan, p. 2.
④ Kuzuu, pp. 277281. 关于旧式巡捕的没落,见 Dray-Novey, pp. 201 - 202.

基础的巡逻监视制度。① 老舍在他的一本描写北京警察生活的小说中,借主人公的口吻嘲笑他的教官不是老烟鬼,就是满口东洋西洋的臭小子,以此来讽刺警务学堂。② 对年轻的新警察来说,日本警察程序和法国法律法规的讲课,就像对老舍的主人公来说一样,也许看上去没什么用,与中国格格不入,但正是这些理论和实践,中西理念、新老人员的大杂烩,才使得训练计划和新警察制度得以运作,并在政治上得到认可。

时运也为改革者提供了源源不断的应募者。义和团之后朝政混乱,仕途未卜,使得有功名的士绅纷纷应聘警察工作。③ 普通警察主要来自旗人阶层。义和拳乱以及朝廷出逃北京,中断了旗人的粮饷,这一世袭武士阶层的许多年轻人受贫困所迫而加入了警察队伍。④ 他们熟悉治安之道,又有工作经验,无疑为许多旗人应征警察职务助了一臂之力。对改革派来说既讽刺又不难理解的是,设计新警察体系用来对付这种混乱,也让肃亲王和川岛浪速脑海中的这种组织结构所需要的人力资源,从现有的冗官闲职和社会制度中解放了出来。

1905年的一场政治危机使得警察改革成为当务之急。8月26日,一名革命党人在北京火车站向出国考察政治的五大臣一行扔了炸弹,由于过早引爆,大臣们幸而大难不死。但是这次大胆的行刺震惊了朝廷。有一段时间,官员只有在保镖的护卫下才敢在城中走动。⑤ 与此同时,由于大批政府官员因财政告急而失

---

① Ishii Ryosuke(石井良助),*Japanese Legislation in the Meiji Era*(Tokyo: Pan-Pacific Press, 1958), pp. 241-262, 459-470, 555-557.
② 老舍:《我这一辈子》,第25页。
③ Kuzuu, p.276.
④ 沈云龙,第34页。
⑤ *North China Herald*, 13 October 1905, p.67.

81

去工作,1905年科举考试又被废除,北京城里到处都是心怀不满的读书人和公职人员。① 在这种不满的气氛里,再加上炸弹袭击所带来的冲击,中央政府对警务改革表示出了新的兴趣,中央巡警部遂告成立②,并由袁世凯的亲信徐世昌任尚书。一千名警服笔挺的警察也从天津调往北京。③

徐世昌在警务方面并无专门知识。但是他认识到从前的警察已经沦为低贱的甚至被歧视的职业,坚持要准时给警察发放工资,与其他公职人员一样对待,并且强调警纪严明和保持士气的重要性。英国内务部长罗伯特·皮尔(Robert Peel)当年就是用这一办法在19世纪早期发展了他的"新警察",或称"鲍比"④。皮尔和北京的改革派一样,以和技术工匠不相上下的薪酬与严明的警纪,塑造了一支能够吸引劳动贫民中有身份意识者的队伍。⑤ 由于徐世昌的支持和毓朗奉行的警察职业化,警察们得以在民政部管辖之下,有着体面的收入,还能和官员一样受人尊敬。⑥ 1907年的资料显示了加强内务行动的严厉性。⑦ 这一年中,内城巡警总厅共有3887名警官与警员,因内部违纪而罚款1980次,处理申诉473条,解职人员318名。内部违纪包括执勤时打瞌睡、玩忽职守、知情不报、于火灾或其他紧急事件时未能按时集合、宿舍查夜缺席、醉酒或者吸食鸦片。就在同一年,总厅为

---

① *North China Herald*,6 October 1905,p. 15.
② 1906年改为民政部。——译者注
③ 同上,1 December 1905,p. 521.
④ Bobbies,Robert的昵称。——译者注
⑤ Philip J. Stead, "The New Police", in David Bayley, ed., *Police and Society* (Beverly Hills: Sage, 1977), p. 80.
⑥ 沈云龙文。
⑦ 《京师内外城巡警总厅第二次统计书》(北京:内外城巡警总厅,1907),第33—35页。

"忠于职守""卓越贡献"和执行任务中殉职、负伤的警察总共颁发了 7898 次嘉奖和金钱奖励,相当于在这一年中人均有 3 次处分或者嘉奖。从皮尔更早的一次警察改革中不难发现,如此追求警纪是在充满敌意的公共环境中提高士气的重要手段。①

京师警察的权力在清朝末年不断扩大,从 1907 年新警察队伍和顺天府之间的冲突可见一斑。② 新警察队伍不仅被授予了逮捕嫌疑人的权力,还能对较轻的民事刑事案件进行定罪。③ 警察可以对罪犯处以罚款或者短期拘留。顺天府的官员对警察侵夺了他们的权力十分不满,上奏指斥警察的贪婪和无能。徐世昌对这一指控进行了长篇大论的反驳,列举各种数据证明新体制使得犯罪率大大下降。

并不是所有人都对以警察为代表的现代行政权力的扩张抱有好感。在评论警察所面对的根深蒂固的偏见时,一位民国时期的警官写道,中国的警察普遍被认为是"无益于人民福祉的一群流氓",民众视警察如"毒蛇猛兽,惧而避之"。④ 作为低阶公职人员,人们很容易将警察和帝国时代的衙门差役归为一类,这些衙役经常滥用州县官给予他们的职权,但同时也和戏子、妓女、乞丐一样被视为贱民。⑤

1900 年现代北京警察队伍成立之后,清朝官员在日本顾问

---

① Stead, p. 81.
② *North China Herald*, 12 April 1907, p. 90.
③ Frank Ki Chun Yee(余秀豪),"The Police in Modern China", Ph. D. dissertation, University of California, Berkeley, 1942, p. 11.
④ Yee, p. 36.
⑤ Fu-mei Chang Chen(陈张富美),"Local Control of Convicted Thieves in Eighteenth Century China", in Frederic Wakeman, Jr., and Carolyn Grant, eds., *Conflict and Control in Late Imperial China*(Berkeley and Los Angeles: University of California Press, 1975), p. 124.

的帮助下,告别了衙役时代,为一个生命力更强的机构打下了坚实的基础。北京这支警察队伍,以及其中许多警官及警员的"元老",都熬过了辛亥革命、民国之初、立宪失败、军阀混战和北伐战争。到了1910年代至1920年代,北京为自己赢得了"世界上警力最完备的城市之一"的荣誉。① 这一声誉并非来自逮捕记录或者侦查技术,而是通过一种"类似父亲般的方式"获得的:警察要"照看城市,调处街头纷争,四处排忧解难"。除了调停纷争、管理交通、打击罪犯之外,警察也管制各种经济、文化和政治活动。就连巡捕五营也不单单只是预防犯罪,他们还要执行其他许多维持治安的任务。② 取代了巡捕五营之后,京师警察似乎将其前任管得宽的习惯也继承了下来。警察强制餐饮行业遵守卫生条例,确保公共厕所定时清洗,为行医者颁发执照,规定寺院摆放等待运回死者家乡的棺材的数量,还试图禁止随地倾倒有毒有害垃圾。③ 他们也审查公共娱乐以及政治表达。他们还监管多种旨在管理和控制城市赤贫居民的机构,包括救济站、学校、教养院以及贫民习艺所。杰出的民国北京学家西德尼·甘博,经过仔细研究总结道,警察"几乎要担负城市绝大部分(政府)工作的落实,涉及人们生活的各个方面"④。

---

① *New York Times*, 30 December 1928, III, p. 7.
② Dray-Novey, pp. 201 - 202.
③ 《益世报》,1924年6月11日第7版;1925年3月21日第7版;1920年4月17日第6版;1928年10月22日第7版。
④ Sidney Gamble, *Peking: A Social Survey* (New York: George H. Doran, 1921), p. 29.

第四章　身为和事佬与街头官僚的警察

招募和部署

到1911年，经历了十年发展之后，北京警察机构已经形成了稳定的组织结构，一个总厅加上遍布城内的分厅和区署。1910年代后期，队伍已经达到一万名警力的初期目标，每千人中就有12名警察。这一比例相对于欧洲一些首都城市来说显得出奇地高，伦敦、巴黎和柏林每千人中只有2到3名警察。①

百分之三到四的警力部署在前门总厅，守备直属部门以及分厅。京师警察总监由政治任命（political appointee）。清末民初，总厅的最高长官通常有警务或法务资历。到了1910年代至1920年代，哪个军阀控制了京畿地区，他就任命他的一个亲信担任警察总监。而大多数中高层警职仍由职业警官担任。② 四分之一的警察任职于专业部门，其中包括保安警察队、警乐队、消防队、机修队、侦缉队、巡警学堂和救济院职员以及狱警。70％以上人员在分厅和区署工作。在这些层面上，警官、警佐和普通警察之间的收入差相对较小。1920年，警官一个月收入22元，警佐11至15元，巡警7至9元。③ 这意味着大多数警察的生活处于或略高于贫困线。

警官的出身，更可能是出于习惯，在募警过程中偏重于旗人，意味着在1920年代超过四分之三的警力有旗人背景。④ 虽然时

---

① Raymond Fosdick, *European Police Systems* (New York: Century Co., 1915), pp. 100, 111, 130.
② Duncan, p. 42.
③ *NCS*, 14 January 1920, p. 1.
④ *NCS*, 23 October 1929, p. 8, 9000人中有6000人。另一篇1928年的文章称警察中十个有九个是满族人。*New York Times*, 30 December 1928, III, p. 7.

85

运不济，但满人作为警察却在透露着明治维新气息的清末改革中如鱼得水。大多数日本第一代警察都是武士出身。晚清旗人若与更勇猛的日本武士相比，略显逊色，可毕竟北京旗人还是存有一些尚武精神的，而且他们与武士相同，乐于投入新的冒险。也许更重要的原因是，旗人自幼生活在北京，对这座城市和街坊邻里了如指掌，这是成为一名好警察必不可少的条件。警察身份同时也有助于止住或至少减缓满人社会地位的下降。警察的工资确实很低，但作为补偿，他们能得到专业训练、一套制服并跻身于公职人员的行列。对身份意识强烈的北京社会来说，这已经是极大的补偿了。在老舍《我这一辈子》里，这位新巡警承认，在还没有这个差事的时候，把当巡警戏称为"马路行走"，加入"臭脚巡"，或者成为"避风阁大学士"①。可他也不想就这么当一辈子车夫。家中还有俩没娘的小孩，自己又这么"文明"而不像当兵的那么"野"，况且当兵风险太大。他不无讥讽地说，想想自己"没有作高官的舅舅或姐丈"，当个巡警"不高不低"，正合他意。只要他肯，就能穿上一身"铜钮子的制服"②（图9）。

从穷人和中下阶层人员募警的模式，可以将人数众多的警官和巡警遍布大街小巷。③ 1920年代早期北京街景的照片向人们展示了警察执勤站岗时井然有序的样子（图10和11）。④

---

① 老舍：《我这一辈子》，第24页。
② 同上，第23页。
③ Gamble, *Peking: A Social Survey*, p. 406, and Duncan, p. 51.
④ Heinz v. Perckhammer, *Peking* (Berlin: Albertus-Verlag, 1928).

图 9 警察合影

这些官员的和蔼谈吐与警察机构制造的严厉形象形成强烈反差。警察由旧旗营应募而来,一起参加短期的专业培训,共同承担维护治安的职责,明显地增进了"战友之情"。美国国会图书馆惠准采用。

图 10 交通警察值勤

身材魁梧的警察两边是前门大街繁忙的交通。牌楼上悬挂着电灯。这座牌楼是进入前门外闹市的标志。采自 Heinz v. Perckhammer, *Peking* (Berlin: Albertus-Verlag, 1928).

警察言行

在贴近北京一般居民的大街小巷部署警力,标志着国家与社会界限的重新划分。但是当警察来到他们的前沿新岗位时,他们能做哪些事呢?他们可以执行法律法规,收取罚金,监禁歹徒。每个区署都有一个短期拘禁的牢房,同时北京还有一些老式监狱和"模范"监狱。可是北京警察的成功并非由于他们有能力把形迹可疑和寻衅滋事者关入日益扩大的监狱系统。确切地说,正如许多评论家所证明的,北京警察之所以有如此高的效率,是因为他们能够讲究方式方法,令人信服地行使其代表社会秩序和公民平安的权威。

警校课程包括警务理论,以及这些普遍原理在北京社会环境下如何运用的具体案例。在警政系统建立与扩张初期,这些课程本身也是当时改革的一个写照。① 它们把预防犯罪和动乱作为重中之重。警察的站岗或巡逻,本来就是意在防患于未然。"比如,张把李杀了。伤害已经发生。这时怎么还能阻止李不被张杀死?先生们!到这时才想起保护别人已经太晚了。"②工作的重点并不是有组织暴力的使用或威慑,而是在于细心观察和搜集情报、理解法律和习俗与时机恰当的干预。教官的训诫引经据典,让学员们懂得这样一个道理:"古人说,实恐虽有法而无执法之人。"③根据教导,警察不仅要依法行政,更要以德行政。

---

① 《警务规则》(北京:顺天时报社,190?)。除了坚持融会传统话语于现代组织机构,民国时期的官员和其事业始于清亡以前警官和警员在其讲话中依然保留着这些传统观念,并且一直延续到1930年代。迟至1932年,还有三分之一的区署以下警官和警员是在1907年以前加入军队的。Duncan, p.42.
② 《警务规则》,《警务规则》第1页。(此书未能找到,引文均为迻译。——译者注)
③ 同上,第3页。

第四章　身为和事佬与街头官僚的警察

图 11　前门外城

从前门向南观看外城鳞次栉比的商店和寺庙。前门与永定门(外城南城墙三大门的中门)在中轴线上彼此相望显示了北京作为帝都的精致设计与作为商都的建筑、街道和胡同的杂乱。从照片上至少可以看到有六名穿制服的警察。一个正悠闲地站在交通标志线和划分道路的路灯前面。另外两位同样站在街中心的岗位上。另一位正向街边巡视的同行走去。第六位在路边人行道上正引颈向同一方向观望。采自 Heinz v. Perckhammer, *Peking* (Berlin: Albertus-Verlag, 1928).

教官以官方的口吻说,警察在北京街道和市场车水马龙、嘈杂混乱的情况下必须保持严肃。"如果你爱开玩笑,你就管不住一般百姓了。"①警察应该具有谨慎、简朴和正直等传统美德。这份工作还需要有点书生气。

哪种人能当警察？好学的人。有学问的人日夜勤勉,对得起他所负的职责。警察还须耳聪目明。遇到事情,一眼就能看出重要不重要,事大事小。

---

①《警务规则》,《警务规则》,第 12 页。

89

比方说，如果有一伙人在商量怎么去抢别人的家，要干坏事的意图很明显。你就要把他们抓起来，打破砂锅问到底……这种事，几句警告是不够的。

但是若有两人在街上走路，一个人不当心撞了另一个，两人打了起来。你能把他们抓到局里吗？当然不行……警告他们不要打架就可以了。①

不难发现，类似的判断所需要的知识大多和常识有关，而不是学问。但是实际问题就是考验个人学问的事实，反映了人们普遍期望警察扮演有学养的官员角色。警察行事应如当代君子，有一种以道德权威行事之风度。②

学者吉川幸次郎在其有关 1920 年代北京的文章中回忆，他就遇见了这样一种警察。③ 吉川的一位熟人大渊真慧从日本来访，一日，他在皇城东边的交叉路口东四牌楼等电车。出于好奇，他走进了一家古董店，边浏览古玩边观望电车，不当心碰碎了店里的一个瓷瓶。店主向他提出了高得出奇的价钱要求赔偿。大渊的中文说不太好，因此他打电话向吉川和另一位朋友求助。可他们到达之后，仍然无法说服店主降价。最后，有人提议找警察来解决这事。双方同意后，便雇了人力车带上瓷瓶碎片一起去了附近的警察署。

区署坐落在一个老旧的官家宅邸。庭园中花木茂盛，是北京常见的那种宅院构造。一行四人来到休息室等待，没过多久，一

---

① 《警务规则》，第 50 页。
② Guy S. Alitto(艾恺)的改造警察为现代君子的想法对我很有启发。参见他的 *The Last Confucian: Liang Shu-ming and the Chinese Dilemma of Modernity* (Berkeley and Los Angeles: University of California Press, 1979) 有关儒家观念在 20 世纪中国适用性的评论。
③ 吉川幸次郎：《中国的警察》，《吉川幸次郎全集》第 16 卷（东京：筑摩书房，1974）。

位警察抽着香烟、吞云吐雾地走了出来,问他们有何贵干。当他们说明了争执原因之后,他们被带到一间"调解室"。房间里摆着一张木质长桌,长桌里面坐着一个剃着板寸头、身穿中山装的警官。他能说会道,开门见山地说:"我们警察的任务是'排难解纷'。"继而劝告双方心平气和地协商解决争端。吉川知道,"排难解纷"典出《史记》。这位警官接着继续开导双方:"这个花瓶本应该值多少钱,古董店老板所说有所不实;但另一方面,因为你的过失打破了花瓶,作为安抚,是否应该赔偿古董店老板略高一般卖价的金额?"警官开了个价,然后"请"日本人和店主双方"知晓、认同",双方同意了,纠纷圆满解决。数年之后,吉川回忆道:"当时我非常感动,不,即使到今天,也仍感动不已。那个主任说,我们警察的任务是排难解纷,我感动的不仅是他能引用《史记·鲁仲连传》中'排难解纷'这样的古典语言,而是他把人民的和平生活放在心头,遇到纷争,去化解人们的恶意,使之趋于平缓,而不是去激化矛盾,增强恶意。他把这视为警察的任务,令我感动。"

这一画面着实扎眼:抽着香烟的干警,在老旧的大宅里,穿着现代制服,以道德而不是法律为标准权衡着案情,还念叨着《史记》中的典故。他所展现的礼数和技巧或许是由于他所面对的事件微不足道,亦可能由于原告是外国的上层阶级。不过这一事件也反映出北京警察队伍致力于出色地完成公共服务,而这种公共服务的重心在于仲裁调解以及圆滑地维护社会治安。

当然,规范警察角色的不单单是道德信条,还有许多条条框框的规矩。民国初期的警规勾勒了普通警察的生活和纪律。①对仪容和秉公执法的强调一如警务学堂的课程,只是语气有所不

---

① 《京师警察法令汇纂》(北京:出版社不详,1915),第 107—108 页。

同。有些规矩似乎取自军事手册。"站岗时靴帽衣裤均须一律整齐;不准歪戴军帽,不准里衣及领子外露,衣襟领口不准敞开。钮子不准缺少及不扣钮子。"其他还有些规定则有明显的折衷主义的味道。警员执勤时,"佩刀枪支不准舞弄,不准骂人及对人说话发横,不准与人谈笑嬉戏及遇认识之人闲谈,遇有喜庆等事,不准出帖延宾,不准口吟唱曲(虽然这是北京人热衷的一种消遣方式)"。这些规定展现了警察角色的另一面;庞大的组织以他们为对象,希望他们能够遵守苛刻而又易于评估的行为准则。无论是学堂的授课,或是这些规定,都力求警员能够一丝不苟且品行端正。

虽然正直的公共形象照理说应该很得民心,而且实际上也颇合乎北京市民对道德情感的诉求,可这样也使得警察容易被人讥讽或恫吓。1924年春天的一个晚上,一名警察发现两位私人车夫把车停在新丰楼饭庄门口,妨碍了交通。两位车夫的雇主这时正在饭店里面招待朋友。警察让车夫把车挪一挪,他们起先装作没听见,接着就开始讥讽他打官腔的语气,说道:"你别以为你穿着一身虎皮,你还能带我们上二区吗?"警察答道:"你不用废话,官事官办。我负有警察的管理权,你不听我的指挥,我就得把你带区。"话到这份上,两位车夫就开骂了。警察倒不理睬,把两人拖进饭店。他和雇主解释了两人"无理蛮骂"的行为。这两位车夫还指望着他们的主子会帮他们求情;结果倒好,在听完警察的解释之后,雇主说道:"我的车夫一个好的都没,全是可恶的东西,趁早扭区罚办,万别留情。"①

在实际执法过程中,为了不伤感情,警察通常也会迁就辖区

---

① 《益世报》,1924年4月1日第7版。

内的人,忽略一些小过错。这种怀柔策略易使秉公执法的上司愤怒,但事后再使用强硬手段却有激起市民维护先前习惯方式的风险。1921年6月,区警陈巡长奉其辖区周警长之命,调查宣武门外铁道栅栏内违法赌博的传闻。陈巡长以查无此事敷衍。周警长将信将疑,另派便衣警探赵文元深入调查。赵发现一个名叫汪于的男人和其他四名工人在赌博,他成功将这五人抓捕,但却遭到了工友的攻击。赵警探和一名前来支援的警察被打倒在地,他们的法绳和警笛也被偷走了。聚众赌博组织者汪于因被搅局而勃然大怒,带了把铲子大步来到当地派出所门前示威。他在外面谩骂威胁,所里唯一的一名警察仍在里面好声好气地劝他离开。汪的忿怒之举暗示了他可能有这么一种想法,极有可能已经贿赂过,觉得警察就应该对他和同伴的赌博行为眼开眼闭。①

警察的状态与人们对警察相互冲突的角色期待密切相关。贫穷、灌输的理念、组织的指令性要求以及舆论对警务的看法,都会影响其社会角色。与1920年代的其他政府部门类似,警察机关经受着漫漫无期的财政危机的困扰,警官与警员工资的拖欠可达数月。数起警察为养家糊口而盗窃被抓和因绝望而寻短见的案例,印证了他们所承受的这些压力。② 正如一位报社评论员所指出的,警察似乎已被来自四面八方的麻烦和压力所困扰:"出了事总是当巡警的不好……(他们)上边受气,下边挨骂,两头为难。"③不过这种"两头为难",也在政府和人民、富人和穷人、互相争执的团体与个人之间起到了缓冲作用,这可是警察的工作重心之一。许多警察能够胜任这一任务,另一些则在压力之下崩溃,

---

① 《益世报》,1921年7月1日第7版;1921年7月6日第7版。
② 《益世报》,1925年2月12日第7版;1928年6月18日第7版。
③ 《益世报》,1929年5月25日第11版。

或者蜕变成像衙门差役那样为非作歹。

区署负责收集街坊邻里间的基本信息,特别是户籍资料,同时管理日常值班站岗和巡逻工作。它们也是使得警察们能够起到缓冲作用的重要单位。老舍曾生动地描写过这类角色以及一位管着一片居民区的巡长的内心活动。

> 白巡长已有四十多岁,脸上剃得光光的,看起来还很精神。他很会说话,遇到住户们打架拌嘴,他能一面挖苦,一面恫吓,而把大事化小,小事化无。……没有巡警就没有治安可言。虽然他只是小羊圈这一带的巡长,可是他总觉得整个的北平也多少是他的。①

警务学堂所传授的理念以及将警力部署在贴近市民、贴近他们的问题和滋生犯罪之处的模式,鼓励了像白巡长这样的警员积极的、家长式的表现态度,同时也使他们能够抵御由贫穷和严格管理所带来的意志消沉。虽然白巡长这类警员可能会时不时收些贿赂,但是这种微不足道的腐败并不一定会削弱或丧失他们驾驭"人情世故"和息事宁人的本事。只要警察能继续不避危险,不管天好天坏,在区署和派出所外坚守岗位,官方与社区规范彼此冲突所引起的偏差就不会破坏队伍维护治安的能力。事实上,北京街头巡警的成功靠的就是他们在各方压力下周旋的能力。

暴力执法与道德剧场

既然被赋予了充当调停者和缓冲器的处置权力,也就难免某

---

① Lao She, *The Yellow Storm*(老舍《四世同堂》英译名——译者注)(New York: Harcourt, Brace, 1951), p. 38.

第四章 身为和事佬与街头官僚的警察

些警察滥用权力。如前所述,暴力执法是警察与车夫之间关系的特征。1925年2月的一个下午,就发生这么一个极端的例子。一位车夫刚把客人放下,一名警察就朝他走去。① 警察嚷道:"快从这里滚开。没看见你把路都堵住了吗?"这位车夫气还没喘过来,愤怒地回道:"我告诉你,你别吓唬我。我也干过警察,当过三年,知道规矩。车停在路边正合适,怎么就把路给堵了?"争吵愈演愈烈,人群开始围观。不过,根据报纸上对于这起令人遗憾的事件的报道,众人就这么"袖手旁观"。最后,愤怒的车夫转身从车里操起他藏着的短棍,警察也抽出佩剑摆开架势。就当车夫持棍回身的霎那间,警察用剑击中了他的太阳穴。车夫流血倒地,当场就死了。众人惊呼"警察杀人了",吓得纷纷逃散。附近的一名巡警和他的巡长闻讯而来,当场逮捕了这名警察。当地检察厅获悉此事,派出专人调查。警方无法立即辨认死者身份,但是保证为死者提供一口棺材以及丧葬费用。

粗暴的正义或非正义,有时横行于北京街头。腰间佩剑或警棍的警察要面对在车里藏棍的车夫,一遭挑衅就结伙干架的劳工,为自由言论奋斗的学生,带枪持刀的歹徒,不过最可怕的还是随着军阀驻扎于此的成群结队的武装士兵。另一方面,北京的街道与公共场所也为对抗提供了一种合适的环境,在这种场合,不管愿意与否,警察都扮演着至关重要的调停人的角色。警方的成功部分取决于把说教艺术的元素融入行动中的能力。用欧文·戈夫曼(Erving Goffman)②的说法,警察就是要在其所扮演的角

---

① 《益世报》,1925年2月24日第7版。
② 加拿大的社会学家和作家。——译者注

色中注入大量"戏剧元素",以把握他对歹徒和旁观者造成的"印象"。① 既然被告和观众对警察作为调停者或近乎君子时的表现已有强烈的观念,那么巡警演绎的角色其实是被公众期望所"社会化"和"理想化"的。② 警察只要行为失当、沉吟不语或者口不择言,就会在这一幕幕社会情景剧中被视为反派。

墨子刻(Thomas Metzger)曾论述过,在传统精英的官场中,既有坏官也有"贤者"。③ 在野的褒贬使前者有所惩戒,而政府作为布施德政的平台,为后者提供了用武之地。北京的警务改革者采用了这种政府施行仁政、警察犹如君子的理想,以求在城市建立起一套尽量少用高压政策、多靠市民积极合作保障平安的警政。当然,一名只经过几个月训练的警察不能与终生修身的士大夫相提并论,不过即便是学点皮毛,以儒家的观点或态度进行斥责、干预、斡旋,也能使警务工作更加行之有效。

家长作风、父权制以及警务权限

警察必须守住底线,坚决制止斗殴及公开犯罪等明显扰乱社会治安的行为。从理论上说,他们还应该明察秋毫,发现越轨行为于萌芽状态,以维护社会道德秩序。警察被教导要能区分"忠孝诚实"之人和"奸宄作恶"之徒。④ 若怀疑某人,则要"在街上观

---

① Erving Goffman, *The Presentation of Self in Everyday Life*(New York: Doubleday, 1959).
② 同上,pp. 34-35.
③ Thomas Metzger, *Escape from Predicament: Neo-Confucianism and China's Evolving Political Culture*(New York: Columbia University Press, 1977), pp. 170, 187-188.
④《警务规则》,第 20—21 页。

其行,听其言,留意其屋里的人在干什么、他的朋友和交往的是哪种人"。街头可疑行迹包括掩面而行、不穿鞋子、衣内似有藏物,或者夜行而不打灯笼。①

警察得时刻留意着打架斗殴的迹象。② 他们在居民区四处访闻吸食鸦片的行为。③ 透过密封货箱漏出的酒香,警察就会逮捕私自贩酒之徒。④ "以骆驼肉充牛肉"的伎俩根本逃不过他们的眼睛。⑤ 警察就如调音器般,专门被用来测出道德和社会不和谐之音。北京的居民向来对街头胡同、市场和四合院生活的动静天生敏锐。警察多为旗人,世代住在北京,警局里此类人才可谓济济,在执行监视管理任务时大有用武之地。

警务学堂的课程强调注意细节,警察从人们的行为获取信息的能力有时事关生死。

> 如果看见一个披头散发的女人,那她必定可疑。她可能会上吊、投河或投井自杀。通常女人会把头发梳洗干净,穿戴整齐。若看见这样的(举止异样的)女人,就表示她有忧虑或愤怒。这就是令人惊疑的地方,她想寻死。为什么会这样呢?
>
> 这是某种癫狂。她在生夫家的气;她和丈夫吵过架;抑或她的丈夫不够争气,不能理解她的焦虑和无助;或者她就是觉得丢脸,夫家一直以来对她过于苛刻,挨了骂。不外乎这些事。

---

① 《警务规则》,第24页。
② 《京师警察公报》,1928年2月16日。
③ 《京师警察公报》,1928年1月14日。
④ 《京师警察公报》,1928年2月25日。
⑤ 《京师警察公报》,1928年1月18日。

这种情况就有危险。这时就是警察的事了。如果不重视,就会变成性命攸关的事。(最近)在皇城内就有一件想自杀的事情。那天晚上,西安门内的月光之下,有个女子在街上猛搔脑袋,焦躁不安,走得很快。有人上前询问,她气呼呼地说有人在追她。之后她跑到御河桥投河了。若当时有警察在场,那名女子就不会淹死了。①

1928年,《京师警察公报》——警察官报——不无自豪地作了一篇关于一名警觉的警察跳入运河救下了试图自杀的女子的报道。② 警察了解到她想自杀是因为和丈夫吵了一架后,便把她丈夫传唤到了警局。负责此事的警察开导这对夫妇,要知足常乐,以后别在家吵了。这一案例成为正当程序的典范,同时也证明了警察在城市布下天罗地网的意义和其作为守护者的价值。警察在恰当的时间出现在了恰当的地方,给这对夫妻上了一堂道德课;另外根据他们自己的说法,还使得这个家庭和睦如初。

不幸的是,并非所有的家庭矛盾在警察介入后都能有好收场。众所周知,若是在涉及家庭冲突和暴力的案件中恪守"避免逮捕"的惯例,这样非但不能解决矛盾,反而只会姑息养奸。③ 1920年秋天的一个午后,就有这么个案子发生在离内城中心不远的一户大宅的门口。④ 一对夫妇间的口角引来大群人围观。女人在那哭哭啼啼,很明显是被打了。这女人对丈夫数落了好一

---

① 《警务规则》,第26—27页。
② 《京师警察公报》,1928年6月10日。
③ William Ker Muir, Jr. 指出民国时期北京警察采用的调解技巧与新近美国实验的重于调解而避免拘押有相似之处,使我受益不少。参见他的 *Police: Streetcorner Politicians* (Chicago: University of Chicago Press, 1979) 一书中有关道德进步与警察职业素养关系的富有启发性的探讨。
④ 《益世报》,1920年10月21日。

阵,说她丈夫无业在家,全靠她来养活。她在这家里日子过得活像个佣人。现在丈夫管她要钱,不给就要挨打。她对着她丈夫和人群嚷道:"我和你说话从来都是低三下四,但你却不领情。晚上你出去吃喝嫖赌,连自己的孩子都不看一眼。他们在家受饿挨冻,你还让我把钱给你挥霍?"这女人顿时痛哭失声。围观者也潸然泪下。可是,根据报道此事的报纸说,这位丈夫"冷笑地"威胁妻子说,若不给钱,就把工作辞了和他回家。随着围观人群越来越多,警察终于出面干预。

女人把事情经过告诉了警察,再次诉说了自己的委屈,恳求警察"负责公断"。警察因其所作所为狠狠地斥责了她的丈夫,令他独自回家。在这出社会准则和价值观的大戏里,几乎所有道德剧场的元素都全了:能言善辩的申冤者,同情者组成的"陪审团",以及一名秉公执法的警察。可惜,这位丈夫不肯老老实实地充当丑角。他愤怒地对警察说:"我家的事你知道啥?请你少管闲事。这不是警察该管的。"如果换做一名较真的警察或许会和他死缠烂打,但是在这位顽固不化的丈夫面前,这名巡警也只能不了了之了。

但是女人没有善罢甘休。她独自来到区署申冤。这里管事的警察就没这么近人情了。他告诉她:"这里不管这种事。你要是想打官司,就去衙门。"他命令这个女人出去。女人哭哭啼啼地说道:"这也不管那你们到底管啥?我男人会把我活活打死的。"警察回道:"等他把你打死了,我们就会管了。"

警察在这场争吵中的干预和调解的尝试,让女人有机会为自己申冤,并使其丈夫受到众人的指责。但是他们却没有采取进一步的行动帮助女人解决矛盾,甚至没有采取措施保护她不被丈夫毒打。事实上,警察常被教导不要插手家务事,除非"动了刀子",

或出现了其他危及生命的情况。① 一般来说,"若家庭成员起了争执,甚或打了架,你必须听之任之。这不关外人的事,警察无从插手"。警务学堂并没有教会警察如何判断家庭暴力何时会伤及性命。若是白巡长,他就会有所变通,用比较积极的举措化解家庭矛盾。若是那位区署警官,见到被虐待的妻子,他就会用这条规矩来自我安慰。北京警察并不是被设计用来监管家务事的,尽管街头巷尾都有警察,街坊邻里的动静听得一清二楚,他们的主要任务还是维持治安。

警察家长式的做法加强了父权式权威。在没有其他利益冲突的情况下,警察、丈夫、父亲,以及其他诸如店掌柜、行会师傅等虚拟的家长,会自然而然地为维护社会秩序联合起来。如果女人要逃离丈夫的权威,徒弟要摆脱师傅的控制,警察会让他们无处可躲。店掌柜可向警察通报出逃的徒弟,而区署则会对他展开搜捕。② 在大多数情况下,那些被警察强制送回的徒弟都是因为受到了雇主的虐待而出逃的。若是这种情况,警察就会借机斥责店主虐待徒弟。在这过程中,警察既向世人显示了其仁慈,又表明了对主流社会秩序的支持。③

警察在处理家内和店内问题时井水不犯河水的态度激怒了自由主义改革派,他们主张警察应以更积极的方式更多地干预保护弱者的权益。一位评论家谴责了他所看到的警察在城市生活中警视和非警视领域所采取的双重标准。

我打人,你管得着;我打徒弟,你管不着。你当警察的,

---

① 《警务规则》,第 66 页。
② 《京师警察公报》,1928 年 1 月 13 日。
③ 《益世报》,1929 年 4 月 3 日第 7 版。

不能不准当掌柜的管教徒弟。……我要在街上打徒弟,算是犯了你的警章,我任凭你发落,我是在铺子里面打徒弟。家有家法,铺有铺规。你有你的警章,我有我的铺规。①

警察巡视于官事和私事之间的公共领域。在公共领域,官员与非政府精英阶层会按照传统共同负责维护社会安宁。随着警察等政府机关更多介入,官员和非政府精英阶层在公共领域的关系以及公私事务的分界也愈发模糊不清。每家每店都各自为政地"训诫"其亲属和成员。但是这种控制职能也可以通过地方名望人士或行会乃至邀官见证或参与,以一种比较公开的方式进行操作。自治制度的内部管理常常会制造"混乱",警察在它们越界之后会对其进行接管,不是因为有人犯了法,就是因为混乱是发生在公共领域而非店里或屋内。

警察的任务不是对这些公私制度进行改革,而是遏制所产生的越轨行为。可是,由于在公共领域以及公私事务边界之外力量不断壮大,北京警察发现自己所处的正是改革组织应占领的位置。北京警察离监管家庭和公共场所的事务仅一步之遥。这一距离的缩短,既与警察的个性有关,也靠诸如挨打妻子和受虐徒弟等当事人说服警察介入的能力。警察爱说教的作风使丈夫和雇主们的恶行受制于不定时的监管和谴责,而桀骜不驯的妻子和学徒则要承受来自警察和私权两方面的压力。

把原本限制警务权限的问题复杂化的,是类似"水会"这种维持中国城市社会治安的私人团体的传统介入。如果北京警察在巡逻街道和周边公共场所时,扬言要闯入私人住宅或工作场所的话,北京阔佬财东阶层为保护自己的利益,通常会部署保镖、看守

---

① 《益世报》,1929 年 4 月 16 日第 11 版。

和民兵,预先防范。纵横交错于首都的条条大道阻隔了各个大区,各区又布满了大小胡同,杂院住宅都有高高的围墙,这些都为居民自我防御提供了便利。部分街区到了夜里,会用带锁的木栅栏把路封住。区署和居民各自配有钥匙。① 危难之时,店主会让一些店员配备武器站在店铺外。或者在商店街,商家们会把自己的资源聚集起来,在街上用木头或铁丝网构筑起栅栏,或为保险起见再请来几位当地武术高手。② 通常,这些商人民团(商团)会积极协助警察的工作。但从某种意义上来说,他们也是竞争对手。有一次,一个商团给其成员分发制服,这些制服和警服非常像,警局马上令其更换。③

北京警察说辞与理念之比较

阿兰·希尔福(Allan Silver)曾写道:"有些国家已经变成警察国家;但所有这些国家,都是受警察监督的社会。"④从"不受监督"到"受监督"的变化始于18世纪晚期和19世纪的西欧与北美地区。在西方,希尔福所称的"暴力示威的文化"导致了官僚警察制度的形成。在巴黎、伦敦和其他18、19世纪主要的城市,民众通过暴动和起义的方式来表达观点和维护利益。新成立的警察组织使有产阶级免受"危险阶级"政治违法暴力行为的直接伤害。

现代警察队伍之所以行之有效,不仅是因为其胜人一筹的组

---

① 《益世报》,1928年7月15日第3版。该报报道了一件事,一个值勤警察不得不奔回区署取钥匙来打开栅栏。
② 《益世报》,1922年5月2日第7版。某条街的商铺确实这么做了。
③ 《北平特别市市政公报》第37期(1930年3月),第26页。
④ Silver, p.6.

织形式，还由于他们推行了一种道德共识——实际上所有的城市居民都是公民，且应该受到保护。警察对日常生活方方面面监督，随着城市社会边缘文化和亚文化的扩大而扩大。欧洲的警务改革者强调获得城市市民"道德认同感"的重要性，认为只有这样新的监管方式才能有效进行。① 纯粹靠组织上的方式或依赖强制力的方法太过昂贵且过于具有煽动性，因而难以维持。因此，"就连最早的警察都被谆谆教导要言行得当，以从人们那里博得这种认同感，并使他们一直相信下去"。皮尔手下的警员被要求"对所有人彬彬有礼，关心每一个人，不论他是什么身份或来自什么阶层"，而且忠告他们说，"能够恰到好处地控制情绪，是成为一名警官最重要的必要条件"。②

北京和清末民初的其他城市，都有暴动和各种形式的群体性政治冲突。但也不能说这些暴动、罢工和示威游行形成一种"暴力示威的文化"。在西方，警务改革者先从区分在文化和社会地位上有明显鸿沟的"危险阶层"入手，最后把犯罪和城市暴力定义成异常行为。中国的警务改革者则以人之常情为出发点，即使在城市生活动荡不安的情况下也是如此，异常行为当然也不可能是常态现象。中国人借用了组织化工作平台和警察职业化的概念。但是，他们没必要全盘接受人之常情和异常行为等有产阶级概念，以及支撑现代官僚式警察社会的理念和说辞。中国人在他们的儒家思想里自有一套扬善惩恶的办法。

北京警察不仅要对任何异常的苗头感觉敏锐，而且要有公众归附道德和社会秩序的坚定信念。有名警察厌烦街市上的嘈杂，

---

① Silver, p. 14.
② Stead, p. 76. 通令发于 1829 年。

身为警务学堂讲师,他不无清高地说,走在北京的"大街小巷,每走一步,我都能听到人们说下流话、骂人话和脏话、粗话、坏话……妇女和姑娘都这么说话"。① 警察要履行其职务相关的扬善要求,应该劝告人们不能这么说话,自己也要作出表率。

尽管如此,某些中国城市中人之常情最重要的表现形式,如与家庭生活密切相关的节日仪式等,往往要靠在街市热闹来显摆。可以想象,具有官身的警察定会受过特殊关照不要干预这种合理的热闹。警方虽有规定,"不准大声唱歌唱戏",扰人睡眠,但人们通过唱歌庆祝来表达情感,这无可厚非。但是"如果在晚上你听见有人毫无理由地唱戏或唱歌,大声喧哗,敲锣打鼓,吹喇叭放鞭炮",你可以责令其停下来。如果他们拒不服从,就逮捕他们。唯一的例外只有节日期间(农历新年、端午节和中秋节)以及皇帝生日当天,或"当有喜事丧事,孩子满月,家庭成员的嫁娶,夜间迎客入宿"。在这些情况下,"以唱戏唱歌,大声喧哗,敲锣打鼓,吹喇叭放鞭炮来庆祝",绝对没有人会管。② 换句话说,在法律和传统习俗不冲突的情况下执法。事实上,北京不受警察监管领域的唱歌、吹喇叭、敲鼓和放鞭炮的声音似乎还盖过了官腔加儒调的警察生硬、严厉的道德表演。监管力度的自我克制,源于对民间非官僚式的社会制约力和潜在人之常情的信心,用学堂讲师的话来说,上至"亲贵百官,下至普通百姓"都有这种人之常情。③

19世纪的欧洲,在暴力示威的背景下,警察和政府的监管延伸到了日常生活的方方面面。"街头官僚"扩大深化了国家权力

---

① 《警务规则》,第12页。
② 《警务规则》,第45—46页。
③ 同上。

的基础。① 任何一种有如此深远意义的变革都不会一帆风顺。在一个官僚化的受监管的社会里,宗教、语言群体、不同阶层和文化竞相反对这种强加于身上的高度统一性。通常,这些反对者要么被击溃,要么就是被荒唐地拉进了为塑造核心价值观和遏制官僚制度的恶战中,而无法彻底阻止如警察这样的现代组织和观念的前进步伐。20世纪早期的北京,警察权力在日常生活中每深入一步,紧随其后的便是来自激进民族主义者、女权主义者、白话文倡导者、工会主义者、年轻人等的既有价值观的抵制。这一挑战一部分是由未受监管的政治事务或监管较弱的如家庭、店铺、工厂和学校之类的团体产生;一部分则是监管行为自身的产物。不过即便在北京市民抵制警察监管之时,一支官僚式警察队伍在左右——介于国家和公民之间贴近居民区和工作场所的——对抗的条件和地点上的能力,标志着国家正朝着文明社会大步前进。而当现行传统遭到攻击时,对受监管社会至关重要的人之常情和异常行为的范畴,却并未遇到多少来自传统和现代的挑战者。

镇压与调停

1914年公布的《治安警察条例》实际上已经把自发表达政治观点的所有形式视为违法。② 根据这些条例,人们不得在公开场

---

① 在都市背景下的政治进展包括扩张到诸如警官、社会工作者、教师等服务人员的雇用,他们代表了官僚机构而与在街上、学校、社区乃至家庭的个人打交道。关于这些街道层面公职人员特殊作用的讨论,见 Douglas Yates, *The Ungovernable City*: *The Politics of Urban Problems and Policy Making* (Cambridge: MIT Press, 1977), pp. 20 – 21.
② A. M. Kotenev(郭泰纳夫), *Shanghai*: *Its Municipality and the Chinese* (Shanghai: North-China Daily News and Herald, 1927), pp. 448 – 451.

合发表演说,不得就公共事务集会,甚至不能在未经政府允许的情况下张贴告示。在接下来的15年里,人们一直在违反这些法律。融入日历的新的抗议仪式,对监管领域形成了颠覆性的威胁。在"五四"时期,人们游行、演说、分发传单而非(也许兼而有之)唱京戏、吹喇叭、打大鼓,建立了一种基于社会监管崩溃、呼吁新道德认同感的行为模式。

警察不遗余力地执行每一条法律法规,足以招致那些热衷言论自由的个人和团体与日俱增的憎恨。一位北京时评员对1914年的条例限制十分憎恶,1925年他撰文指责:

> 人民的言论、集会、结社等自由,便完全生活于警治之下,而北京这个都会为尤甚。一般民众,除了公然违反法律,便往往不能行使丝毫自由。……因为违法或不违法,警察就是一个裁判者,警察就可径自执行各种处分。所以北京这个都会,如果遇着一个"执法如山"的警察,便往往活像一个鬼森森的酆都城。①

这一比喻之所以出神入化,还得归功于人们把衙门和地府画上等号的想象。但是在官僚式警察监管的北京,这些妖魔鬼怪已经从政府大楼和值班岗亭的棺材里蜂拥而出,使得政治活跃分子无处藏身。

同样,北京警察也承受着来自有着强烈政治意识的北京市民的压力。类似学校和工厂这样的新机构培养了大批不同阶层的人,他们抵制警察试图控制或限制他们集体力量的努力。学生运

---

① 王世杰:《警治与法治》,《现代评论》第1卷第2期(1925年5月2日),第10页。

动最能反映"警察与人民"之间的冲突。① 在学生政治运动期间,警察试图通过包围四散在北京各处的学校校区来"文禁"激进的学生。学生们有时会用竹棒和木棍武装自己,试图冲破警察的包围圈,为的是赶赴诸如天安门这样的政治集会场所。

政治激进分子憎恶和抵制警察对他们的活动强加的限制。与此同时,改革派与革命派觉得警察的权力应另有用武之地,而这才是能让人接受的受监管社会的基本理念。例如,1919年,共产党创始人李大钊在一份提倡改善北京生活水平的改革派小册子里,呼吁警察对粪夫团体"加以编制",改善交通,禁止当街乞讨,将乞丐送入收容所。②

对于干预和条规的自治性、社团性抵制,不时对警察队伍在城市的官僚统治和它的道德说辞提出挑战。另一方面,各个团体和组织之间的内部斗争有时也会撕破"团结一致"的脸面。在这种情况下,某一派就会请警察介入他们的领地来调解纠纷。如果干预时有偏袒一方,甚至警察个人也会被卷入到派别斗争之中。

1924年夏天,一个名叫张连氏的女人连同另外二十多位女工堵住了她们工作的罐头公司的大门。③ 这群女工向路人严词指责两名把她们招进厂里做工的工头。不久,围观人群就达到了一两百人,来自附近区署的徐连升巡长赶来调查此事。张连氏对着徐巡长和人群,历数两位男工头的种种罪状,他们非礼女工,厂里没有男女分用的厕所,强迫加班却不给予补偿。就在张控诉之

---

① 这个短语采自 Richard Cobb, *The Police and the People* (Oxford: Oxford University Press, 1970).
② 李大钊:《北京市民应该要求的新生活》,《李大钊选集》(北京:人民出版社,1962),第239—241页。
③ 《益世报》,1924年8月22日第7版。

时,女工们已经怒不可遏,徐巡长只能勉强劝住她们不要立即报复工头。警察把两名工头传唤到了门口,他们承认了自己的过错,并请求徐巡长给他们想想办法平息纠纷。徐巡长随后到厂里调查女工们所言是否属实。在找到了确凿证据之后,徐公开谴责两名工头"实非良善",并询问女工们是否愿意接受调解。女工们拒绝了这一提议,一致决定继续罢工,并将两名工头送上法庭。徐巡长陪她们到区署办理手续。不论女工们是否经过深思熟虑,她们的行动所造成的骚乱确实成功地引起人们的关注,转而也吸引到了警方的注意。女工们把问题公之于众,再加上警察起到了调停者和街头治安官的作用,她们因此获得了与对手谈判的重要砝码。①

警察队伍的控制领域,集中在北京的街道和公共场所,有时也会奉命不得不越过公私领域的分界线以完成治安任务。在民国时期的城市中,以家长式精英互相牵制的网络为基础的社会控制,已被越来越多的团体和组织所摒弃,因此警察在执法中继续恪守这条分界线的理由很难成立了。法团的存在,使得少部分诸如商会等获得政府特许状的组织得以重新确定其分界线,来适应自治管理和政府管控的混合模式。但不论正式与否,出于自愿还是被迫,大部分城市社会团体都对警察监管敞开了大门。

通过重新自我封闭,各种团体能够——也确实尝试过——扭转这一趋势,尤其是当官僚式警察监管的入侵性和高昂代价变得显而易见的时候。身份地位和结交政要或许能使人不受警察监管。而那些为夺取北京而战斗的军人更是对警察权威不屑一顾。

---

① 在北京街头执法的角色有点像美国警察模仿街头政客行为的倾向,参见 Muir, pp. 270 - 271。

就连北京的建筑风格,也以其高墙壁垒把家庭和集体生活阻隔于外界监督之外。有些阶层,比如走投无路的街头劳工和挤在大杂院、住在半开放环境里没有守门人的穷人,则被警察死盯着。然而,由官僚部署和管理的北京警察的冲击力,只能被直接针对这种新兴国家权力的对冲力量所转向和阻遏。即使在全国范围内,中央和地方政府陷于腐朽和混乱状态下,这支政府实施管辖的边缘机构仍以这种方式正悄无声息地逼近普通民众。围墙内的冲突,以及墙外具有政治意识的团体的政治斗争,划出了政府和市民社会进行沟通、行使权威和影响的新界线。

官僚扩张的代价

孔飞力(Philip Kuhn)论述了晚清州县以下的控制机构或书吏差役所办的"公事",是如何的糟糕。他指出:"不论是官员职责(因为他们确实没有正式官阶),还是他们与当地社会个人或团体的交情,都无法有效地约束他们。因此他们在当地为中饱私囊而自成一派,结党营私。"[①]清代改革派在北京试图通过授予警察官阶来解决这一问题。只要警察们能按时领到工资,而且遍布城内的分厅和区署网络正常运作,那么贪财和玩忽职守的势头就会有所遏制。

地方官僚体系的迅速扩大是一步险棋,而且代价高昂。在1920年代,北京警察局的预算相当于一个国家正规部门(一个月16.5万元到20万元不等)。国家政府的破产,使得维持警察队

[①] Philip Kuhn, "Local Self-Government Under the Republic", in Frederic Wakeman, Jr., and Carolyn Grant, eds., *Conflict and Control in Late Imperial China* (Berkeley and Los Angeles: University of California Press, 1975), p. 262.

伍的重担转嫁到了城市市民身上。起先,预算亏损靠商会和银行联合会等机构的捐助补足。这些组织依赖于整座城市治安稳定,能明白受监管社会的价值。拿不到报酬的警察和拿不到报酬的军人一样,要是他们自己也罢工暴乱,那肯定会对当地治安造成威胁。1920年代发生过一起事件,北京警察示威抗议欠薪,并且罢工一天。① 对普通百姓和店主来说,最恼人的还是几个月拿不到薪水对警察士气的影响。1923年,有人传言说警察准备罢工,称"巡警岂堪枵腹从公"。②

财政告急对警察来说意味着几个月拿不到薪水。几乎占到一名巡警月薪一半的口粮,则只能抽回警局其他的基金——如粥厂——才能得以维持。③ 总厅入不敷出,只能下放财政权到各个分厅,如此一来,当地警官就不得不在他们辖区内向有钱人或团体募款。也是因为缺钱,1924年警察总厅下达命令,小案子各区自行处理,只需将处理结果报告总厅即可。④

在制定市政税收以维持警务支出上多次尝试(1915、1921和1924年)未果后,张作霖北京军政府终于在1927年开征房捐⑤。当时并未遭到强烈反对,可能是因为张作霖的无情作风让反对者收了声。但是这个理由并不充分,因为张曾在1927和1928年试图为了自己的开销开征"奢侈品税",却遭到了商人团体的严厉抗

---

① 1923年4月,警察围住了财政部,直到政府同意举债50万元支付欠薪才散去。NCS, 11 April 1923, p.8. 6月,警察参与了冯玉祥军营的闹饷,并通过冯玉祥表达了强烈的政治诉求。James Sheridan(薛立敦), *Chinese Warlord*: *The Career of Feng Yü-hsiang* (Stanford: Stanford University Press, 1966), p. 127.
②《顺天时报》,1923年4月8日第7版;*NCS*, 23 March 1923, p. 7.
③《益世报》,1922年1月6日第7版;1921年7月9日第7版。
④《益世报》,1924年12月8日。
⑤ 原名警捐,1929年改名为房捐。——译者注

议，最终只得让步。① 起初，房捐是由租客而非房屋和店铺的房东支付的，这只能满足所需税收的极小部分。因此在1928年3月，政府提高了税率并增加了新的税种。新税率的出台以及人们消极抵制情绪的明显降低，使得该月税收跃至11.5万元。② 房捐收入，加上屠宰税收入③2.5万元，再加上戏捐、妓捐、车捐、烟捐和其他商品服务等名目繁多的捐税，终于让警局能够实实在在地自给自足了。即便怨声载道，但是人们最终肯为警察交捐，也反映了越来越多的人开始认同官僚警察在一般公共场所的监管。

北京警察队伍之所以能像其建立者所设想的那样保存下来，靠的不单单是官僚体系的扩张取代了衙门差役的位置。北京警察还与当地社会大大小小的自然单位建立了密切的、正常的关系，包括街坊邻里、居民区、店铺和大街小巷。这种近距离接触是职业教育和社区对公众领导的需要、期待的双重产物，也是公众领导力所期望的。人们发现儒家理论和价值观在现代警务工作中也很实用。强调展示和培养道德情感也使得失去原有地位却构成警察队伍主体的满人加强了自尊心，提高了职业水平。注重商量和调解而不是动用强权，让警察比较容易获得辖区内市民和团体的支持。警察以市民所期待符合通行的社会准则的方式处理他们的事务，市民则回报以向警察提供精神和物质上的支持。

---

① *NCS*, 29 June 1927, p.6; 30 June 1927, p.8.
② 雷辑辉：《北平税捐考略》(北平：北平社会调查所，1933)，第75页。至1928年，拨归京师警察厅(公安局)的税捐收入主要有乐户捐、妓捐、戏艺捐、卷烟吸户捐、房捐、警饷附加捐，卷烟吸户捐未及开征，便收归国税。乐户捐、妓捐和戏艺捐年收约30万元，房捐年收110万元，警饷附加捐年收11万多元。此外，牲畜检验费年收约30万元，公厕捐、粪厂捐、贫民捐、电车市政捐等年收约2万元，加上其他照牌照规费收入，公安费实际收支规模在190万元～200万元之间，占北京市财政支出的40%以上。——译者注
③ 应为牲畜检验费收入。——译者注

在城市中,警察面临着各种活动形式的竞争,他们要么被直接接受,要么遭到排拒。直到19世纪末,正如水会的历史所示,公共事务领域早已成为当地各种公众领导者施展身手的舞台。[①] 随着20世纪政治参与度的扩大,公共领域充斥着形形色色的领导者和推举者。在这种团体政治日益强化的过程中,一个重要的趋势就是"展现富有公共责任感的自我形象——一种服务感或干部场域(cadredom),这便是在中国文化中地方领导人的特点"[②]。北京警察不遗余力地追求这种干部的品质,而这种品质也在有关好政府的传统观念和对于全新、全面的公共服务的当代需求之间,架起了一座桥梁。北京的警察遵循着公共服务意识的指导原则,但同时,他们也效仿其他团体中的活跃分子,在公众面前故作姿态,提高自我形象。

[①] 水会,为19世纪晚期中国的市民参与提供了一个缩影。参见 Rankin 的著作,尤其是第4章。
[②] Susan Mann Jones, "The Organization of Trade at the County Level: Brokerage and Tax Farming in the Republican Period", in Susan Mann Jones, ed., *Political Leadership and Social Change at the Local Level in China from 1850 to the Present: Select Papers from the Center for Far Eastern Studies* (Chicago: Center for Far Eastern Studies, University of Chicago, 1979), p.79. "cadredom"一语采自 Philip Kuhn。

第五章　珠宝商、银行家和饭馆掌柜：京师商会的权力斗争

作为治安人员，警察们在街头和毗连的公私地带勤勉地工作，为的就是在大北京城区建立一个"警治社会"。他们在这一目标上所获得的成功，很大程度上归因于那些与社会治安休戚相关的人们公开或默契的相助。虽然支持度各有不同，但是城市居民还是承认了警察的权威和仲裁，还交了一笔"警捐"。不过，这并不意味着人们对城市治安都有迫切需求，自然而然地对政治表达、家庭冲突或劳工骚乱等问题依据何种规定或采用何种标准达成共识。

在公共秩序领域，警察与北京社会其他团体共同分担仲裁者和执法者的角色。传统做法是把处理地方事务的大部分权力转让给非官方精英阶层，而现代观念又主张让商会这样的有政府特许状的团体享有自治权，两者都支持分享治安职责的观念。在警察试图管辖整座城市之时，分别代表商人、律师、银行家、学生、工人和其他阶层的团体组织都尝试过进行自我管理，从而影响其他团体甚至警察的行为。在这一段错综复杂、纷争不断的政治进程里，京师商会在从福利政策到城市规划这些与公共秩序有关的事务中，发挥了极为重要的作用。

警察和商会，两者同为清末新政的产物，且都代表了官方和公共事务的结构重整。警察制度将官治领域延伸至了城市公共

生活以及私人机构的边缘地带。通过加入商会，个人与集体的利益才能在官权所达的边缘地带与之分庭抗礼。新政所成就的地方性机构不仅在辛亥革命以后幸存下来，并重塑了 1920 年代的城市秩序，而且它们还造成了利益冲突和治理之道上的分歧。在如何对待学徒工这样的问题上，警察与店主个人之间的冲突和合作，不亚于警察局长和商会会长之间在全市规模上的冲突和合作。

行政管理和利益代表并非水火不容。就连身为街头法官的警察都可能代表了某一个人或团体的利益。正如我们将看到的，商会的理事们有时也会不顾会员反对而强推其决策。一般来说，行政管理和利益代表可通过民选的市议会或市长协调而沟通。在 1920 年代的北京，由于不存在民选政府，集体利益的代表显得更为重要。商会和其他类似的组织，从银行协会到学生联合会，都可以声称自己代表其他那些未被代表的人们和广大群众说话。获取全市范围的权力和势力的目的，可以通过控制市一级的非政府组织来达到，比如坐上商会第一把交椅。因此，商会政治以及其他专业协会（法团）、联合会、工会内部的类似斗争，也就是整座城市政治的体现，对许多人来说，这与警察成为政府化身如出一辙。

京师商会的由来

京师商会成立于 1907 年，早在五年前，清代的一位改革家和实业家就在上海率先实现了这一想法。而此时全国已有超过 150 个市县效法此举。① 清政府显然期望一个全国性的商会网，

---

① Shirley S. Garrett, "The Chambers of Commerce and the YMCA", in Mark Elvin and G. William Skinner, *The Chinese City Between Two Worlds*（Stanford: Stanford University Press, 1974）, p. 218.

既能使官商利益一致,也能使自己在经济事务上握有更大的控制权。① 作为扩大行政管理领域的工具,商会似乎确实很划算。商人们会自我管理,政府提出发展经济且给予指导时,他们也会鼎力相助,而且若政府具有合法性,他们还会积极协助维持治安。正如曼素恩(Susan Mann)最近指出的,如果不知道中国自古就有商人自治和群众参政的传统,这种既授予权力同时又想加以控制的做法确实"有些令人不解"。② 罗威廉(William T. Rowe)在其关于19世纪商业中心城市汉口的研究中指出,财富、社会关系、市民意识以及行会组织实际上已经赋予商人们和政府官僚等同的城市管理权。③ 理论上来说,商人们为获得合法性和指导性而强化对官僚机构依附性的同时,也将这种管理城市的权力正当化了。

大多数商会起先确实是把自己当作"政府机器的一部分"来运作的。④ 但是在上海这种逐步现代化的城市里,商人们很快就利用这种新兴组织来为自己谋利。在内地的小城市里,商会摆脱政府控制的进程就相对比较缓慢。⑤ 玛丽-格莱尔·白吉尔(Marie-Claire Bergère)注意到:"在处理日常事务时,商人们总是不遗余力地去讨好官员,这对他们的生意来说至关重要。"⑥

---

① Marie-Claire Bergère, "The Role of the Bourgeoisie", in Mary Wright, ed., *China in Revolution: The First Phase, 1900–1913* (New Haven: Yale University Press, 1968), p. 249. Susan Mann, *Local Merchants and the Chinese Bureaucracy, 1750–1950* (Stanford: Stanford University Press, 1987), pp. 152–155.
② 同上。
③ William Rowe, *Hankow: Commerce and Society in a Chinese City, 1796–1889* (Stanford: Stanford University Press, 1984).
④ Bergère, p. 249.
⑤ 同上,第241页。
⑥ Bergère,第249页。

同样,北京商人也倾向于迁就甚至是服从官权。作为身处内陆行政都城的商业精英分子,他们在形成阶层意识和迈向政治独立的过程中要比在上海、广州和汉口的同伴慢得多。商人社区之所以对官方和士绅们的领导如此顺从,或许是因为京师商会的创建者中不乏拥有功名、仕途有望之人。① 早期在为建造新的商会大楼而募集资金时,多家现代银行,包括交通银行和中国通商银行,以及政府新近出资创办的京师自来水股份有限公司,加入到了丝绸、服装、制鞋、糕点和其他既有行会的行列,一同为其投入大量资金。②

商会成立不到一年,会员们即同意建造一座内含 32 个房间的总部大楼,其中包括一间中央议事大厅和多间供各行会使用的会议室。③ 该计划之所以获得通过,是因为临时栖身于某家旅店或某个行会,"无以系众(有别于官方和私人)望,亦且无以壮观瞻"。④ 新的商会大楼坐落于外城,位于北京闹市前门大街(南北向)和珠市口西大街(东西向)的交叉口。(图 11 为北京前门外商业区。)这一选址,与各大现代银行和公共事业公司纷纷落户靠近政府机关的前门内、使馆区或内城东区的趋势形成鲜明对比。商会意在成为政府和各行各业之间的桥梁,起到协调现代和传统商业模式的作用,不过这两点都没有使它脱离北京传统的商业中心。

地方领导性团体通过确立法团地位而使自己正规化和职业化,使地方绅士的地位不那么确定了。他们一直是依靠政府而获

---

① 李华编:《明清以来北京工商会馆碑刻选编》(北京:文物出版社,1980),第 172 页。
② 同上,第 173—175 页。
③ 同上,第 172 页。
④ 同上。

取正式权威,同时也得听命于官府的监督。① 不过,随着清政府的衰弱,再加上地方绅士加入了行会等既有团体或商会等市级或省级组织,这种依附关系就日趋松弛和动摇了。在辛亥革命中,汉口和上海的商会积极地站在革命者一边。② 在其他地方,商会则斡旋于革命军和清政府之间。③ 而在大多数地方,当地商会则致力于快速重建革命后的社会秩序。④

在北京,辛亥革命给官员和商人之间带来的不是冲突而是和解。随着10月武昌起义在各大城市蔓延开来,清政府垂死挣扎的行动之一,就是通过商会办事处贷给北京商人总共115万两白银,以平息由恐慌造成的货币和商品市场混乱。⑤ 民政部召集商会领袖,商讨如何恢复秩序,再由度支部拨款。正当其他兄弟组织为推翻清朝出钱出力时,京师商会却借着自己和行将就木的旧政权的政治关系,发起了横财。

北京上海两地的商界人士,在面对清民鼎革之际的政治机遇和风险时所采取的应对方式截然不同。但总而言之,不论他们所扮演的角色是起义者、中间人还是政府的特许代表,商会都显示了法团作为城市各界精英——尤其是商界精英——代表的重要性。而商会和其他法团力所不及的,就是和新旧当权者讨价还价。辛亥革命之后的数月乃至数年,当初新政权曾

---

① Edward J. M. Rhoads(路康乐), "Merchant Associations in Canton, 1895 - 1911", in Elvin and Skinner, p. 106.
② Joseph Esherick(周锡瑞), *Reform and Revolution in China*: *The 1911 Revolution in Hunan and Hubei* (Berkeley and Los Angeles: University of California Press, 1976), p. 186, and Bergère, pp. 260, 263.
③ Bergère, p. 263.
④ John Fincher, "Political Provincialism and the National Revolution", in Wright, p. 216.
⑤ 《益世报》,1919年5月14日第3版。(原报道为125万两。——译者注)

许诺给予地方精英更大影响力的承诺,却因商人和政客之间在财务问题上的争执而不了了之。商人们愈发觉得他们的势力只能局限在当地了。就连受到上海商界资助的南京临时政府,也把商人排除在高级公职之外。① 其北京的继任者袁世凯针对法团争取成为利益集团的压力采取的手段更加严厉。在北京,商人们遭受了最残酷的打击,使他们意识到了托马斯·霍布斯(Thomas Hobbes)的忠告,即在政治问题上,"大棒才是王牌"。1912年,袁世凯为了获任总统职位而指使兵变,纵兵在城市商业中心焚烧抢掠。

安迪生的大起大落

整个1910年代,京师商会都与当局保持着一种被动依赖的关系。袁世凯及其政权的迅速更替,并没有为商界利益集团留下多少生存空间。当1915年袁世凯企图称帝之时,京师商会会长扮演起了拥袁称帝的丑角。②

三年后,京师商会似乎一改以往卑躬屈膝的姿态,在一位名叫安迪生的珠宝商领导下,凭借内政外交的政治形势以挑战当局。商人们参加了由学生主导的五四运动,抵制扰乱金融的政府财政政策。在商会作为全市性组织不断壮大的过程中,安迪生不仅摒弃过往取悦政府官员的策略,还将商会内部赞成全市大联合并代表经济精英的支持者与对这种动员方式感到恐惧的人彼此间的紧张关系表面化了。

---

① Bergère, p. 282.
②《益世报》,1920年4月22日第7版。

第五章 珠宝商、银行家和饭馆掌柜：京师商会的权力斗争

图12 安迪生与周作民

珠宝商人安迪生(左)佩戴政府颁发的勋章,显示其在帝国和民国两个时期对于公共事业的贡献。他有关政治的言论表现了他的直率性和原则性。银行家周作民(右)是安在商会政治中的对手。他比安小一辈,作为一朵在更趋复杂的民国财政金融结构中的"幸运玫瑰",周作民以其政治手腕的精明和圆滑而左右逢源。采自 Who's Who in China (Shanghai: The China Weekly Review, 1931).

1918年安迪生初次当选商会会长,此时他已50岁(见图12)。安迪生出生于北京东南的香河县,自幼习得儒家经典教育,曾通过科举考试,1902年供职于颇有清誉的翰林院。[①] 两年后,被清政府以候补知县分发到有20个州县的顺天府。辛亥革命之后,他当选或被任命而供职于多个部门。1918年8月,他就任商会会长的同时,还获选进入县议会。他在离京回乡的第七年,也就是1934年,还被选任为香河县县长。

[①] 有关安迪生的生平,据 Who's Who in China: Biographies of Chinese Leaders (Shanghai: China Weekly Review Press, 1925), pp. 12,和《现代中华民国满洲帝国人名鉴》(东京：外务省情报部,1923),第1页。

安迪生是京师商会的创立者之一,还担任京师劝工陈列所董事。通过与新政拉上关系,他安稳地度过了清民鼎革,地位和职务毫发无损。加入晚清从商会、警局到新设国家各部乃至军队的现代化事业的人数颇多,安迪生也非例外。在他的领导下,珠宝行会的规模在10和20年代得到了增长,而其他贵金属行业,例如金铺,则在数量和重要性上都有减无增。① 他运用其独创的宝华蓝工艺制造了大量精美奢侈品,受到了洋人和民国新贵的青睐。

在安迪生的领导下,商会向政府和两家与政府关系颇近的金融机构——中国银行(前大清户部银行)和交通银行——施压,要求他们采取行动以监管当地货币市场的纸币发行。北京多家银行都有政府颁发的纸币发行执照。1916年,中国银行和交通银行单方面停止兑现所发行的纸币。在由此导致的金融恐慌中,农民们担心收到不稳定的货币,而不把粮食运往城市。② 1918年,京师商会恳请政府用国家债券兑换纸币,并把这些贬值的纸币在天安门外公开销毁。③ 到1919年12月,纸币贬值已超过50%。政府将之归咎于投机倒把分子,商会则将之归咎于银行官员。在一次商会特别会议上,商人们通过决议,威胁说要起诉两家银行的顶层官僚,除非他们采取措施兑换纸币。④

与此同时,安迪生领导商会,抨击政府在巴黎和会的毫无作为。就在五四学生运动开始的第二天,安迪生召集了一次特别会

---

① 1919年,参加商会的金银加工铺有64家,1928年仅15家,而金银店则从29家降至12家。珠宝店则由100家上升到167家。Sidney Gamble, *Peking: A Social Survey* (New York: George H. Doran, 1921), pp. 461-462;《顺天时报》,1928年12月30日第7版。
② Madeline Chi, "Bureaucratic Capitalists in Operation: Ts'ao Julin(曹汝霖) and his New Communications Clique, 1916-1919", *Journal of Asian Studies* 34:3 (May 1975): 679.
③ *Peking Leader*, 7 June 1918, p.4.
④ *NCS*, 28 December 1919, p.8.

议,商讨外交危机对策,并且通电各地商会,呼吁组成爱国统一阵线。① 两周后,商会开会商讨抵制日货,安迪生提议应进行经济制裁,并对违反禁令者进行处罚。② 根据自己在景泰蓝生意上与日本人和洋人竞争的经验,安迪生提出在北京成立一个支持国货的社团。那些和安迪生持相同政治观点的商人们,对洋货竞争有着很高的商业敏感性,他们期待并热烈响应了五四运动所激发起来的爱国热潮。和安迪生一样,绅商精英们出于谨慎和地位相近的缘故,曾追随清朝和民国政府的领导,现在他们发现,北京官员原来鼓励的民族主义方针,已经被当权者的政策所背叛。

在北京2.5万多家商业机构中,只有17%作为个体会员或因从属行会而隶属于商会。③ 虽然在1920年代,商会组织在规模和包容性上不断扩大,但它依然只代表了商人社区的冰山一角。因为商会所代表的是远远大于其实际会员数量的商人群体,所以像安迪生这样的商会领袖在制定政策时所要面对的受众,会从具有共同利益取向的行会成员、专业商业人士扩散到人数更多的各色小商小贩(见图13和14)。每个入会的行业、行会或机构派1至8名代表参加商会会议。某些特定行业,如银行和一些公司的代表人数可超过这一约定俗成的名额。只有这几百名代表才有资格投票选举理事或担任职务。而只有理事才能选举会长和副会长。原定两年改选一次,然而,由于主动辞职或丑闻,1920至1929年总共举行了10次选举。④

---

① 《益世报》,1919年5月6日第6版。
② 《益世报》,1919年5月22日第3版。
③ Gamble, *Peking*, pp.163,461-462。
④ 这一时期的当选人包括安迪生(1918—1920)、银行家袁保三(1920)、餐馆老板孙学仕(1922、1924、1926和1928)、酒店老板高金钊(1926)、银行家周作民(1926)和香烟公司经理王文典(1927)。

图13 杂货铺

一个粮食和蔬菜小店。夜晚店的前面会上板关闭,而白天开店时,货品可以陈列到街上。车夫在外面卸大豆,伙计则在没有窗户的阴暗的店里工作。像这种典型的商店,从一些特定的捎客那里批货,再转卖给零售小店或小贩,最后卖给普通民众。结果,一桩蔬菜、粮食、猪肉或其他货品的交易,要经过几道批发和零售的手续,各有其正式或非正式的组织。美国国会图书馆惠准采用。

在商会中,行会或其他组织的会员身份,并不意味着能保证获选理事。就算某组织代表团人数众多,甚至采取分组投票的方式,也无法保证其代表能在理事会获得一席之位。每次选举,理事当选的起码票数虽略有不同,但从未低于40票。1918年,新式银行家们拥有30个代表席位,但无一人当选理事。如要当选,代表们必须寻求本团体或本行会以外代表的支持。若要蝉联席位,他们必须能孚众望或声誉卓著。

1920年2月,安迪生轻松连任商会会长,在理事会的劝说之下,他同意连任。① 对停兑风潮和五四运动的应对使他在商会中

---

① 《顺天时报》,1920年2月26日第11版。

的支持度一跃至顶峰。安会长还对商会人事结构进行了现代化调整,修缮了总部大楼,创办了商业图书馆,为会员开了夜校,进行了价格调查,并利用媒体来宣传商人们所关心的问题。① 安迪生作为民间领袖和城市管理者的一言一行以及他作为商人政治家的表现,看上去简直无懈可击。

图14 小贩

这个花生糖果小贩,大清早在城门附近的露天市场上批进货,一条街一条胡同地叫卖。限于资本,街头摊贩只能做些小生意或自食其力。虽然不像直接隶属某行会某商会的商人那样受人尊敬,这些小摊贩依然得关心像税捐、公共秩序、钱价波动之类商人团体关注的基本问题。美国国会图书馆惠准采用。

然而就在他成功连任之后不到一个月,安迪生就因挪用商会资金而十分丢人地锒铛入狱。3月6日,警方调查人员指控安迪生、副会长殷海阳以及商会一名35岁的会计盗用了部分为偿还

---

① 《益世报》,1920年8月8日第3版;1920年9月21日第3版;1920年10月1日第3版。

1911年借款所筹集的银两。殷曾是煤业行会领袖,他还面临另外一条指控:贩运鸦片。① 安迪生若之前并未察觉,那此刻他也该认识到,他的激进主义已经为他树敌不少。反对他领导的组织、团体和个人非常多,他们落井下石,夺走了安迪生的会长位子,并从中渔利。

安迪生对政府外交和经济政策的攻瑕指失,使其成为由安福系所操纵的北洋政府的眼中钉。② 当民国进入军阀阶段时,各路军阀、官僚和政客集团,例如安福系,竞相争夺袁世凯在他死前所积累下的权力。1919年,政府曾试图解除天津商会会长的职务,因其积极领导商人参加五四运动,但最终没有成功。③ 据安迪生自己所言,在他第一个任期时,正值"安福系盘踞膨胀势力",而他"赋性憨直",公开反对这些背叛国家的"罪奸派",因此才遭到报复。④

安迪生反对投机商和银行管理层的活动威胁到了银行业的利益,他们因财政币制紊乱而获利。安迪生和殷海阳被解职之后,取而代之的都是银行家。新会长袁保三是一位开金银铺的旧式银行家。⑤ 虽然有些旧式银行家也许表面上支持安迪生稳定当地货币市场的努力,但确实另有些人参与了投机。副会长周作民是掌控交通银行的交通系成员。⑥ 他的后台是五四运动中臭

---

① 《顺天时报》,1920年3月20日第11版;1920年3月22日第11版。
② 《益世报》,1920年9月11日第5版。
③ Garrett, p. 221.
④ 《益世报》,1920年9月17日第3版。
⑤ 《顺天时报》,1920年4月7日第11版。
⑥ Andrew J. Nathan, *Peking Politics*, *1918–1923*: *Factionalism and the Failure of Constitutionalism* (Berkeley and Los Angeles: University of California Press, 1976), p. 250.

名昭著的曹汝霖。① 袁保三和周作民两人,均被称为"北京金融界之最有势力之人物"。② 由于周作民与全国性政治团体以及交通银行和中国银行的关系,一名当地记者曾总结道,此次领导层的更替意味着虽然在安迪生和殷海阳任期内,商会有着"纯为商人"的特征且"毫无官僚气味",但现在它已为"官僚所指使"。③ 在一座"承担政府职能且挤满了官员"的城市中,银行家和官员们挫败了安迪生使商人步向独立之路的尝试。

逮捕他们两人的警察也是这个高高在上的官僚系统的一分子。警察局也参与了有关 1911 年银款的争论。因为 1912 年兵变造成的毁坏,民国政府展缓了清政府当年借款的偿还计划。④ 北京的商人们已经在 1915 年偿还了一部分钱款,而在 1919 年,政府重新施压要求全额偿还。⑤ 警局经过财政部同意,利用这笔还款为贫民开办慈善工厂。尤其是警察队伍中旗人居多,他们希望借此来帮助贫苦的旗人。⑥ 为城市贫民建立新工厂还有助于警局增设福利机构和服务网络。另外,安迪生还断言警察总监吴炳湘忌恨自己,因为他自己曾积极投身五四运动,而吴炳湘则是安福党人。⑦

---

① Chi, p. 685.
②《顺天时报》,1920 年 4 月 7 日第 11 版。
③《益世报》,1920 年 4 月 22 日第 7 版。
④《益世报》,1920 年 8 月 20 日第 3 版。
⑤《益世报》,1919 年 5 月 14 日第 3 版。
⑥《顺天时报》,1920 年 3 月 8 日第 3 版。
⑦《益世报》,1929 年 9 月 18 日第 5 版。由于商会和吴总监在五四运动时曾经合作化解政府与学生对峙潜在的暴力危机,在此案中吴的动机可能要比安指控的要复杂得多。在五四时期,吴主张对于学生抗议采取比较温和的措施,几乎要丢了官。商会支持了吴,并帮他保住了职位。Chow Tse-tsung(周策纵), *The May Fourth Movement: Intellectual Revolution in Modern China* (Stanford: Stanford University Press, 1967), p. 146.

虽然政府、警察和银行家合谋反对安迪生和他的同事,但是逮捕的时机却与行会对安的政策的抨击以及一位商会关键理事的敌意不无关系。审判安迪生时所公布的证据表明,他动用了筹集的偿还1911年贷款的资金用于商会日常开销和他的特殊项目。① 虽然法庭最终判明,有关安迪生等人巧立名目、蓄意挪用商会还贷资金以谋私利的指控不能成立,但无须奇怪,警察发现自己觊觎已久的欠款被暂时用于他处,就当场逮捕了安迪生、殷海阳和他们的会计。警方早就怀疑其中必有玄机,因为商会的下属行会之前曾向当局举报。② 五四时期开创一种新的模式,就是人们利用报社泄露的消息来攻击政府在巴黎和会上的谈判立场,按照这一模式,行会的指控也发给了报社。③

警方代表受高德隆理事之邀,在逮捕行动当日来到了商会办事处。④ 高德隆既是理事,又是"账务干事",负责确保商会亏欠或持有的债务在三大年度节庆之时得到清偿,此乃商界惯例。就在连任之前,安迪生根据干事和理事不得连任两届的商会规则,要高德隆下台。该会规之前并未被严格遵守,加上安迪生的性格和公事公办的刻板态度,显然触怒了高德隆。⑤ 或许他会觉得安会长至少对他掌握的账册已经有所防范,高德隆为安迪生设下了圈套。因为财政部曾同意1911年借款的还贷资金由警方接管,高德隆显然无中生有地通知警方钱款已经凑齐,随时可取,但这当然并非事实。结果,3月6日警察来到商会时,早已被先入为

---

① 《益世报》,1920年8月8日第3版。
② 《顺天时报》,1920年3月8日第7版。
③ 《益世报》,1920年3月8日第3版。
④ 同上。
⑤ 《益世报》,1920年9月18日第5版。

主的谣言和行会指控弄得疑心四起,同时也对高德隆和财政部的消息满怀期望。在这种情况下,安迪生再如何向警察作无罪辩解,也是徒劳的。

安迪生被捕之后,他的支持者,特别是珠宝业同行和来自他老家香河的商人,开了一次秘密会议,想组织商会下属的行会进行罢市以示抗议。① 但是安迪生的朋友们遭到了行会人士的反对。他们不满安在担任会长时把持商会事务,独断专行,认为他的被捕,与整个商界利益无关。就连那些不是商会会员但却对安迪生颇有微词的商人,也起来反对。逮捕发生三周以后,城里70余家妓院的老板上书警方,指控安迪生挪用了四千几百元的乐户捐款。这笔钱原本应作为"花市"地方的道路修缮款,而且商会收钱时也是这么答应的。②

安迪生的巨大权势,一度能从他的会长办公室辐射至政府、警察和其他法团,还能影响商会和整个商界,顷刻间土崩瓦解,被对手逼到了只有同行会和老乡还站在他这一边的境地。他曾推动将商会改造为一个促进抗衡政府的民族主义和维护商人利益的有效工具。这一大胆尝试给他的同事们留下了深刻的印象,也为他赢得了自由媒体的赞誉。但是他的激进行动却使那些谨小慎微的同事们坐立不安。他们把带点自律和自主的顺从看成是治安和赚钱的关键。一旦安迪生遭到攻击,这些人原本对其成就的骄傲,便屈服于对安福党淫威的恐惧,进而为其激进政策和充满活力的领导风格所造成的代价和风险愤愤不已。

1920年夏,正当安迪生和另外两人在狱中沮丧之际,安福系

---

① 《顺天时报》,1920年3月8日第7版。
② 《顺天时报》,1920年3月24日第11版。

在短暂的直皖战争中败下阵来。政权的更迭意味着安迪生的案子将在人们普遍认同他所申诉的自己是政治阴谋受害者的背景下进行审理。8月,安、殷及其会计一案开庭,法庭宣告指控其挪用公款罪不能成立。① 一位记者指出,"司法界不受势力方面之牵制"。② 前副会长殷海阳因贩运鸦片被罚款80元。当地报社也因时局变换壮起了胆子,把安的被捕描绘成了官僚与军阀阴谋的产物。③

被判无罪之后,安迪生便着手夺回会长之位,要赶走银行家袁保三和周作民。他将自己无罪释放的消息通电全国各大议会、团体和商会。④ 安迪生将自己形容成一位欲与过去贪污腐败和依附政治决裂而遭到迫害的改革者。他声称,自商会于前清时期成立以来,商人们就唯政府是从,从无"团体自动"立场。⑤ 这种政治依附状态虽因近年"知识进步"而有所改观,但是商会"少数分子"勾结政府中的"卖国集团",企图取消由安迪生所奉行的进步独立政策。最后他质问:"法律何在? 民意何在?"

迫于安及其支持者的压力,袁和周在1921年2月递交了辞呈。⑥ 然而商会理事们在去年曾几乎一致推选安和殷为正副会长,又一致罢免他们的职务,把票投给了袁和周,现在自然难以异口同声地接受这份辞呈。因此安迪生夺回会长职务的尝试失败了。袁和周当然知道,主动辞职是保住地位的最有效之举。这一举动不仅会让人们担心商界群龙无首而乱作一团,同时还使人们

---

① 《益世报》,1920年8月19日第3版。
② 《益世报》,1920年9月1日第5版。
③ 同上。
④ 《益世报》,1920年9月17日第5版。
⑤ 同上。
⑥ 《益世报》,1921年2月27日第5版。

对安迪生咄咄逼人的政策回归忧心忡忡。

虽然袁和周曾尝试过忽略或规避商会的规章制度,但他们不会对行会的特权和利益无动于衷。当时有两名理事因健康原因辞职,袁和周就让这两名理事的行会各自选派一名接替。① 这一特别的做法违反了理事须由商会全体代表投票决定,而不应由各行会推举的相关章程。与安迪生商会全体和商界全体的领导方式截然相反,通过单一行会而掌权的银行家们,似乎更偏爱能够保证每个行会有一个理事席位的代议制。批评者指责袁和周对行会权力让步,会削弱商会理事会作为决策机构的作用。人们指责袁和周企图建立一个八人执行委员会来管理商会事务。② 商会管理层将变得像一个嫁接在旧式行会联合会之上的现代商行,而不再是一个对由全体会员选出的、有着广泛政治关怀的理事会负责的强有力的领导者。一个由少数理事操纵的理事会将以传统方式处理行会联盟的利益。这种现代管理模式和传统利益代表方式的混合,只能产生一个屈从行政压力的非政治化的保守商会。

新的体制在1920年代尚未正式形成,原因是行会和银行家之间在到底分配多少理事名额给银行业的问题上无法达成共识。在安与殷的逮捕和袁与周的当选之间的空白期所形成的最初提议,是给每一行会、现代工厂和公司分配一个理事名额,20家新式银行共享6个名额。③ 而银行家们要求每家银行各有一个名额。重整商会的提议最终不了了之,可即便如此,在随后的数月里,袁和周表现得好像在各行各企业一席的原则基础上还有可能达成妥协。

---

① 《益世报》,1920年10月31日第3版。
② 《益世报》,1920年10月31日第3版。
③ 《顺天时报》,1922年1月12日第7版。

银行家的商会

通过现有资料很难清楚地了解袁保三。在 1920 至 1922 年的会长任期结束之后,他就退出了商会政治舞台。但周作民在接下来的十年里依旧是华北和北京政界商界的风云人物。周作民与安迪生是一对颇有意思的对手。二者同为转型时期人物:安迪生经历了清朝社会秩序、新政以及早期民国的腐败,而周作民则在清民交替时期游走于银行与官僚之间,在军阀混战和南京国民政府时期又两头讨好军阀政治和一党独裁。

周作民(见图 12)1882 年出生于江苏省,曾留学日本。[①] 他的银行事业始于清末,并在 1910 年代中期崭露头角。1916 年[②] 他进入交通银行,次年出任总行设在北京的金城银行总经理。金城银行曾是"北四行"之一。与其他三家银行一样,金城银行虽然在中国北方城市有巨额投资,却为来自上海地区的金融家所控制。[③] 该行在处理北京当地事务时也行事高调。举例来说,金城银行为当地谷物交易提供资金,在警局财政困难时期还为其提供贷款。尽管周作民在 1920 年代没有担任任何公职,但他交通系成员的身份却将他推向了国家政治的风口浪尖。1921 年,时任商会副会长的周作民,据称被财政部授以高职,却委婉拒绝了。[④]

[①] 有关周作民的生平,据《现代中华民国满洲帝国人名鉴》第 219 页和 Howard L. Boorman and Richard C. Howard, eds., *Biographical Dictionary of Republican China*, vol. 2 (New York: Columbia University Press, 1968), pp. 427-429.

[②] 似应为 1915 年。——译者注

[③] 娄学熙、池泽汇、陈问咸编:《北平市工商业概况》(北平:北平市社会局,1932),第 559 页。

[④] *NCS*, 5 November 1921, p. 8.

第五章 珠宝商、银行家和饭馆掌柜:京师商会的权力斗争

即便安迪生对他们的合法性所展开的攻击在1921年初已有所减弱,依然有许多人反对袁和周操纵商会政策的行为。1921年春,他们同意对商铺设一新税种以充警察资金,随后花了相当精力劝说会员接受。4月,商会开会商讨此事,"不料一班旧商店对于此税,颇为反对,虽经副会长(周作民)多方疏通,终难得多数商家之谅解"。① 同年晚些时候,商会面临了又一起牵涉中国、交通两行的停兑危机。1921年11月中旬,恐慌达到最高点,有超过1万名储户和纸币持有者聚集在两家银行门外要求兑现。② 但这一次,在银行家们的领导下,商会的反应与安迪生在位时期截然不同。商会、政府和银行并没有在停兑问题上陷入对立的僵局,而是联手解决危机。③ 商会试图说服政府归还从银行提取的部分欠款,正是这些借款加剧了这次恐慌。然而商会同时也向其会员施压,要求他们接受银行发行的纸币。④ 警察威胁将严厉制裁那些抵制的商人。12位拒收纸币的商人被捕,警察还在他们背上贴上"罪状"拉去游街示众。⑤ 11月下旬,通过高层谈判、向银行调入资金以及一定的强制力,银行危机终于得到了控制。但"仍有一些人,大部分是钱商和街头小贩,对银行心怀不满,不过当局会把他们摆平的"。⑥ 通过与金融巨头和警察的联手,袁和周将他们的权力从商会内部会员的决策权,延伸到更广大的商界,并最终及于其边缘的小商小贩。

随着1922年例行选举的临近,安迪生有理由相信自己有希

---

① 《顺天时报》,1921年4月22日第7版。
② 《益世报》,1921年11月17日第7版。
③ *NCS*, 30 November 1921, p. 1.
④ *NCS*, 20 November 1921, p. 1; 22 November 1921, p. 1.
⑤ *NCS*, 22 November 1921, p. 1.
⑥ *NCS*, 25 November 1921, p. 1.

望赢得会长职位并击败他的对手。1921年在货币和税收问题上对银行和政府有利的两项决议,以及安迪生宣传得当且极富戏剧性的出狱,都使他处在了有利位置。他大可以将自己塑造成商人利益的维护者、刚正不阿的爱国者,或者被目无法纪和民主程序的现任领导者所陷害的正直之人。另一方面,他在1920年代的经历也表明,他的领导风格和实质在商会内部遭到了强烈反对。商会可以被带向激进主义的边缘,甚至走得更远,但不会没有背叛和树敌的风险。因此,安所构想的计划主要是以赢得舆论和商会外的支持为基础的。

1921年初,随着夺回会长一职的计划日渐渺茫,安迪生出台了一个市政改革计划。由于他之前曾担任被袁世凯解散的县议会议员一职,安迪生抨击现有市政机构腐败低效。① 他指出,自1914年以来,被官员"临时"管理的市政府已经成为永久性的了。他的补救措施是成立一个市议会,他每月一次地召集士绅和商人们来商讨如何将此计划付诸实施。在随后的几个月里,人们察觉到了政府可能会允许沿着民主方向进行市政改革的迹象,许多市民和自治团体纷纷行动起来了。②

安迪生成为了自治预备会的一员,这一团体中大多数人和他一样,之前都是县议会成员。③ 1922年1月,安察觉到商会选举似乎将被推迟举行,他招来多个自治团体,在公开会议上谴责商会未能定下他志在必得的竞选日期。④ 他还呼吁自治运动团体给予支持。他坚称商会和自治团体"休戚相关"。从他的观点来看,的确

---

① 《益世报》,1921年2月26日第3版。
② 《益世报》,1922年8月16日第7版。到1922年夏季,已有40多个市民团体。
③ 《益世报》,1922年8月8日第7版。
④ 《顺天时报》,1922年1月12日第7版。

如此，两者都可视为民主改革和国家复兴的工具。珠宝商行会也公开致信商会，称这一推迟实为"商界之耻"。①

推迟选举似乎是商会为了推行各行各业在理事会有固定席位数而欲图修改选举规则的又一伎俩。② 正当安迪生努力在赞成政府内外都实行选举的团体公开大会上争取公众支持时，商会中的异见分子却提议恢复美其名曰行会联合会的制度。选举将仅限于从行会和企业产生的理事会中甄选正副会长。由于高层选举通常都是事先由非正式磋商内定的，这种对商会选举作用的削弱意味着公开竞选职位名存实亡。行业代表制使民主程序变得毫无意义。珠宝商行会针锋相对，援引商会章程第十八条以相抵制，该条规定"理事由会员选举产生，而正副会长由理事选举产生"。凭借章程和舆论压力，安迪生和他的支持者们挫败了行业代表制。安迪生成功地确保了民主竞选机制内在的那份不确定性，而他的回报之不堪，远出意料之外。

孙学仕与社交领域

选举日期最终定在了2月10日，还是采用老办法，因此安迪生觉得胜券在握。就在选举前夜，一家北京报纸刊登了这么一句话——"此次会长当选之有希望者为安迪生。现已运动成熟，他日发表必能满一部分人之希望也。"③首轮理事投票证明了安迪生的自信并非空穴来风。他以超过饭馆掌柜孙学仕1票、周作民

---

① 《益世报》，1922年2月8日第3版。
② 《顺天时报》，1922年2月4日第7版。
③ 《顺天时报》，1922年2月10日第7版。

40票的优势赢得最多票数。① 安证明了他在广大商会会员中依然有很高的支持度,也可能是因为人们对他恢复名誉、重登会长地位的决心怀有恻隐之心。可是在第二轮投票中,安的票数却屈居第三,孙学仕获胜,周作民名列第二。安迪生被选为副会长以示安慰,不过他仍愤而辞职。②

获胜的孙学仕是烤鸭连锁店和糕点铺的老板。他的势力源于饭馆行会和他的山东老乡。他还因交游甚广而出名。他的饭馆都地处商区中心的前门外八大胡同里。顾客多是些"章台走马"之辈,就是这班人在1920年攻击了安迪生。

> 而孙氏乃藉此广交阔人,而花埠各乐户因孙广交游,故公推为花埠地方上董事,且有与结金兰交者。因之孙在花埠具有特殊之势力,为交际界之好手。此次当选,实获交际上之裨益。③

1920年,北京妓院老板们集体谴责安迪生盗用公款。到了1922年,他们还拥有了自己的候选人。尽管妓院并不隶属于商会,但是他们在商界依然有着举足轻重的地位。商人和政客喜欢麇集在这种非商非官的地方洽谈交易。前门外的人多为男性旅居者,对他们来说,饭馆和妓院都是绝佳的社交场所。正当安迪生在商会内外凭借往日的威望和对进步事业的认同争取支持时,孙学仕靠的则是他在社交圈的知名度和他的人脉。一位记者讽刺地写道:

> 安迪生对于改选,于事前颇有大奋斗之运动,因之人皆

---

① 《顺天时报》,1922年2月12日第7版。
② 《顺天时报》,1922年3月18日第7版。
③ 《顺天时报》,1922年2月12日第7版。

第五章 珠宝商、银行家和饭馆掌柜:京师商会的权力斗争

料为安氏当选。在安氏,自料亦有八成把握。不料结果竟归失败,且被一辣他[邋遢]行当之孙氏获去正任,其懊丧已可想见。但安某虽系首饰匠出身,然以行当论,较饭馆行当略高尚一点;以知识论,安颇受新思潮之熏染,较于熟悉游宴营业、逢迎取利之孙氏则又高出一头。①

这位记者总结道,孙学仕"惜于商学知识无甚基础"。

安与周的失败和孙的崛起,简单明了地概括了北京1920年代的几股成气候的势力。安和周都欲图将商界推向中心——在安迪生,是为了能在一个自治机构内代表商人;在周作民,是为了代表中央官僚和财政利益来支配商人。但是这个被安迪生憧憬的作为权力基础和商人与城市政治最终目标的中心,早已被军阀主义的兴起和宪政的衰落所毁灭。虽然商会依旧遵守其章程,但是有哪个政治高层会持同样的看法?周作民等银行家与之结盟的国家机关或利益集团的中心,不是在走下坡路,就是军阀化了。两人都想把商会当做一张集团利益和联盟的巨网,进行一种更高层次的整合:对安来说是坚持维护商人的权力;对周来说则是接受官僚控制。不管何去何从,都注定会代价沉重,风险重重,故而他俩在商会中树敌无数也非意料之外,因为这时的商会就是一个团体联盟,可以像政党一样被领导,也能像官僚组织一样被管理。谋求商会在一个假想的议会或没落官僚机构的中心获得一席之地,无论作为演员还是人质,安迪生与周作民都突破了商会领导或服从的能力极限。

而孙学仕似乎对维系商界关系的张力有着更好的把握。这种悟性可能来自茶道与饭局,而非钻研商学之理。孙的确没有

---

① 《顺天时报》,1922年2月12日第7版。

"受新思潮之熏染",不过他和许多优秀政治家一样,懂得如何有效利用安迪生前辈所倡导的政治主张。1922年,就在他当选之后不久,就表示有意以商会代表身份加入自治联合会。① 作为会长,他可以动用更大的权力,这是安迪生的激进主义和周作民的机会主义留下的遗产的一部分。

无人问鼎的一年

围绕着与北京电车股份有限公司旷日持久的分歧所产生的争论,并没有阻碍孙学仕在1924年连任商会会长(详见第六章)。1926年,酒商高金钊接任会长职务,他在1924至1926年一直担任孙的副会长。不过几个月后高被指控有欺诈行为,孙不得不临危受命担任临时会长。② 1926年12月,周作民被选为会长,却拒绝就职。新一轮选举在来年3月举行,商会选举南洋兄弟烟草公司华北代表王文典为会长。他的任期也不长。不到一年时间,他主动辞职出国考察,他的职务又被跃跃欲试的孙学仕接替了。

王文典任期虽短,但他在政治上和商业上表现出的敏锐已经出了名。他在就职演说中保证,将使商会更加民主,更能代表城市广大商界人士。③ 他宣称将使之前被拒之门外的诸如澡堂、戏院等行当也能成为商会会员。一年之内,通过纳入新的行业和行会,商会会员从4699家激增至7361家。④ 王当选后不久,南洋

---

① 《益世报》,1922年8月8日第7版。
② 高因被控涉嫌在派遣费城博览会代表团时受贿而被捕。NCS, 28 September 1926, p. 4.
③ NCS, 3 March 1927, p. 8; 4 March 1927, p. 5.
④ John S. Burgess, *The Guilds of Peking* (New York: Columbia University Press, 1928), pp. 119 - 121;《顺天时报》,1928年12月30日第7版。

兄弟烟草公司就促成110家烟行组成行会并加入商会。① 王还利用其会长之权,禁止南洋兄弟烟草公司的主要竞争对手英美烟草公司在北京中央公园②销售其烟草产品。1927年6月,公园董事会宣布了这条禁令,并宣称王和他的副会长陈恩权都已受邀进入该董事会。另一方面,商会方面也同意在公园出资建设一块运动场地。③ 王文典成功的秘诀就在于,他的任期不过昙花一现,在任何反对声音出现之前便金蝉脱壳了。和安迪生、周作民、孙学仕一样,他视商会为权力工具。但与他们不同的是,他无意恋栈而等着面对后果。

官员们设计商会的最初目的是为了利用那些对政府忠诚和依赖的商人。这种依赖心态在北京持续的时间要比在中国其他城市长很多,部分是因为政府权威过重,部分也因为这种依赖有利可图。到了1920年代,政府对商会和其他法团的控制不再这么视为理所当然了。民主改革者如安迪生、官僚资本家如周作民、政治大佬如孙学仕以及现代商人如王文典,都可以利用商会。不过,若想利用商会,必须诉诸人们在道德和意识形态上的认同且符合会员的利益。若非如此,领导人就会被有强烈政治进取心且见风使舵的追随者弄得不是落下马来,就是声名狼藉。

---

① 《顺天时报》,1927年5月12日第7版。
② 即中山公园。——译者注
③ 《顺天时报》,1927年7月9日第7版;NCS, 10 July 1927, p.1.

第六章　利益与民生：有轨电车发展的政治

121　　商会之所以繁荣，部分是因其模仿并包含了像行会这样的传统制度，部分因其在民族主义和民主主义等新原则下获得了新的追随者和资源。现代的包装并不能遮蔽其陈旧的社会习惯。在其他行业上——诸如发展有轨电车——的风险投资所需要的技术和组织上的条件，对新的社会分工和运作模式有着刻不容缓的要求。把有轨电车系统这样一个具有侵入性的庞然大物塞入一个基本还未工业化的城市里，注定会激起千层浪。整齐划一的有轨电车以及对其员工和乘客统一化的行为要求，不可避免地会与道路上的竞争对手以及现有利益集团和价值观产生冲突。

各地对技术变革的反应

　　中国的有轨电车起源于沿海地区，它折射出技术革新所带来的光芒，散发着通商口岸西方文明的气息。① 电车最基本的技术

---

① 中国大地上第一辆有轨电车于 1888 年出现在香港。从 1890 年代到 1930 年，有轨电车技术的普及也局限于香港、上海、天津、北京和东北的四个城市即沈阳、大连、哈尔滨和抚顺。参见 Nagano Akira（长野郎），*Development of Capitalism in China* (Tokyo: Japan Council of the Institute of Pacific Relations, 1931), p. 73; *Chinese Economic Bulletin*, 11 September 1926, p. 156.

和物质要求在世界各地都相差无几。① 它们需要空间铺设铁轨，加固过的路基和架在空中或嵌在铁轨里的电力供给系统。不过，不同社会背景下的人们和制度习俗对待新技术的看法是截然不同的。有轨电车这种短时间内大范围地在全球付诸应用的规格相同的技术，可为研究文化地域间的差异提供一根准绳。例如，历史学家约翰·麦凯（John Mckay）发现北美人和欧洲人在电车现代化问题上的态度就大相径庭。② 在美国，企业家们可以自由地根据盈利需要来建造和运营有轨电车设施，不用考虑广大社区的利益。市政府势单力薄，官员则可被轻易收买，而且普通民众和各界精英本来就对电车没有抵触。与之相反的是，欧洲的市议会担心电车轨道、电线杆和电线会让广场和街道变得丑陋不堪。政府要求的安全预防措施是如此之多，以至于电车设施要不了几年都归政府所有，而且票价怎么也涨不上去。在欧洲，电车开发者们"不得不在严格的城市交通条例的条条框框内运作"。③

对于电车开发者而言，北京的环境也是相当严峻而非自由开放的。围绕着有轨电车，虽然有资金、市容、安全以及地方自治权等争议，但最关键的问题则在于生计和社会秩序。争议主要当事人们的动机也错综复杂，一方面有对其效率和发展前景的质疑，另一方面则有对城市文化和市政完整性会遭到破坏的担心，但这两点都不是最有力的反对论据。问题的真正症结，在于对剥夺大量北京居民——即人力车夫——工作的社会后果的冷漠，对传统社会经济权利和义务观念的深深依恋，以及警察和商会等全市性

---

① John P. McKay, *Tramways and Trolleys: The Rise of Urban Mass Transport in Europe* (Princeton: Princeton University Press, 1976), pp. 38, 47-51.
② 同上，第67—70页。
③ 同上，第244页。

组织对他们处理当地事务的特权而产生的嫉妒之情。在北京电车系统最初的计划和融资阶段，收益、进度以及对公众利益和发财致富的愿景是互相交织在一起的。在各个团体和阶层应对这一新技术所带来的机遇和挑战之时，随之而来的政治斗争将昭然揭示这些纠缠在一起的公共和个人利益。

北京电车公司的创办

在清王朝灭亡前不久，北京高层官员们就已经提出了为城市建造电车系统的想法。① 有轨电车早已行驶于上海和临近的天津，再加上北京已经具备了一些现代化的基础设施，因此在已有自来水、电灯以及电话服务的基础上，再用有轨电车锦上添花，也显得势在必行。晚清的改革派们为技术和政治现代化提出了各种计划，仿佛这两种变革是同根同源的。

辛亥革命为中国带来了一部新宪法，也使得北京电车的重任落到了民国政府的肩上。对政治和经济的双重变革的大胆猜测，使清朝官员们乐观地觉得宪政和电车是一码事，不过要使这两种变革同时进行，则必须要具备权力和资源的集中，而这正是民国初期所缺乏的。完成首都现代化建设的宏伟蓝图在为起码的政治生存而挣扎的环境下瞬间化为泡影。经济发展的权利变成了可兜售的特许权，被用来为政府的短期开支买单。

1913年，袁世凯政府将北京电车计划作为一整套工商特许权转让给中法实业银行（Sino-French Banque Industrielle de

---

① Naito Konan(内藤湖南), "Constitutional Government in China", in Joshua A. Fogel, ed. and trans. , "Naito Konan and the Development of the Conception of Modernity in Chinese History", *Chinese Studies in History* 17:1 (Fall 1983): 61.

Chine),以使该行投资者从中牟利。作为回报,该银行向袁氏政权提供贷款来应付急需的政治和行政开支。① 除了有权在北京建设电车系统外,法方还通过实业银行受邀参与改建中方的自来水系统、电灯和电力公司,修复并扩展明代建造的下水道,铺设道路,以及修建博物馆、公园和政府大楼。② 法国人将这些特许权视为把自己的文化和建筑风格印刻在中国首都的天赐良机。③

中法实业银行迅速在中国、欧洲和美国开设了20多家分行。该行之所以在中国如此受欢迎,主要是因其与政府之间的亲密关系、较高的存款利率以及高额的股东红利。然而,该行在中国几乎没有做过什么建设,在北京更是毫无作为。它没能让北京变得像东方巴黎或华北河内,反而经不住民国初期骚动的金融环境的诱惑,向靠不断地借钱还债、还债借钱来维持的政府输血。投机政府公债和放高利贷要比投资北京电车系统这种工程,收益高得多。

中法实业银行享有北京电车开发权却无所作为。不过有轨电车作为一种有利可图的新技术,使得建造它的念头始终萦绕在中国投资家和改革者的心头。1919年,曾任北京大学图书馆主任,之后又成为中国共产党创始人之一的李大钊,发表了一篇名

---

① C. F. Remer, *Foreign Investments in China* (New York: Macmillan, 1933), p. 626.
② 有关北京方面让步的条约及其附约文本,参见 John V. A. MacMurray, ed. and comp., *Treaties and Agreements with and Concerning China*, 1894-1919, vol. 2 (New York: Oxford University Press, 1921), pp. 1055-1066.
③ 1921年夏天中法实业银行濒临倒闭前,法国《自由报》指出,考虑到实业银行的影响,这一事件具有重要意义。它意味着在北京进行的伟大公共工程本来可以使中国首都具有法国风格(*New York Times*, 1 July 1921, p. 15)。

为《北京市民应该要求的新生活》的文章。①李抱怨北京"苦闷、干燥、污秽、迟滞、不方便、不经济、不卫生、没有趣味"。作为补救措施,李提出了20条改革方案,包括设立图书馆、医院、济良所、贫民学校、贫民工厂、孤儿院和恤老院。他还在有轨电车上发现了许多迫在眉睫的城市问题的解决方法。"赶快修造市营的电车,使我们小民少在路上费些可贵的时间,吃些污秽的尘土,作同类的牛马,膏汽车的轮皮。"②

李大钊认为电车系统可以加快报纸配送,缓解交通拥堵,使合理的城市规划成为可能。他要求妨害卫生及清静的工厂不可设在住宅区域附近,文化区域、工业区域、政治区域、住宅区域应该分开。李意识到这种居住和工作区域的分离得有一种更高效的交通方式作为保障。他还预测电车的出现会使人力车消失。和大多数知识分子一样,李大钊觉得根除人力车是一件好事。同时,李还要求为车夫提供雨衣、雨帽,以及口罩以防他们吸入灰尘,鼓励车夫勤洗衣物,为他们开设小饭馆和招待所。

根据李大钊的设想,对贫民的严格监督和机构性的照顾、扩充公共设施以及运用电车这样的新兴技术能让北京变得更加干净、整洁,更宜居住。李大钊所拥护的种种改革举措都需要政府支出大量的经费,而当时绝大多数政府机关都面临着财政危机。只有电车似乎还能在盈利和改善城市生活这两方面都有所兼顾。

1920年秋,一群中国投资者,受到了这项新技术盈利潜力的吸引,向实业银行和政府递交了一份计划书,其中提出通过将银行降格为金融中介而非主要投资者以重启电车项目。政府和银

---

①《北京市民应该要求的新生活》,《李大钊选集》(北京:人民出版社,1962年),第239—241页。
②同上,第240页。

第六章　利益与民生：有轨电车发展的政治

行同意了筹集 400 万元资金的安排，其中一半为"官股"，一半为"商股"（私人）。商股部分将对公众开放，而官股则通过国家向实业银行的贷款筹集。① 该行之所以自愿放弃部分垄断权，其实是由于其自身的财政问题。广大东亚股东和客户并不知道，中法实业银行在 1920 年已经濒临破产。②

根据 1920 年的协议，负责销售"北京电车公司"股票的机构在北京成立了。股票于 1921 年 5 月开始在北京和上海只向中国买家发售，每股面值 100 元，几小时之内，投资者们就购买了价值 800 万的股票，四倍于预期。③ 令北京当地投资者懊恼的是，绝大部分股票都被知名银行和官僚收购了。④ 在前一百名购得份额最大的投资者中，有一半是"直接间接与官场方面有关系者"。⑤ 另外有 30%～40% 是富有的金融家，只有 20% 是北京或外地的"普通百姓"。当地对这只股票发行的热情并不意味着当地人能拥有这只股票。这只股票通过惯于为精英客户提供服务的银行在全国市场上销售，而最终的所有权结构反映出的是全国和地区性的利益，而非当地百姓的利益。

1921 年 6 月公司的正式落成典礼，激起了当地反对这项工程的第一轮浪潮。报纸报道说，车夫和车厂主"群情激奋"，担心

---

① NCS, 22 June 1921, p. 1. NCS, 22 June 1921, p. 1.
② 巴黎官员在欧洲军火贸易的投机和商货船运方面的冒险出了岔子。当时巴黎关于 1920 年 6 至 12 月间银行方面在有价证券上的错误操作流言四起，从而引起挤兑，私人股东和法国政府采取了各种方法来避免中法实业银行沉没，包括指令北京的法国使馆呼应当地的中法实业银行分行有关这个金融帝国资本依然充沛的说辞。Peking and Tientsin Times, 27 March 1922；《中国年鉴》（天津：1923），第 289—291 页。
③ NSC, 22 June 1921, p. 1.
④ NSC, 1 July 1921, p. 1；《顺天时报》，1921 年 7 月 1 日第 7 版。Peking Times 推测北京和上海的银行家已合谋买断股份，在顾客有盈利空间时再倒卖出去。
⑤ 《顺天时报》，1921 年 7 月 1 日第 7 版。

自己会因电车而丢了饭碗。① 市民团体则抗议股票的销售情况以及大部分股票都代表了北京以外的利益。② 当内城金鱼胡同的商人们得知有一段铁轨将经过他们的街坊时,纷纷表示害怕自己的铺子和住宅会被拆除。③ 不过就目前来说,由于公司是经过中外投资者深思熟虑而促成的,因此项目最大的威胁还是来自巴黎。6月30日,股东们相聚北京组建公司,也就在这一天,中法实业银行的巴黎总行最终倒闭了。④ 两天之后,北京分行也步其后尘。

中法实业银行破产之后,中国政府对如何筹措电车公司余下的另一半资金不知所措。公司的中方股东呼吁由中国政府直接筹资,将法国人排除在外。⑤ 可民国初年萧条的经济环境排除了这一选项。另一条方案是对剩下的股份进行公开招募。一个当地自治团体抓住这一机会并提出这项公共事业应为"地方公营事业"。⑥ 这个团体认为北京电车公司曾被"抵押于外国",现在该"稍顾市民公意",应"归诸市民所有"。

法国人自然不会善罢甘休,最终还是成功留住了自己在电车项目的影响力,不过这时北京银行家们已经巩固了他们对这项公共事业的控制。⑦ 根据公司二三十年代的一位高级职员刘一峰

---

① *NCS*,1 July 1921,p.1.
② 同上。
③ 《顺天时报》,1921年6月14日第7版。
④ *New York Times*,1 July 1921,p.15.
⑤ 《顺天时报》,1921年7月12日第3版。
⑥ 《顺天时报》,1922年1月12日第7版。
⑦ *China Weekly Review*,27 October 1923,p.308;*New York Times*,25 December 1921,p.3;《中国年鉴》(1923),第289—291页。1921年下半年,中国政府向法国提议将庚子赔款拨补中法实业银行。庚款在第一次世界大战期展缓偿付,定于1922年12月起恢复偿付,法方原则同意为此目的而改变该项基金的用途。到1922年3月,中法实业银行的支持者回应电车公司第一次要求投资,庚款拨付的承诺,虽然在政府财政方面是杯水车薪,但对于法国参与电车投资项目和重振中法实业银行还是绰绰有余的。《益世报》,1928年8月11日第7版。

的说法,周作民的金城银行和盐业银行是这项公共事业最主要的两个经济后盾。① 金融与政治、国际与国内力量的犬牙交错导致了一种均势的管理结构,而公司正是靠这些势力起家乃至维持的。政府和民间股东在董事会各占5个名额。双方再挑选一名业务主管负责公司日常运作。在法国方面,他们保留了法籍员工担任一部分高级管理职务、原上海法资电车公司的中国员工担任中层职务的权力。② 由于负责管理公司的官员通常不会在这工作上花很多工夫,因此管理公司的责任都落到了民间董事,尤其是金城银行和盐业银行代表的身上。根据刘一峰的回忆,袁涤庵是两家银行的大股东,与周作民一同列席于电车公司董事会,他费尽心机,力压群雄,终于成了公司真正的总经理,人称"皇帝"。③

公司创始人们有意将其规划成能够在国际和国内、区域和地方的大环境下都如鱼得水的企业,以此来获取资金、技术、地方认可以及客源。除了迁就法国人、政府和资本家,公司还精心挑选了担任过总理的当地名流王士珍出任董事会第一任主席,在各区当过多年警察署长的邓宇安担任营业处长。④ 相应地,邓也带来了许多前警官到公司担任中下层工作人员。上有王士珍,下有邓宇安,公司意在借助他们的声势,化解对其营运和政策的潜在反对势力。⑤

---

① 刘一峰:《北京电车公司见闻回忆》,《文史资料选辑》第31辑(北京:文史资料出版社,1980),第265页。
② 同上。
③ 同上,第268页。
④ 同上。
⑤ 刘一峰:《北京电车公司见闻回忆》,《文史资料选辑》第31辑(北京:文史资料出版社,1980),第268页。

关乎民生的政治

公司刚和法国人在利益问题上达成共识并着手施工后不久,在孙学仕领导下的北京商会就对这一项目发起了攻击。在1922年击败前金城银行经理和电车公司董事周作民而当选会长的孙学仕,成为因电车而失业的车夫大军的灵魂人物。北京商界对车夫遭遇的同情,与当地一些商人对资助和管理电车公司的官僚和银行家的反感不无关系。中国银行和交通银行的停兑风潮以及安迪生事件依然在人们脑海中记忆犹新。虽然没有直接证据表明孙学仕和安迪生一样讨厌银行家,但孙击败了周,使得商会可以独立地批评高层的精英。孙的势力盘踞在前门外的商界,并不受政府、金融界或官僚资本等关系的左右。

孙学仕和外城许多商人一样,曾是水会领导者,这是一种典型的街道防卫组织,专事救火治安,并以其自己的方式救济穷人。① 对水会领导者和成员来说,福利救济和社会治安是息息相关的。电车的到来将预示着城市就业结构的剧变,必然在当地造成混乱。1922至1923年,随着施工的进行,电车电线和生活电线过于靠近,建筑材料和碎石阻塞了道路,拆除太矮而无法让电车通过的牌楼,以及拆除私人围墙、店面给轨道、电线杆和电线让位等问题层出不穷。② 北京社会的上层人士,包括资本家周作民、政治家王士珍、著名知识分子李大钊等,或许支持电车事业。可是对于从全市或地区角度看问题的精英阶层来说,他们不能从

---

① 今崛诚二:《北京市民的自治构成》(东京:文求堂,1947)。
②《益世报》,1923年5月23日第7版;1923年6月1日第7版;1923年7月25日第7版;1923年9月13日第7版。

第六章 利益与民生:有轨电车发展的政治

这个项目中直接获利,因而会从传统的"民生"观念来看待这一问题。

传统观念有时会对改革和现代化产生积极的影响。儒家经典和价值观在现代警务上的应用就恰到好处。在安迪生作为民族主义者和改革者的生涯中,传统士绅型的民间激进主义是其重要的组成部分。儒家传统在其他方面与现代化的关系则更加复杂了。传统上,官方盛行的观点都重民生而轻经济。正统儒家思想"并不是根据经济发展构想经济福利的,而是从生存角度和大众对基本生存需求的满足角度来构想的"。[1]

世纪之交,全国各股政治势力和它们的领导者们终于达成一项共识,认为应该改变过去这一倾向,尽快发展经济。然而,在中国绝大部分地方,滋生重民生的治国之道的物质条件却并没有发生变化。中国经济,当然也包括北京经济,依然基本上还是未工业化的。即便在有利的条件下,经济发展依然十分缓慢。剧烈的经济变化向来就是弊大于利的,这通常是由饥荒、洪水或战争所导致,而绝非技术进步或大量劳力和资本涌入所产生的结果。创造民生概念的目的并非要阻碍经济的稳步增长,其本意是指一种在危难时刻调动国家和社区资源来保护现有市场、贸易格局以及工作的手段。政府通过关心民生问题来对社会动荡进行事先预防或事后补救。社会团体和阶层则借用这一概念和相关说法来

---

[1] Alexander Eckstein, *China's Economic Development*: *The Interplay of Scarcity and Ideology* (Ann Arbor: University of Michigan Press, 1975), pp. 131–132.

团结社区,要求政府救济。① 在1920年代的北京,民生一词普遍用来指维持市民物质生活的那部分现有社会秩序。②

孙学仕及商会要求电车公司为失业的车夫建造一座工厂以弥补他们因这一行业而产生的损失。③ 孙绝不是一名卢德分子,而他的职位,在与"道德经济"共鸣的同时,也不会使他将经济现代化视为洪水猛兽而排拒。④ 他所要的只不过是让电车公司为其注定会造成的损失付出代价。事实上,正是对进步和科技的信心,使得孙和其他北京市民认为,这一点回报对电车盈利的潜力来说根本不在话下。

类似孙为穷人建造工厂的提议反映了民意中普遍存在的一种感情,即这类慈善事业是对无节制发展的必要矫正。1919年,警方起诉安迪生企图侵吞为贫困旗人开办工厂的资金。自由评论家们鼓吹为收容人员提供食宿而不付工资的"慈善工厂"才是"中国工业家该采用的典范"。⑤ 为穷人开办的公私合营的工厂被构想成是"民生计划"的一部分。⑥ 行会和水会的慈善活动以及现有学徒工制度的运用或滥用,为兼有慈善、社会控制和盈利目的的机构提供了充足的先例和典范。这类工厂可能会雇上几

---

① 19世纪有一个例子,道光皇帝对漕粮改为更有效率的海运十分踌躇,因为这将剥夺运河成千上万水手、纤夫的生计。Susan Mann Jones and Philip A. Kuhn, "Dynastic Decline and the Roots of Rebellion", *Cambridge History of China*, vol. 10: *Late Ch'ing*, *1800—1911*, John K. Fairbank, ed. (New York: Cambridge University Press, 1978), pp. 125 - 126.
② 例如,在1922年春天的饥荒中,警察当局对街头激增的人力车夫数量有所警觉,指其有害民生。《益世报》,1922年3月6日第7版,1922年3月8日第7版。
③《北平特别市市政公报》第7期(1929),市府,第12页。这份文件含有对以前争论的记载。
④ E. P. Thompson, "The Moral Economy of the English Crowd", *Past and Present* 50 (1971). 汤普逊的文章将这一概念引入了学术争论的层面。
⑤《益世报》,1920年12月7日第5版。
⑥《益世报》,1920年10月21日第3版。

第六章 利益与民生:有轨电车发展的政治

百号人做些手工活或轻工业的活。① 其他一些贫民工厂可能就是一间破庙或在冬季被警察接管的建筑,出些食物、煤、人力、简单的材料,就能手工生产了。贫民工厂有着公私合营的性质以及工业化的外表,看上去就像是对北京电车系统拙劣的模仿,并指望前者像后者一样发挥其作用。1923 年,在商会还在和公司谈判的过程中,经过警方牵线搭桥,电车公司捐出 6 万元开办一家贫民工厂。② 不久之后,公司就付出商定金额中的 2 万元,由警局代为保管。③

然而商会却不仅仅满足于承诺和部分钱款。1923 年 11 月,公司已经在除了外城之外的其他地方将轨道铺设完毕,这时商会又展开了新一轮有力攻击。商人团体抱怨道,除了对车夫生计的威胁,外城的街道过于狭窄,难以容纳电车通行。④ 到了 12 月,所有电车施工都停了下来,报纸上还说,"知道内幕的人"相信这都是孙一手策划的。⑤ 孙下令,城里所有的商铺和商业机构停止向警察缴纳商铺税和执照税。⑥ 作为商铺警捐的受益人,没有了收入,这对已经饱受财政困难的警局来说可谓雪上加霜。商会施加间接压力的策略卓有成效,成功地将电车公司与警方的关系变得对其自己不利。邓宇安雇用警察进入公司的做法也招致了紧张气氛以及其他警察的嫉妒。⑦ 电车公司马上意识到了警方压力的重要性,到 1924 年 1 月底,公司高层提议建造一座可雇用七

---

① 《顺天时报》,1928 年 11 月 27 日第 7 版。
② 《顺天时报》,1923 年 7 月 1 日第 7 版。
③ 《北平特别市市政公报》第 7 期(1929),市府,第 1 页。
④ NCS, 28 November 1923, p. 1; 13 December 1923.
⑤ NCS, 13 December 1923.
⑥ NCS, 5 January 1924, p. 8; 18 January 1924, p. 8.
⑦ 刘一峰,第 268 页。

149

八千人的工厂。① 公司还答应雇请那些"又聪明又强壮"的人力车夫来当电车工人。

孙学仕的胜利很快就被批评其做法的乌云所笼罩。某自治协会质问道,如果电车公司妥协,同意向商会捐款建造贫民工厂,那么商会是否还会继续关心电车问题。② 市民团体则认为,主要矛盾是公司对公众的普遍漠视,而不仅限于人力车夫的生计问题。对孙学仕来说,更严重的问题在于他之反对电车公司在1924年2月的选举中有了争议。商会里有许多银行家和工厂主,他们原本于孙对产业发展事实上增加税负的企图深感不满。就像安迪生丑闻揭露时的情况一样,商会中还有一大批商人在进取全市性领导要承受的代价和风险面前踌躇了。因此,众多商会成员反对孙的立场。③ 于是,孙为了摆脱危机,在选举前一个月把商会理事召集起来,宣布想辞去会长职务,以"保全名誉"。④ 不出意料,根据以往类似的抗议性辞职的惯例,大批知名人士恳请孙留任直到任期结束。孙稍事收敛,便发起了一场宴会攻势来确保他的连任。⑤

摆出受到伤害的样子做战术性撤退,然后从"社交领域"发起攻势,"大摆筵席",使孙保住了会长之位。在孙的领导下,商会成功地起到了作为经济调控者和市民商民意见代表者的准政府机构的作用。全市性组织之间互相牵制的机制对孙是有利的,因为商会这边的压力,迫使电车公司同意了对人力车夫的补偿计划。

---

① *NCS*, 18 January 1924, p. 3.
② *NCS*, 5 January 1924, p. 8.
③《顺天时报》,1924年1月26日第7版。
④ 同上。
⑤《顺天时报》,1924年2月24日第7版。

作为商会的领导者,孙学仕的言论代表了车业行会,从而也间接地代表了广大人力车夫。因为花街的车夫是北京收入较高的年轻车夫中最口无遮拦、身份意识最强烈的,而孙的饭馆就在那里,所以他们对电车的担忧总能以抱怨或个人呼吁的形式传到孙的耳朵里。在与电车公司谈判的过程中,孙来到一大群车夫面前,与他们一起讨论兴办工厂的想法。① 不知是迫于车夫们的压力,还是由于和电车公司在夏季达成的协议开始破裂,孙支持了阻止电车通车的最终企图。

1924年12月16日,就在电车计划通车的前一天,公司接到了警察总监李达三的电话。② 李总监是在冯玉祥10月兵变之后被任命的,正是这场兵变促成了段祺瑞临时政府的成立。李警告公司,明天将有几千名北京车夫计划卧轨。公司高层十分惊慌,派出董事周作民和岳乾斋分别代表金城银行和盐业银行去东城铁狮子胡同执政府请求段祺瑞设法维持。而执政府秘书长梁鸿志反过来要求李总监再去打探虚实。得知李是从孙会长那里知道这起有计划的抗议,梁才将这个消息汇报给了段祺瑞。不出所料,段祺瑞早有计划出席北京电车的落成典礼。电车公司对政治细节的格外注意及其与权势者的关系,这时算是派上用场了。临时执政段祺瑞委派他的儿子段宏业处理此事。

段宏业绝非"等闲之辈",他与张作霖儿子张学良、孙中山儿子孙科和卢永祥儿子卢小嘉并称民国"四大公子"。段宏业和李达三初次见面,他的年少气盛就冒犯了长辈。李总监告诉年轻的段宏业:"明天真要有几千人卧轨的话,我警察总监亦负不了责

---

① 参见《益世报》1928年11月5日第7版有关1924年事件的后续报道。
② 以下有关1924年12月的事情叙述,据刘一峰,第268—270页。

151

任。"段拍案说道:"电车通车已经执政府批准,明天如发生事故,惟你李达三是问。"因时间紧迫,在场的周作民和岳乾斋提议要借步先和李总监谈谈。三人走出执政府后,李告诉两位银行家,要平息此事,唯有找孙学仕。

周和岳两人折回附近的公司办公室,派前警官邓宇安去前门外说服孙会长。随后的几个小时里,邓三次求见,三次被人以各种借口拒绝了。邓大怒,对同事气鼓鼓地说:"过去我做署长时,像孙这等人物,只要一个电话,随叫随到!"邓最终还是设法和孙会了面,这位饭馆老板告诉他,商会总部南边的天桥区已经聚集了数千名车夫。邓警告孙,电车公司有通天的政治后台,乃至段祺瑞亲自关照,如果发生事故,唯李总监是问。"明天通车若真有意外,李总监会首先将你抓起来。"孙把此话的分量和极硬的口气掂量了一番以后,答应会与李总监商量此事。当天晚些时候,孙给邓打了电话,告诉他和李总监已经商量好,明天"可能不会有事了"。

翌日,正如孙所保证的,公司落成典礼平安无事。一位参加者把令人激动的场面比作"盛大的马戏团游行",人群在道路两旁摩肩接踵,为的就是一睹装点红、绿、黄布彩旗和各色纸花的电车。① 官员们作了讲话,公司还为观众提供茶水和点心。公司还邀请人们以低廉的票价试坐电车,而前来的人太多,使得警察一度难以维持秩序。②

作为愤怒车夫们的代言人和辩护人,孙学仕的好斗,面对来自铁狮子胡同的政治威胁,也不得不退缩了。根据高级职员刘一峰的回忆,这次事件及其后续问题使邓宇安不堪重负,辞去了他

---

① *China Perspectives* 1: 3 (October 1978).
②《益世报》,1924 年 12 月 20 日第 7 版。

的职务。① 人力车夫们虽然被推到了电车公司所惧怕的"洪水猛兽般的动乱"边缘,却也只能眼睁睁地看着电车在轨道上咣咣作响而没能抗议。对车夫来说更糟糕的是,给他们的拨款连一个子儿都没见着。确切地说,警局用其保管的三万元拿去发拖欠已久的工资了。② 商会所赠的一块闲置地皮一直空在那儿,就剩下"人力车夫工厂"的牌子作为这一工程的唯一证据竖在那儿。③ 经过了这么多谈判、调解、威胁,打了这么多通电话,个个争得面红耳赤,车夫们却仍然嗷嗷待哺、满腹委屈。地方、地区乃至全国的精英们借车夫生计为由精心起舞,却没能给出任何具体的补偿。

北京进入电车时代

虽然电车公司新铺的路轨上没有出现千人卧轨的场面,但是电车自己制造的麻烦却不断。就在运营第一天,一名值班巡警被电车撞倒,受了内伤。④ 警察们匆忙赶到现场,报纸上还推测公司会赔偿这位巡警。没过几天,又有一名儿童差点因爬车而丧命。为了应对这一系列事故,警方对公司运营提出了新的规定:降慢车速,司售须对老幼给予特别照顾,而且还提出了处理事故的程序,规定司机要被带往就近警局接受调查。⑤ 或许,因为曾在处理商会、车夫与公司的争执时偏袒过公司对该部门造成的心理压力,警

---

① 刘一峰,第 270 页。
② 《北平特别市市政公报》第 7 期(1929),第 1 页。
③ 《益世报》,1928 年 11 月 5 日第 7 版。
④ 《益世报》,1924 年 12 月 20 日第 7 版。
⑤ 《益世报》,1924 年 12 月 21 日第 7 版。

方这次明白表示,若司机违反交通规则,亦须惩处。

人们可以看到,警察是站在保护受电车惊吓或伤害的行人的立场的。有一位车夫在过轨道时看见一辆电车向他开了过来,便慌了神,丢下车逃了。电车撞毁了人力车扬长而去。一名值班警察记下了车牌号,并把惊魂未定的车夫带到了区署,在那儿,警察代表车夫给电车公司打了电话。公司"不愿与穷车夫捣乱",同意赔修车钱。① 在另一起事件中,一位卖包子的小贩被一辆途径外城商区的电车撞倒。雪白的包子散落一地,滚了几圈沾上土,都成了黑包子。小贩被撞飞10尺远,所幸并无大碍;他强忍疼痛,哭着鼻子爬了起来。司机拒不认错:"你没听见铃铛响吗?谁叫你不躲开?"可在场的警察和围观者统统站在小贩这边指责司机。② 据报道,北京市民对男女同车以及车上扒手横行也极为反感。③

然而,北京入冬之后,乘客们又挤破头地往公司现有的28辆电车里钻。④ 车厂抱怨说租车率有了明显的下滑,因为车夫们盘算后发现,赚来的车费根本不够付租金,租金也不得不因之下调。⑤ 随后的六个月中,持有警方街头拉客执照的人力车数量锐减三分之一。⑥ 车厂主也不再购买新车了,有些甚至关门大吉。⑦ 报纸上刊登了这样的照片,瑟瑟发抖的车夫守着空车,而

---

① 《益世报》,1924年12月27日。
② 《益世报》,1924年12月24日第7版。
③ 《益世报》,1925年1月13日第7版。
④ 《益世报》,1925年1月5日第7版。
⑤ 《益世报》,1924年12月28日。
⑥ 《顺天时报》,1924年4月17日第7版。并见李景汉《北京人力车夫现状的调查》,《社会学杂志》第二卷第4期(1925年4月),第1页。
⑦ 李景汉:《北京人力车夫现状的调查》,第20页。

一旁载满乘客的电车飞驰而过。① 电车在北京运营的第一周,似乎就证明了改革者和投资者的希望、人力车夫及其同情者们的担心,都不是无根据的。

商会依旧在对电车公司施压,要求其履行贫民工厂的计划。而调停者们却对化解商会和公司之间的敌意无计可施。② 曾经出手相助使公司开张免遭一劫的段祺瑞,据说也因公司未能履行补偿人力车夫的承诺而火冒三丈。③ 公司利用他来维护自身利益,而现在又让这位执政处于被指责赞同电车"占用"公共道路、威胁地方秩序的尴尬境地。

然而,人力车行业所遭受的冲击并非致命的。电车在总客流和收入上赶不上人力车。④ 虽然损失六万车费让人力车行业急转直下,但是 1926 年,30% 街头载客人力车数量的下滑,对人力车市场实际只有 15% 的不良反应。不到四年时间,1925 年行业流失的 1 万名车夫要么重新拿回了执照,要么就是被别人顶替了。⑤ 人力车行业正在缓慢恢复,而在 1925 年人们对新技术的追捧浪潮过后,电车就没能再吸引更多的乘客。甚至运营电车数量在 1926 年增至 70 辆、1929 年 80 辆、1935 年 96 辆之后,乘坐

---

① 《益世报》,1925 年 1 月 5 日第 7 版。
② 《益世报》,1924 年 12 月 30 日。
③ 《益世报》,1925 年 1 月 9 日第 7 版。
④ H. O. Kung, "Tramways in Shanghai, Tientsin, and Peiping", *Far Eastern Review*, February 1937, 62. 1926 至 1929 年,公司营运扩展到全市,每天车费收入在 62,195 至 71,531 元之间,全年总收入在 727,866 至 1,002,281 元之间。以 1924 和 1926 年人力车夫平均收入和人力车夫总数估算,人力车行业一年的生意量在一千万元以上,远远超过电车业的规模。参见本书第 23 页脚注①。
⑤ 截止 1929 年 2 月,北京公开登记的人力车夫数为 30,252 人,略高于电车运营之前的人数。《顺天时报》,1929 年 2 月 2 日第 7 版。

电车的人数也没有太多变化。①

当时许多观察者对人力车作为交通工具的经久不衰甚感惊奇,而现在回想一下,电车在夺取主要竞争对手市场时的一筹莫展,也并非不能理解。在欧洲、美国以及东亚诸如东京、上海等城市中发生"电车革命"时,电车公司可以通过压低票价来开辟一个全新的大规模运输市场,通常用以取代马拉板车或其他畜力车辆,同时吸引劳工阶层的客源。② 在北京,电车票价还没低到足以让大部分居民经常乘坐。③ 若能通过乘坐电车到达薪资较高的工厂工作,或许会增加新式交通支出的吸引力或必要性。但与上海不同,北京并没有这样的工业区。而且大多数人不是住在工作的地方就是住在附近,因此对劳工阶层来说,乘坐电车上下班还是过于奢侈。所以,电车和人力车争取的都是同一批客源:中高收入居民以及游客。

因为电车平均票价要比坐人力车便宜一半,而且不管多少路程,就算最能跑的车夫也赢不过电车,所以电车还是很有竞争优势的。④ 另一方面,人力车则有着随叫随到,能穿小巷走胡同,提供点对点服务等优势。而且身份意识强烈的北京人也舍不得放弃舒适和优越感。电车确实又快又便宜,不过车上也十分拥挤,时不时还有小偷和吵闹粗鲁的士兵光顾。电车公司试图通过禁止进食、吸烟、醉酒或携带武器和牲畜上车而让车厢变得更加安

---

① Kung, p. 62:车费收入 1926 年为 22,885,299 元,1930 年为 21,059,586 元,1934 年为 22,249,280 元。
② McKay.
③ 四分之三的城里人每年生活费的开支中交通费支出只有二元甚或还不到。李景汉:《北京最低限度的生活程度的讨论》,《社会学界》第 3 期(1929 年 9 月)。
④《(实用)北京指南》(上海:商务印书馆,1926)第六编,第 2—16 页。

全舒适。① 诸如为妇女和士兵提供特殊车厢的办法,使这种状况有所缓解。② 然而与比较现代化的对手相比,相对缓慢、昂贵的人力车,依旧能够提供一种舒适、可靠、更体面的服务。

由于最初几个月乃至几年的运营,未能使电车公司独占公共交通,原本应让电车公司财源滚滚的资金技术集中模式,以及政治复杂的管理结构,都逐渐成了公司的负担。从1926至1935这十年间,公司有八年在亏损。③ 到1927年为止,公司累计负债将近400万元。④ 公司财务完全失控,以至于债权银行每天都派人到公司取走一部分票款收入。根据自称曾着力于公司改革的刘一峰所言,公司高层人满为患——部分是由于政治关系导致多余人员进入公司——薪资高,开支大,处长月薪、董事车马费,和当时各部的司长薪资差不多。⑤ 电车在城市运输市场份额的止步不前,再加上在政治和经济关系上纠缠不清的臃肿的管理结构,使得公司显得头重脚轻。

北京社会对政治特权和地位的追求,也对类似收车费这种公司正常运营中最基本的事务产生了不良影响。在北京,这些公共设施的使用者们因其不愿交车费而臭名昭著。那些有身份地位的客户在用电话、自来水和电时也会靠关系来免去他们应缴的费用。⑥ 同样,官员、警察、士兵以及任何一个自以为有权有势的人都会乘坐电车而拒不买票,当受到质问之后,他们还会与售票员

---

① 《(实用)北京指南》(上海:商务印书馆,1926)第六编,第11页。
② NCS, 24 October 1926, p.2.
③ Kung, p.62.
④ 刘一峰,第271页。
⑤ 同上,第270页。
⑥ 同上,第272页。有许多人用了电而拒绝向供电公司付账。《益世报》,1925年3月23日第7版。

157

争吵或打架。① 由于警察和法庭人员也在不想出钱就能坐车者之列,因此寻求法律补偿并不能保证公司得到公正的审判。士兵尤其不愿出钱坐车,与他们据理力争,很容易引发暴力事件。电车运营的最初几周里,一位售票员与一名士兵发生了口角,最终导致一辆电车被士兵们毁坏,整个系统被迫暂时停止运行。②

1920年代,作家瓦尔特·本雅明(Walter Benjamin)造访了革命中的莫斯科,在乘坐电车的过程中,他想到了一个有关社会和政治转型的绝佳比喻。

> 首先,坐电车游历莫斯科是一场考验智谋的经历。在这里,初来乍到者能以最快的速度适应这座城市古怪的生活节奏,跟上农业人口的节拍。而且在先进技术和原始状态下的两种生活方式完全融于一体,人们仿佛可以在乘坐电车时发现这一在新俄国发生的世界历史性实验的缩影。③

多亏了身着毛皮大衣的女售票员的指挥,莫斯科的电车乘客保持了一种粗野但愉快的同志情谊,这使得本雅明十分惊讶。脱去了佃农身份的都市人接受了机械同步所要求的一整套整齐划一的动作:排队、买票、找个座位坐下或找个地方搭手。平等感缓解了难免的推搡所带来的不快,即使发生,人们也"默不作声,态度诚恳"。

在一群既能彬彬有礼,又能像刺猬一样保护地位和身份的人当中,乘坐北京电车也需要有人来做规矩。平等感在北京尚

---

① 刘一峰,第273页。
② 《益世报》,1925年1月30日第7版;1925年2月2日第7版。
③ Walter Benjamin, "Moscow", in *Reflections: Essays, Aphorisms, Autobiographical Writings*, trans. Edmund Jephcott (New York: Harcourt Brace Jovanovich, 1978), p. 111.

第六章 利益与民生:有轨电车发展的政治

无基础。此起彼伏的社会运动,从民族主义到工会主义,都依赖于某种程度的同志情谊。不过,与城里那些付得起车票且有着强烈身份意识的中产阶级乘客一起乘坐法国人造的电车却不太可能唤起公民或道德平等意识。再加上目无法纪的士兵之间那种情同手足的心态也掺和进来,紧张状态进一步升级,让人们在乘坐电车时要放得更加精明。

电车售票员和司机有教会北京居民乘坐公共交通工具规则的任务。大多数情况下,他们在履行职责时都带着一种近乎传教士的热忱。"北京电车的售票生,是很坦白、很戆直、很尽职的。我们上了电车,只看到他赶前赶后,忙着卖票,直着嗓子喊'票来票来',闹得乘客不耐烦,骇得不买票的人只好摸出铜子来。"①乘客们则觉得他们在这件事上的过分执着令人头疼。2月中旬,一位售票员以电车过分拥挤为由,强迫一位刚刚买完票的乘客离开,并告诉他等下一辆。这位乘客似乎是一名中年商人,他愤怒地将售票员拽到街上,威胁说要告他,并公开指责他"野蛮对待"。匆忙赶来调停的警察劝说这位愤慨的乘客叫一辆人力车。② 在另一起事件中,一位倒霉的乘客因为没能及时挤到车门下车而乘过了站,而售票员则指责他逃票。③

在电车运营的最初几个月中,至少有两起乘客与电车员工的争端升级成了群体暴力冲突。在3月,有两名身着制服的京师警务学堂学员迟迟不肯买车票,售票员骂骂咧咧地将两人赶下了车。这一地方是内城北面的一个贫穷街区,那里的居民由于一系

---

① 章渊若:《北京与上海》,《现代评论》第 6 卷第 150 期(1927 年 10 月 22 日),第 13 页。
② 《益世报》,1925 年 2 月 11 日第 7 版。
③ 《益世报》,1925 年 1 月 17 日第 7 版。

列电车伤人事故以及付不起过高车费而痛恨电车。当市民看见售票员对两名警校学生出言不逊时,他们将电车团团围住,并朝车窗投掷石头和砖块。售票员和司机见状而逃,一队警察赶来之后,人群才肯散去。①

第二起事件后果更加严重。4月的一个下午,格外炎热,电车系统遭遇了一次大停电。乘客们立即要求退票。但是售票员们却拒不退票,争吵在整条线路上爆发了。在一处,50名乘客忍受着正午的阳光挤在两节车厢内,他们难以置信的是,售票员和司机竟离开岗位,找了个地方边乘凉边等恢复供电。这些乘客已经在车厢内等了一个小时,他们开始跺脚咒骂。他们"异口同声"地要求退钱,吓坏了的电车员工溜之大吉之后,他们涌出车厢,冲向马路对面的电车公司售票亭。人群砸碎了亭子的窗户,并将其洗劫一空。整条线路的争吵一直持续到午后电力恢复。②

尽管有这些冲突和许多小误会,电车还是迅速融入到了北京市民的日常生活(图15)。报纸上出现了描绘电车旅程的广告,包括一则成药广告,其中有两位男子坐在车厢中欢乐地聊着天。③一位报纸专栏作家撰写一篇关于在二等电车能遇到哪些人的冗长文章。④他把北京新一代的通勤者描绘成了"一上电车便摸出铜元"且默不作声地坐着或是站着的乘客。他还开玩笑说,那些能得到售票员礼貌回答的乘客,一定是这些蛮横职员的亲朋好友,而那些在车里空空荡荡时喜欢坐在别人边上的人很可能是扒手。这位专栏作家还意味深长地说道,在电车上,你"可以

---

① 《益世报》,1925年3月14日第7版。
② 《益世报》,1925年5月1日第7版。
③ 《益世报》,1925年3月9日第7版.。
④ 《益世报》,1925年4月6日;1925年4月7日。

第六章　利益与民生：有轨电车发展的政治

图 15　电车

一辆电车在前门外东侧行驶。民国初年，宏伟的前门和箭楼侧的内城城墙拆除，以便车辆进出内城和外城。电车后面商业区依稀可见。大街虽不拥堵，手推车、驴子、骡车和行人的来来往往，显示了潜在的风险和对电车行驶的阻碍。美国国会图书馆惠准采用。

接近许多在别处不易接近的各种社会之人"，其中包括会说英语、穿着入时的妙龄女子，她们通常会在电车公司调查员上车时好心地提醒售票员，还有就是那些喜欢随地吐痰的乘客。

过不了多久，电车的广泛使用以及大众对工业化惯例的认可，将使这一交通工具变成日常生活中相对良性的一部分，成为一种真正的公共事业。① 不过在北京，大多数人是通过观察而不是乘坐来了解电车的。作为行人或者高高在上的人力车乘客，从街头优越地势来看，电车则略显吵闹和危险。在 1910 年代，人力

---

① 有关一项相对进步的敏锐叙述，参见 Henry Smith 在其论文"Tokyo as an Idea: An Exploration of Japanese Urban Thought Until 1945"[*Journal of Japanese Studies* 4:1 (Winter 1978)]中关于东京电车时代的讨论。这篇文章启发了我对于电车（和人力车）时代的北京的研究。

车快加了北京作为"步行城市"的生活节奏。1920年代中期,电车进一步加快了北京及周边地区人们的出行活动,加深了人力车等竞争对手的不幸,也引起了公众的厌恶之情。电车未能在1920年代树立起一种为足够多的人提供方便的清晰形象,从而也就无法摆脱诸如人力车夫迫害者、税收和公益负担的合适目标、洋人的危险发明,以及价值可疑的现代邪物等其他形象。

第七章 工头、行会和工帮：劳资纠纷和工会主义的兴起

未工业化城市中的无产阶级政治

1925年1月,就在电车开始在北京运营之后的一个月,司机和售票员就举行了罢工,抗议逃票士兵的骚扰。① 官气十足的电车员工和军纪涣散的士兵本来就冤家路窄,由此引发的争吵、斗殴、毁车事件以及自发罢工成为了北京街头的常态,时刻提醒着人们由军阀主义所导致的破坏。对北京来说,这些电车事件也将多少有点稀奇的现代劳工斗争景象展现在了公众面前。精英政治的成果统统被金融家、官吏、政客和市民领袖揽入囊中,而电车的风险投资却像魔术师一样,从金融投机和政治诡计的帽子里变出了一群能够迅速组织抗议罢工的身着工装、技艺熟练的工人。正如劳工史学者尤根·库赞斯基(Jurgen Kuczynski)所主张的,现代工人阶级是"机器——确切地说是机械工具——的产物。没有机器就没有工人阶级"②。电车作为一种极富鲜明特征的人造产

---

① 陶孟和编:《第一次中国劳动年鉴》第2册(北平:社会调查所,1928),第198页;《益世报》,1925年1月30日第7版。
② Jurgen Kuczynski, *The Rise of the Working Class*, C. T. A. Ray trans. (New York: McGraw-Hill, 1967), p.51.

物和机器时代的工具——吵闹、危险,且能够很快地塑就工人和消费者的新习惯和新观念——不可避免地会激发无产阶级的冲动。

不过,1920年代的北京与中国大多数城市一样,大多数工人的政治立场还不是严格意义上的工人阶级政治,正如商人的政治基本上也并非小资产阶级的。阶级内部"横向"的团结性,与"纵向"的对雇主、介绍人、工头以及帮派、同行、工帮的忠诚度比起来,显得弱不禁风。有这么一个再贴切不过的例子,1924至1925年的冬天,人力车夫的生计似乎快被夺尽,而且与从前的庇护者孙学仕的联系也断了,可他们依旧犹豫不决,毫无积极性可言。

与现代资本主义相联系的工厂制度和组织规模足以令精英和大众结成阵营和对立的政党。但是资本主义在北京只有一个小小的桥头堡。北京数十万劳工中,只有不到数千人在机器工厂或企业中工作。甚至到了1945年,手工业依旧在北京制造业占有80%的比重。① 北京社会就建立在手工业、商业和传统服务性经济的基础之上。那些用手脚来刻、切、拉、运、画和伺候别人的劳动者是普通日常工作的主力军(图16)。

在这种缺乏机械且大部分尚未工业化的社会中,电车工人以及类似的公用事业工人、铁路工人和现代工厂员工,是有着超越其人数的影响力的特殊人群,也因为其人数有限,无法决定劳工政治总的外貌。在1920年代,对于那些欲图在北京劳工中组织工人运动的激进政客来说,冲破这些限制实为当务之急。在他们寻求与"工人阶级"建立联系的同时,心中对那些没有工厂或现代工业背景的普通劳工满怀矛盾之情。

---

① 彭泽益编:《中国近代手工业史资料(1840—1949)》第四卷(北京:三联书店,1957);中国人民大学工业经济系编:《北京工业史料》(北京:北京出版社,1960),第12页。

第七章 工头、行会和工帮:劳资纠纷和工会主义的兴起

图 16 劳动者

像这样的经济前工业化时代的挑着各种大小货物在街上行走的劳动者在北京还不时可以看到。对于只有靠双手劳动的人来说,这种简单的体力活是再平常不过的家常便饭,也成了这座城市一道奇特而十分古老的风景[George Kates, *The Years That Were Fat* (Cambridge: MIT Press, 1967), p.99]。然而,当包工头想组织劳工,行会、商会和警察想要规范个人与团体的竞争时,这种手工劳动的简单使用就会产生数不清的社会问题。采自 Heinz v. Perckhammer, *Peking* (Berlin: Albertus-Verlag, 1928).

为激进政治而搜寻一个无产阶级基础,始于1919年五四运动前夕,当时李大钊和他的追随者们在北京大学直接为工人们组织了一个"平民教育讲演团"。① 由于学生和工人之间在阶级和

---

① James P. Harrison, *The Long March to Power: A History of the Chinese Communist Party, 1921-1972* (New York: Praeger, 1972), p.22.

文化上的差异,这一计划收效甚微。① 鉴于北京的工厂工人实在太少,当时还是北京大学学生、之后加入中国共产党的邓中夏决定组织人力车夫。② 他所采取的第一步就是在街上招呼一辆人力车。不过这位车夫很快就丢下了这位学生,不理会他慷慨激昂的说辞,去拉车赚钱了。邓最终还是说服了几个车夫,邀他们在天安门附近的一家茶馆碰头,建立一个人力车夫据点以商讨降低份子钱的办法。车夫们把车拉到一个广场,围成一团开始商议此事。在场的一个警察抱怨他们妨碍交通,上前询问,车夫们不搭理他,不过他们最后还是抵不住一大队前来驱散集会的警察。邓中夏只得"狼狈地"回到他的宿舍。在这次与北京车夫的会面失败之后,邓把注意力转向了印刷工,寄希望于他们较高的"文化水平"能够让他们更易于接受工会主义。但是每当他尝试接触这些工人时,在场监工就会动用手中的权力威胁那些支持邓的建议的工人。

邓中夏的灵活机变,注定他将成为共产党最成功的劳工组织者之一。正如彭湃和毛泽东在中国农民问题上所证明的那样,要使马克思主义适应中国国情,需要使欧洲的观念和范畴更加具有弹性。不过在1920年代初期,这些未来的组织者很难将广泛的城市工作视为革命政治的跳板。就算他们能有与邓一样的悟性,也很难找到组织工人的实际方法。

1920年代末,受挫于北京工人过于分散和似乎不易接近的情况以及"行会意识"的盛行,邓中夏和他的同志们索性离开北京,他们没有去工业城市上海,也没去乡村,而是来到了北京以南

---

① 王庆华:《高君宇同志生平事迹》,载《文史资料选编》第14辑(北京:北京出版社,1982),第11页。
② 魏巍、钱小惠:《邓中夏传》(北京:人民出版社,1981),第45—49页。

十多公里的铁路小镇长辛店。① 长辛店工人的政治热情早已为人所知。在五四运动最初几个月的抗议和集会中,500名长辛店铁路工人加入了爱国社团并支持北京学生运动。② 他们甚至成功组织起了自己的工会,可惜不久后被迫解散。③ 邓和他的同学为工人们建立了一所学校,并设法让挡在他们和铁路工人之间的工头不再干涉。④ 一份对长辛店国际劳动节集会的第一手报道表明,他们成功地说服了三四千名工人接受工人运动和激进政治的理念和话语。⑤ 出于对那些劳工忠诚度的竞争者的提防,集会发言人告诫与会者,"不受工头之压制"。劳动节集会之后,参与者们在游行队伍中还打出了"八小时工作","官僚是公仆,工人是神圣",还有"我们的仇敌,就是不劳而食者"等标语。那些试图借用人力车夫、茶馆店伙计和工匠之力来发动革命的左翼人士期望落空之时,长辛店对他们来说简直就是现代工人阶级政治的一盏明灯。然而,即便是长辛店最激进的铁路工人也很难达到这些知识分子指导者所期望的要求。随后,一份北京共产党所写的报道指出,当1920年为长辛店铁路工人首次开办夜校之时,"这些工人甚至比上海的无产者还落后"。⑥ 北京年轻的激进分子把自己想象成中国知识分子急先锋,徒然地寄希望于一种相对更加先进的工人阶级文化。

---

① 魏巍、钱小惠:《邓中夏传》(北京:人民出版社,1981),第54页。
② 《劳动界》,1920年11月21日。
③ 《晨报》,1921年5月2日第2版。
④ Jean Chesneaux, *The Chinese Labor Movement*, 1919–1927 (Stanford: Stanford University Press, 1968), pp. 174–175.
⑤ 《晨报》,1921年5月2日第2版。
⑥ 关于中共的简史,见 C. Martin Wilbur and Julie Lien-ying How, *Documents on Communism, Nationalism, and Soviet Advisers in China, 1918–1928* (New York: Columbia University Press, 1956), p. 50.

正如邓中夏所发现的,北京自身也有其高效的警力和对群众运动怀有敌意的走马灯式的政府,自然不会轻易将连接学界、政界、报界与工厂工人之间的道路拱手相让。1921年的长辛店,工人们用一幕幕极具战斗性的场面来庆祝劳动节,而北京的劳动节却仅限于北京大学校园的各种集会和暗中散发传单。① 传单上许诺,在未来的劳动节上,工人们可以"立牌坊、放烟花、挂灯笼"。② 激进的评论员含沙射影地将北京比作专为国家精英所设的"身份制造厂",他们说,"已谋得一官半职之人只知道如何庆祝自己所获得的地位和财富",却一天也不想想"我们穷苦百姓"。这份传单最后说,"北京就是座监狱"。1920年代在北京活动的共产党员抱怨,这里的政治环境"极端反动",以至于"根本无法开展任何具体工作"。③

遭到官方压迫、行会竞争以及正统马克思主义的挤兑,激进劳工政治只得上下左右地寻求突破点,以创造一种由官方资助人、干部和工人阶级组成的平衡而不稳定的关系网。举例来说,共产党领导人李大钊与人尽皆知持有进步观点的北方军阀吴佩孚达成了一项协定,允许6名共产党员在京汉铁路沿线从事秘密调查工作。作为共产党的秘密资助人,吴佩孚保护初出茅庐的工会分支的回报就是在铲除政治对手上得到帮助。④ 共产党人通过列宁主义党组织的精心斡旋,让铁路工人这个富有斗争性的政治共同体有机会接触到高层政治,并以此成功地于1922年8月在京汉全线发动

---

① 肖超然:《关于北京共产党小组的建立与活动》,《文史资料选编》第11辑(北京:北京出版社,1981),第60页。
② 《晨报》,1921年5月2日第3版。
③ Wilbur and How, p. 50.
④ Chesneaux, p. 192.

罢工。① 将政治资产如此联系起来，实为即兴之举，不过也着实扩大了共产党人和铁路工人的影响力。可是这一举措也意味着对军阀支持的依赖以及与城市群众基础的脱离。当长辛店工人在1923年2月领导京汉铁路工人发起另一次大罢工之时，吴佩孚选择了粉碎这一运动。

在长辛店，激进劳工组织者们证明了，在资本主义之下，中国劳工天生的斗争性可以被赋予特殊的政治含义并依附于政党组织。但是，将这些零零散散劳工阶层团体组织成全市乃至全国性的运动就很困难了。成功组织工会的例子凤毛麟角。诸如在长辛店和湖南的安源煤矿，工作场所远离人口中心，因此工人们也被孤立于潜在的盟友和同情者之外。此外，就算组织小有进展，都有可能招致军阀对工人们的反击。

行会和劳工利益

那些未能从工头和行会权威那里赢得劳工的组织者，会将自己的失败归咎于北京的"封建"思想和存在于劳工之中的"行会意识"。考虑到李大钊与吴佩孚的纵向结盟以及城市知识分子界派系林立的现状，对劳工青睐恩庇侍从关系的批评就显得非常站不住脚。作为经验之谈，要在北京这么一个重视结交有势之人和真兄弟的地方开展政治行动，就必须发起全方位动员，包括资助人、追随者以及朋友、老乡和志同道合者。如此一来，不论"精英政治"还是"大众政治"，都有同样的定见，就是使用和利用资助人和老板

---

① NCS, 25 August 1922, p. 1; 26 August 1922, p. 8; 27 August 1922, p. 1; 12 September 1922, p. 8.

所拥有的攻守兼备的权力。像谢诺(Jean Chesneaux)这样的学者,倾向于否认民国行会的幸存是典型的依恋过去的传统劳工的残余。然而,在谢诺关于1920年代中国劳工的经典论述中,仍有大量行会及其会员出于经济或政治原因参加罢工抗议的例子,这些都有悖于他的断论,即劳工"将不再依赖从前行会所提供的庇护"。① 贺萧(Gail Hershatter)对天津劳工史等研究表明,行会的持久不衰,更多的是由于其实际的政治价值,而不是文化惰性。行会"得以幸存,是因为它们是索恩施庇的行家,而庇护就是解放前天津码头的筹码"。② 在北京和其他地区,行会之所以根深蒂固,部分是因为它们在代表工人利益方面十分有效。当时的观察者想通过分析城市中手工业行会对物价上涨所作的及时反应方式,来解释北京现代工会运动在这十年大部分时间里的相对弱势。③

行会的应变能力在1920年代中期受到了考验。当时,累积多年的通货膨胀和铜钱贬值所产生的后果已经威胁到了北京工人的生活水平。仅1924年,生活开支上涨了23.5%,而铜钱则贬值40%。④ 由于工资通常是以铜钱结算,这两种经济形势给城市劳工阶层带来了巨大压力。作为回应,工人们力争加薪,并要求以白银取代铜钱作为确定工资的基础。

---

① Chesneaux, p.12. 谢诺记载了工人与老板不可思议的团结一致(p.81),行会在五四运动中的积极作用(p.153),以及即使在广州,强大的工会依然带有旧行会制度的烙印这一事实(p.202)。
② Gail Hershatter, *The Workers of Tianjin, 1900 – 1949* (Stanford: Stanford University Press, 1986), p.139.
③ Tso Shih-kan (Sheldon,祝世康), *The Labor Movement in Peking* (Shanghai: n.p., 1928), pp.68 – 69.
④ Sidney Gamble, *How Chinese Families Live in Peiping* (New York: Funk and Wagnalls, 1933), p.8; Sidney Gamble and T. P. Meng, "Peking Prices, Wages, and Standard of Living", *Chinese Social and Political Science Review* 10:3 (1926): 99 and 106.

第七章　工头、行会和工帮：劳资纠纷和工会主义的兴起

诸如画匠、木匠、锯木工，营造业的砖匠和泥瓦匠等行会，都极其关注生计问题。木匠行会在1924年之前的六年里提高了六次工资。① 建筑工人和装饰房屋的木雕工也加入了这个行会。那些拥有或经营木匠铺和在其中工作的人都有资格入会。这些店铺或工帮受雇于木料场或建筑工地从事专门工作。木料场有自己的商人行会，附属于总商会。在这一年代，木厂总数超过400家，雇用了2万多名木匠、泥瓦匠、画匠和普通工人，成为城里最大的行业之一。②

木匠行会由六个区的分会组成，每年召开两次全市性会议。③ 在农历三月的一次会议上，工资和其他补偿性问题被提上了议事日程。每当讨论工资问题时，往往群情激愤，爆发争吵也就不足为奇了。农历五月举行的第二次会议，内容集中在仪式和团结一致的宗教表达形式。这些程序表明了这种家长制和精英制倾向的传统劳工组织对内部纷争的容忍度。被会员选为领导者的人通常是德高望重的老工匠。④ 另一方面，领导层结构也相对宽松，总共有120个职位。工头们经常绞尽脑汁带领工人参与到他们自己与业主的斗争中。⑤ 不过，其他行会会员就只能要么接受要么拒绝他们的方针。⑥

---

① Gamble and Meng, pp. 105-106.
② 娄学熙、池泽汇、陈问咸编：《北平市工商业概况》（北平：北平市社会局，1932），第147页。
③ John S. Burgess, *The Guilds of Peking* (New York: Columbia University Press, 1928), pp. 94, 96.
④ Ibid., p. 95.
⑤ 例如，1925年，工头们领着皮革工人为加薪进行了一次斗争。《益世报》，1925年2月8日第7版。
⑥ 《益世报》，1925年3月10日第7版。62名工头提出一项加薪要求，有127个行会代表进行了讨论。

即便在这个年代中期通货膨胀的压力之下，人们在解决纷争时依旧保持着一定的克制。1923 年，木匠和瓦匠已经等不及当年第一次大会，刚过了春节就吵着要加工资。① 一些泥瓦匠已经收拾东西准备不干了。在 1924 年木匠和泥瓦匠的第一次大会上，熟练工和非熟练工在后者的工资提议上爆发了争端。② 同时在熟练工和非熟练工工资中抽成的工头，已经接受了大幅度提高熟练工工资水平的较早提议。这一行当和行会都由工头和熟练工说了算，非熟练工和学徒工只能通过在大会上表达不满来影响行会政策。行会大会难以达成一致，也迫使那些地位低下的团体不惜打破先例以满足自己的要求。

一旦行会对新的工资结构达成共识，他们需要迫使店主和经理们接受这一工资变化，并且确保没人会以更低的报酬去为他们工作。1925 年春，木匠和泥瓦匠向木厂经理提出了这些要求，但是遭到了拒绝。随后，行会印刷了大量传单分发至全市各大木厂，宣称若经理们不答应新的工资，工人们将会罢工。一场持续五天的罢工最终使厂主们屈从了。③ 与此同时，油漆工人也用了同样的方法在传单中宣称这个既定事实。报道称，经理们对木匠和泥瓦匠的罢工"心有余悸"，因此同意协商。④

在这一年代中期，那些从行会层面制定计划的行会和工人基本能够在调整工资和支付方式等问题上获得成功，缓解经济压力。建筑工人、香烛店员、皮匠、旧衣铺店员、织布工、造纸工、煤店工人、织毯工、茶馆伙计、肉铺店员、烧窑工、农工、银行职员、裁

---

① 《顺天时报》，1923 年 3 月 31 日第 7 版。
② 《益世报》，1924 年 3 月 30 日第 7 版。
③ 《益世报》，1925 年 3 月 29 日第 7 版。
④ 《益世报》，1925 年 3 月 31 日第 7 版。

缝、刺绣工、搬水工和屠夫们，个个怨声载道、竭尽所能，不惜以威胁或罢工的方式来争取工资能与物价持平（见图17）。甚至佛教僧侣们也组织了一场全市规模的谈判，要求寺庙和住持提高诵经的价格。① 协商妥当之后，他们就在北京大小寺院内分发了标有新价格的宣传单。

不和、斗争与派系

作为等级分明的组织，行会与一些不那么正式的工人头（bossworker）会合谋安排，使工头的利益从属业主，工人的利益从属工头（labor boss），学徒的利益从属资格老的工人。不过，强调彼此义务的家长制式的说词和做法，也使得下层等级能够质问并抵制权力的滥用。工人群体间潜在的同胞意识也助涨了这些小型反抗行动的力量。

作为附庇制宗旨（the clientelistic tenor）②在号令和代表方面的表现，行会政治往往围绕着以附从者、势力范围和附属派别认同为基础的竞争派系领导层斗争而展开。举例来说，盲人说书行会就被分成内城、外城两大派。随着1920年代都市欣赏口味的转变，行会名下500多人收入大不如前，这就使得改革和表演节目现代化的压力落到行会董事的肩上。1923年末，行会选举新会董时，外城说书人提名了他们自己的领袖、在职会长张子振再度竞选。内城会员表示反对，因为张已经连任三届，所以他们

---

① 《益世报》，1925年4月2日第7版。
② 这是起源于罗马时代的恩庇者（patronus）与依附者（cliens）之间的政治关系。在这种关系下，依附者不仅听命而且要全力支持恩庇者的政治经济地位，而恩庇者则须利用其权势为依附者提供庇护。——译者注

图 17 纺织工人罢工

罢工的纺织工人在其工厂外集会,其中有不少旁观者(不是工人,这可以从他们穿着长衫、戴着毡帽或草帽识别出来)。前面竖着的小标语是"保持秩序",表明普通工人注意维护他们的队伍。这张照片标识的年代为 1925 年,很可能是东城朝阳门内林记纺织厂的一次罢工。林记厂的二三百名工人在附近的茶馆里组织起来,随后要求增加工资、缩减工时、星期日休息和辞退不受欢迎的职员(《益世报》,1925 年 3 月 4 日)。采自 UPI/Bettmann Newsphotos。

推举来自他们这一派的副会长胡君昇担任会长一职。外城派不愿放弃行会控制权,是故内城派指责他们垄断行会事务。双方"舌战"不休,势将动武。最终,中立派恢复了秩序,让双方都做出了妥协,让张和胡交换职务。①

手工业行会的经久不衰意味着工人中还有这么一种认识,即以传统方式行事的全市性组织还是有用武之地的。但并不是所有的行业都能成功跨过同乡、企业利益的非正式协调与正式组织、统一领导之间的门槛。在某些情况下,业主和警察的压制会

---

①《益世报》,1923 年 11 月 20 日第 7 版。

第七章 工头、行会和工帮:劳资纠纷和工会主义的兴起

阻碍工人组织全市性行会。有一次,6000名为鞋店纳鞋底的工人试图在1920年注册一家商业行会,虽然他们也卖货品给商铺,但是警察还是拒绝了这一请求,因为他们认为这些工人只不过是工匠。最终,工人们还是秘密地组织在一起,并利用新政府从商铺订购大量军靴之际,在1925年发起罢工。① 在其他案例中,全市性组织的障碍主要来自内部。墨行在北京及其周边有着200余名熟练工和300余名非熟练工。尽管这些工人于1925年在北京南郊的一个寺院开会讨论增加工资,但是工人们仍然说他们目前还没有行会,"因人类不齐,团体难结"。②

图18 水夫

将新鲜的井水装上手推车以后,水夫会沿着确定的线路将水送到顾客家中。像粪夫一样,水夫也要竭力保卫他们特殊的地盘,抵制传统的和现代的竞争者乃至像警察这样的规范者。美国国会图书馆惠准采用。

---

① 《益世报》,1925年4月20日第7版。
② 《益世报》,1925年3月14日第7版。

曾经有过但之后失去了行会代表的工人们，会发现自己很难再重组正式的团体。通过商人们拥有的水井和雇佣的水夫所形成的一套系统，即为城市居民运送生活用水的运水行业，早在19世纪就有了一套正式的行会组织结构（图18）。但是当现代供水系统在1909年建成时，竞争的威胁和官员对现代设施的支持，致使行会分裂成各由山东人、保定人和北京人组成的非正式同乡团体。① 供水系统并未如期而至地占领整个城市，而只有一小部分住宅区、商铺和办公处接有自来水管道，不过这一趋势在稳步增长之中。② 1924年，一个来自保定的井主朱兆栋与占有人数优势的山东人团体展开谈判，希望借此建立起一个行会。③ 井主商会将负责管理水夫，从而也间接地代表了他们。北京井主和水夫是三个地域族群中人数最少的一个，他们在得知了朱的计划后，断定他这是要进行行业垄断，这等于要"掐大家嗓子"。当山东人和保定人团体的代表在东直门一家茶楼会面协商条件时，40名北京水夫一哄而上，指责这是一起针对他们的阴谋。双方起先恶言相加，随后推搡了起来，最终爆发了持续一个小时的斗殴。警察赶到之后试图调停争端，但不见成效，于是参加斗殴的人员都被带往警署。

一个全市性的行会最终在第二年得以成立，意味着这个行业将有一面更大的保护伞以及处于弱势的北京派表面上的屈服。④ 领导者所面临的政治机遇以及普通会员的待遇要求所带来的双重

---

① Sidney Gamble, *Peking: A Social Survey* (New York: George H. Doran, 1921), p.121; *Chinese Economic Bulletin* 9 (3 July 1926), pp.350-352.
② 《益世报》，1924年10月2日第7版。
③ 同上。
④ 到1925年夏天，已有水业行业存在的证据。《晨报》，1925年6月16日第3版。

第七章 工头、行会和工帮:劳资纠纷和工会主义的兴起

压力,迫使行业更加规范化并且扩大其覆盖面。可是苛捐杂税、下属单位自治权的缺失以及领导人政治上的失败,种种这些损失与合并所招致的背叛和反对相比显得微不足道。1925年初,城郊的石磨匠试图建立行会,不过东郊、南郊的"强派"和北郊、西郊的"弱派"之间的冲突使这一努力障碍重重。① 过去,这两派每年碰头两次商讨工钱标准,却无法就共同领导和共同组织达成共识。双方的协商不欢而散。当强派试图将自己的意志强加于人数上居劣势的那一方时,弱派就像北京水夫和井主那样想尽一切办法,包括暴力手段,阻止他们建立一个很可能会使对方派系的优势制度化的行会。

这一争执不休的过程简直就是建邦立国的缩微版。若有人觉得一个健全的行会履行着一部分准政府职能时,这种相似性与其说是类比,不如说是对管理、控制和代表市民的大量地方职责发展的勾勒。就算工人和居民抵制并入全市性组织,导致了发展的不平衡甚或流产,这种斗争的方式也会迫使参与者产生权力意识,因为这种权力的架构超越了同乡和工厂的局限。

内部纷争并未阻止行会为了公共集体权利和利益投入到城市政治的大舞台中。那些到居民家中和公厕收集粪便作为肥料卖给城外农民的北京挑粪行业的商人和粪夫,以其团结一致和勇猛好斗而闻名。在北京,人们借用"军阀"一词,把他们的领导人戏称为"粪阀"。类似的称呼还有"水阀",这些人同样好勇斗狠。② 当警察试图对挑粪行业实行卫生条例,或当自来水厂要来装自来水管道时,粪阀和水阀就会筑起一道"不可逾越的营垒",

---

① 《益世报》,1925年3月25日第7版。
② 娄学熙、池泽汇、陈问咸编:《北平市工商业概况》,第660页;《益世报》,1929年5月16日第7版。

在这营垒之后,他们采取不合作的消极态度——对粪夫来说,就是拒绝来取粪;对水夫来说,就是像游击队一样四处破坏机械设施。

人们可能会认为,行会团结一致的"营垒"意味着有一种有序协调的内部政治基础。但是正如运水行业的派系斗争所表明,并由挑粪行业两败俱伤的冲突所证实的那样,冲突和团结是同一块银币的正反两面。使这一问题更加复杂化的是,这种通常是联合业主和工人来共同对抗对手的纵向组织的派系斗争,与之相伴的还有行业内部阶层之间的冲突。就在运水行业爆发保定人、山东人和北京人之间的地域群体和势力范围冲突之后没几周,全市各区域的水夫就在东城区一家茶馆会面商讨涨薪事宜,以应对井主提高水价的决定。水夫以罢工相逼,因此井主们同意调停解决此事。①

与水业不同的是,粪业之前有过一个正规的行会。粪厂主占据了行会领导地位,而那些粪夫则通过自己与粪厂主的关系松散地依附于行会。但当行会不能保证其成员的共同利益时,它就会被内部纷争所破坏。1925年8月,警察为公共卫生起见,命令粪厂主和粪夫将粪厂移至人口较少的地方。② 粪夫们罢工三天以示抗议,最终无人收取的粪便到了令人难以忍受的程度,以至于公众的呼声迫使警察撤销了这一命令。不过,在这一行业内部,派系斗争也是顽疾。从1918至1925年,粪厂行会会长总共易手11次。③ 一群异常挑剔的工人充满戒备地到场,成为行会会议的特点,这群人对行会领导疑心重重,随时准备并要逼迫那些冒犯

---

① 《益世报》,1924年12月20日第7版。
② 陶孟和编:《第一次中国劳动年鉴》第1册,第217页。
③ 《益世报》,1925年5月8日第7版。

第七章 工头、行会和工帮:劳资纠纷和工会主义的兴起

自己的会董下台。

1924年7月,副会长牛常立向会内的粪厂提议,此后每个粪夫每月要交40块铜板的会费,以保证行会开支并用来扩大对会员社会公益服务的范围。① 牛得到了一些粪厂主和为他们提供粪便的粪夫的支持。但是大部分粪夫强烈反对他的计划。他们陈述了自己的穷困潦倒,并暗示牛之所以要筹这么大一笔钱,唯一的可能就是想将之挪为己用。身为行会会长的粪厂主唐吉顺,毫无疑问非常清楚前任们的下场,他十分重视粪夫们的反对情绪,也表明了自己反对这一方案。之后,牛和唐一起商讨解决彼此的意见分歧,他们惊讶地看到,外头聚集了大约50名粪夫,声称牛行"不仁",要揍姓牛的。唐挡在了人群和他的副会长之间,牛随即鼠窜而逃。可牛对唐不仅没有心存感激,反而立刻跑到警局控告唐会长煽动粪夫闹事。

粪夫随后聚集起来决定,如果牛不主动辞职,他们就发起罢工。② 这表明温和主义占了上风。一伙更加激进的工人企图找到牛常立,因为他之前从他们的老拳下逃过一劫。作为回应,人们召开了一次行会大会以解决唐与牛以及牛与粪夫之间争辩不休的分歧。然而工人们却不肯妥协,大有誓不两立之势。与此同时,牛的弟弟和儿子们在会议地点外召集了自家粪厂的工人,他们手持棍棒和粪勺等在外面。③ 他们叫嚷道,就算自己被打死也要保住牛的地位。反对派工人们听到他们的叫嚣,"满肚子气没处撒",而且他们又个个都是"脾气火爆"的山东汉子,随即夺门而出和牛的人打了起来。前来劝架的人试图将两伙人劝开,结果落

---

① 《益世报》,1924年7月15日第7版。
② 《益世报》,1924年7月16日第7版。
③ 《益世报》,1924年7月17日第7版。

得自己也被打伤。唐会长回应,他将辞去职务,以免承担更大混乱的责任。会董们纷纷表示支持唐会长,并要求将牛革职。一位姓于的董事指责牛"破坏行规,敛钱舞弊,种种恶行,不胜枚举",提出了一系列强制议案,并被一一通过。当牛得知自己被革职之后,他冲入于家把他刺死了。①

挑粪行会所达到的暴力程度非同寻常;不过这种派系冲突日渐升级的现象却是司空见惯的。同样在1924年夏,有另外三家行会进行着相似的内斗。有十年历史和八百名会员的皮匠行会在是否重组为"联合会"的问题上分成了两派。由现任会长丁广顺领导的"丁党",他们的支持者是城西和城北的皮鞋匠,而与他们势不两立的"刘党",则有城东和城南的皮匠为后盾。刘谴责丁挪用公款且凭借其人多势众把持行会事务。刘的手下计划,若他们向法庭起诉未能驱逐丁,他们就使用强力赶他下台。② 在城内有750余名会员的旧衣铺行在是否将行会组织现代化的问题上也产生了分歧。现任领导者请来警察进行干预,把持不同意见者统统当作捣乱者抓了起来。③ 造纸行会的大多数工人举行了一次大型集会抗议少部分人修改行规的提议。④ 他们向商会和警察请求帮助,以驱逐改革派。

内部冲突为外部干预打开了行业和职业团体的大门,因为不管哪一派别都希望获得优势来对抗它的对手。通常,对像警察或竞争者这样的外人的反对或是和解,总会带有一层微妙的内部政治平衡。不过,当金钱、权力或地位开始重新分配时,这一平衡很

---

① 《益世报》,1924年7月27日第7版。
② 《益世报》,1924年6月19日第7版;1924年6月22日第7版。
③ 《益世报》,1924年7月7日第7版。
④ 《益世报》,1924年8月27日第7版。

第七章 工头、行会和工帮：劳资纠纷和工会主义的兴起

容易就会化为乌有。

从行会和行业中因地域不同而引发的频繁的派系斗争来看，城里的区、街坊，甚至一些街道、胡同都能为工人组织提供基本的参照框架。在北京，行会和那些没有正式行会组织的行业被划分成不同的"口子"(那些与"交叉口"或"路口"相关的小团体)。例如，城里七八百名切面铺、蒸食铺的工人没有一个行会，但是仍然维持着一个"口子网络"，这样就能派代表去参加特别的全市性增薪大会。① 棺材工们有一个全市性的行会，它在城里东南西北四个区分成四个"大"口子。② 虽然全市性组织对普通工人来说或许遥不可及，但是像"口子"这样的地区性团体却为基层政治的开展提供了舞台，也为高层的竞争与合作架起了桥梁。

店铺和街坊层面的冲突，事态变化常常因人而异。有些店主愿意就工人提出的要求进行商议。而另一些则寸步不让。一家景泰蓝店的工人提出六月初一炉神庙会时吃一顿饺子，而店主只答应给他们既没肉又便宜的白馒头。工人们商量了之后，决定自己出去吃饭看戏。这位店主，"怕工人团结起来和他作对"，把他们的饭钱、戏票钱在柜上报销了。③

冲突一旦爆发，结果如何就要看店主或者经理是否知道把握好分寸了。有一家织袜厂，爆发了为期4天的静坐罢工，该厂协理犯了一个错误，他把工人们都关了起来。工人们便像卢德分子一样进行报复，砸坏了16台机器，用刀子切断了电线和电话线，

---

① 《益世报》，1925 年 2 月 23 日第 7 版。
② 《益世报》，1924 年 12 月 5 日。
③ 鲁迫、李和平：《旧中国北京的珐琅业及工人状况》，北京市总工会工人运动史研究组编：《北京工运史料》第 1 辑(北京：工人出版社，1981)，第 26 页。

毁掉了仓库的原材料。这位协理打开大门时,工人们便抓住他痛打。① 在另一起案例中,一家洋铁铺的工人由于怨恨铺长待人吝啬,一群新来的学徒工开始商量是一起辞职还是举行一场罢工。这风声传到了店主的耳朵里,他试图劝说熟练工接受解雇新人的想法。不过,在小到工人和老板都一同生活一同工作的店铺里,阴谋算计都是纸包不住火的。一名学徒工恰巧听到了店主说的话,随即大声嚷道:"明天咱们大众全都罢工!"店主怒不可遏,用棒子把学徒工打倒在地,正要把他赶出店外时,警察赶来了。②

　　工人们也会采取行动驱逐威胁到他们利益或激怒他们的管理者。一家位于东城区东四牌楼的公办织毯公司,由一个备受员工爱戴的谢姓官员任总经理。但是协理胡锦芳对在工人中占大部分的学徒工的粗暴做法,使人们对他恨之入骨。③ 即便是极其微不足道的错误,他也会拳脚相加。要是犯了稍大的过失,他会把工人捆起来,不是丢进禁闭室,就是丢在外面日晒雨淋。④ 他把工厂当成自己的私人领地来管理,只是碍于谢的良善才有所节制。有消息说,谢将被提职调离工厂,而胡将替代他的位置,一时人心惶惶,工人们担心胡独揽大权后,自己的处境不知会落得何等田地。厂里六位工师在公司接待室召开了一次学徒工会议,以商讨对策如何摆脱胡的魔爪。但是胡的侍从偷听到了他们的谈话,并将此事报告给了他的主子。当胡怒气冲冲到场时,双方的关系便无可挽回了。胡暴跳如雷,反而招致工人们一拥而上,群

---

① 《益世报》,1925年5月10日第7版。(卢德分子是指英国工业革命时期以破坏机器为手段反抗工厂主压迫的工人。——译者注)
② 《益世报》,1924年4月29日第7版。
③ 《益世报》,1925年2月27日。
④ 《益世报》,1925年3月1日第7版。

第七章　工头、行会和工帮:劳资纠纷和工会主义的兴起

起攻之,他好不容易才从后门狼狈逃走了。工人们告诉前来调查的警察,胡犯有贪污和挪用公款罪。之后在一份逐条列举的罪状中,织毯工们声称,胡已经搜刮到了足够他自己开厂的钱,盗用公司家具,故意用劣质谷物和劣等煤来偷换工人应有的食物和燃料,以中饱私囊。

胡锦芳被一群义愤填膺的工人赶出工厂一周后,带了十个亲信卷土重来。① 他召集工师和学徒到他的办公室,向他们宣布因为资金短缺,工厂就要关闭。其中一位工师大声告诉胡,他还欠着他们工资,一旦当地法庭判决赔偿,工人们都会辞职。胡拒不承认拖欠工资一说,并要求工人们在 15 分钟之内全部撤出工厂。胡的强硬态度激怒了工人,他们冲破了胡周围随从的保护圈,在他逃向后门的时候逮住了他,打得他浑身泥血之后才罢手。经历了这次羞辱,胡辞职了。在其最后一次报复行动中,胡把数位工师骗到家中,让人把他们都绑了起来,一顿毒打,然后丢在街头。当织毯工们得知此事后,就想去他家中袭击他。但是工师们还是劝他们寻求司法救助。②

另一些店主和经理则培养员工对自己的忠诚,这样他们就能够动员工人们来支持自己并维护他们个人或店铺的利益。外城南城墙外一家大粪厂的厂主,绰号"汪汪狗"的汪小贵,就是这样的一个人。1924 年夏天,汪在风景如画的陶然亭湖边上的一家猪肉铺买些肉,和店员发生了激烈的争执。这家铺子向来对顾客态度恶劣,在这一带名声很差,要不是周边店家的人过来劝架,汪几乎就要和这店员打起来了。他离开肉铺回到自己的粪厂,召集

---

① 《益世报》,1925 年 3 月 4 日第 7 版。
② 《益世报》,1925 年 3 月 8 日第 7 版;1925 年月 11 日第 7 版。

了60个粪夫，个个手持粪勺、粪桶。他们一路来到猪肉铺把大粪泼得到处都是。这下，"调停人不敢上前"，店主就指使手下进行反击。附近警局不得不出动30余名警察来平息事端。① 在另一起类似事件中，西直门外一片菜地的地主召集了20名农工，手里拿着杆子，准备去教训一群士兵，因为他在去市场的路上挨了他们的打。②

对工头或工师来说，一边是店主和管理者，另一边是工人，他们在小团体或公司冲突中常常会处于关键位置。由于工头要负责发工资，而且从中抽取回扣，因此他们必须加强对工人的监管。在一家位于外城北墙外专门生产军警服装的被服厂，有四位女工头负责监管70或80名穷苦女工，她们把从经营者那里得到的"大洋"折成"小洋"，当做工资发给工人。③ 女工们发现了她们的诡计，就与工头当面对质，与她们"算账"。这几位工头非但不肯将折扣还给他们，反而指责工人捣乱。愤怒的女工们将工头按在地上打了起来。公司高层获悉后，立即赶来调解。当经理知道了冲突的原因之后，就让警察把四个工头带走了。

这些工头在工厂被打，便和她们的丈夫预谋报复。工头的丈夫们在一家茶馆碰面，合计了一套解救老婆和恐吓工人的办法。这些人通过政府中的关系让工头们重获自由，然后请了当地一批流氓地痞，准备在女工们收工离厂时突然袭击。下午6点她们一下班，四个工头带着狐朋狗友就在门口朝她们扔石头。这些女工没被吓倒，她们"蜂拥而上"，抓住罪魁祸首，边揍边拔她们头发。攻击者本来就是乌合之众，纷纷狼狈而逃。

---

① 《益世报》，1924年6月9日第7版。
② 《益世报》，1924年7月29日第7版。
③ 《益世报》，1924年6月24日第7版；1924年6月26日第7版。

第七章 工头、行会和工帮:劳资纠纷和工会主义的兴起

由于工头在日常工作管理以及调解店主或其他管理者与工人之间的关系上起着至关重要的作用,劳工们很自然地会尽可能来影响工头的行为,并除掉那些令人讨厌的工头。1920 年初,一家法资铁厂的 70 余名工人中,有半数发起了罢工,理由就是他们不喜欢新派来管他们的工头。① 1925 年春,一家造纸厂的 80 名工人发起罢工,抗议两个工头对学徒工和仆人的"野蛮"对待。厂里当时有 32 名学徒工,没有一个超过 16 岁,两个工头下令他们不得离厂回家,家人也不许进入厂区探望他们。在这次冲突中,厂里其他工师都站在工人这一边,代表他们去和管理者谈判。当两名涉事工头被开除后,事情终于得到了解决。② 有一家织袜厂的工头不答应工人涨薪的要求,气愤的工人便提出要赶走他。③

当工头站在管理方时,工人和学徒就失去了有效领导的现成资源。而当工头扮演代理人或工人代表的身份时,他们就成了工人利益的维护者。这种更加复杂化的工头和行会会员形象,恰恰反驳了谢诺关于这些人握有"绝对权力"的断言。④ 我们无须像他一样对这样一个事实困惑不解:"非常奇怪,尽管工人们常常怨恨他们的工头……但并不排斥其某种忠诚感。"就算这种情况会受到与上级的微妙关系以及下级摇摆不定的忠诚度的影响,人们看待工头和保护人时还是难免武断。

---

① 《顺天时报》,1920 年 3 月 26 日第 11 版。
② 陶孟和编:《第一次中国劳动年鉴》第 1 册,第 187 页;《益世报》,1925 年 3 月 24 日第 7 版。
③ 《益世报》,1925 年 5 月 8 日第 7 版。
④ Chesneaux, p. 80.

工会主义的兴起

手工业行会在调整工资、保证生活水平的问题上行事相当激进。工人们还会在寻求工作条件的广泛改善。1925年,在一家专卖香油和菜油的店铺里,工人们要求在节日获得更多的假期,每月有两天休假,不得随意辞退,并且在提高工资的前提下增加年终分红。① 虽然不是人人有份,但是行会按照惯例会提供医疗救助,若是有人死亡,还会提供一副棺材并运回死者老家。北京屠宰场的屠夫们大多来自山东,1925年,他们担心身患疾病和死亡安葬,除了这些忧虑之外,他们还有涨工资的要求。② 以行会为基础的劳工政治以这种扩大的形式投射进了与工会活动有关的改革方式。

除了在1920年代中期刺激劳工政治的物价与货币上的压力,北京劳工所处的工作条件之恶劣,很容易就能列入工会的投诉清单。地毯厂的工人每天早上7点上工,一直干到午夜,每周工作七天,一个月也只能赚四元钱,即便算上厂里每天提供的两至三顿饭,他们的收入和普通人力车夫比也还差那么一点。③ 厂房冬天供暖极差,又不通风,环境很脏。④ 八九岁的小孩就已经是学徒工了。丹华火柴公司有一千名工人,其中三分之二是9至16岁的孩子,他们在"黑暗地狱"似的环境里每天工作16至17

---

① 《益世报》,1925年2月4日第7版。
② 《益世报》,1925年5月3日第7版。
③ 《益世报》,1924年12月19日第7版。
④ Chu Chi-ch'ien and Thomas Blaisdell, Jr., *Peking Rugs and Peking Boys: A Study of the Rug Industry in Peking* (Beijing: Chinese Social and Political Science Association, 1924), pp. 19 - 20.

第七章 工头、行会和工帮:劳资纠纷和工会主义的兴起

小时,厂房里还弥漫着浓浓的黄色磷烟,晚上睡的宿舍是破工棚。① 那些大型机械化和手工业工厂采用行会的学徒工制度来降低用工成本,却不给招来的年轻人任何升迁机会和工作保障。无论所在企业是大是小,是传统型还是现代型,只要是学徒工,都免不了遭受体罚和虐待。② 警方指出,店主和工头的虐待是学徒工逃离店铺和工厂的一个主要原因。③ 在一起谋杀案中,一名皮革工人的妻子被指控将一位年仅 14 岁的学徒工殴打致死。④

北京传统行业的工人在认识到了普遍的经济压力和特殊的不公正后,便有了进行一种复杂而又多层次的政治游戏的能力。行会或行会性质的组织或许限制了工人们诉求和不满的深度和广度,店铺、工帮、"口子"、一个区或"大口子",乃至全市性组织中环环相扣的等级制度,却为不同职业团体表达意见和诉说不满提供了一个框架。

派系纷争和紧张的个人冲突比比皆是,因为像店铺和工帮这种基层经济单位,采用的是一种以家长式领导人和头目为中心的自觉的家庭式运作方式。在这些小团体中,团结性通常是建立在血缘、友情或乡缘关系上的。工人、工头、经理乃至店主都有足够的理由因为个人因素挑起冲突。诸如不讨人喜欢的工头这类问题引发的罢工或骚乱频繁发生,足以反映北京人在涉及身份地位问题上普遍的敏感性。法国在世纪之交的大罢工相对来说更加强调"个人问题",根据彼得·斯特恩斯(Peter Stearns)的观点,这部分是

---

① 《益世报》,1928 年 10 月 22 日第 7 版。
② 《益世报》,1922 年 3 月 24 日第 7 版。
③ 《京师警察公报》,1928 年 1 月 7 日;《益世报》,1929 年 4 月 3 日第 7 版。
④ 《益世报》,1924 年 8 月 28 日第 7 版。

因为法国文化重视"个人尊严"。① 在中国,团体的尊严以及在这个团体所处的社会等级中的个人,在激发和加剧派系和社区争斗中起着相似的作用。在这个拥挤而又极权的工作团体世界中,挑战师傅或工头的权威即可视为一种"革命"行为,同理,任何领导者和手下也是如此对待的。工人们使用暴力和人格羞辱来揭露和罢黜让他们不满意的工头以取而代之。造反的工人们反过来也成为绝望的工头们施以某种"反革命"恐怖的对象。

当这些较小的单位将权力移交给更大的联合会,或成为等级高层人士施展野心的目标时,效忠的转移或扩大就会发生了。这些卷入其中的团体非常清楚这些交易所带来的得失,当一个新组织的兴起靠的是某一特定领导者、派系或地域族群不断壮大的势力时,尤其如此。在行业和职业内部,工人们可以通过体验融入店铺生活和行业政治之网中的权力斗争,获得一点政治和阶级意识。至少,行会和团体生活中的"身份意识",为商铺、工作团体和口子之内和之间所存在的某种争权夺位之战的爆发提供了基础。②

起初,那些加入行会或在行会势力的行业中工作的工人,比那些在现代化工厂和企业中的工人更能保护自己的利益。虽然行会工人有时会秘密采取行动或组织起来,不过他们也不太会像邮局职工那样,在 1922 年一次出师未捷的行动中匿名提出要

---

① Peter Stearns, "National Character and European Labor History", in Peter Stearns and Daniel J. Walkowitz, eds., *Workers in the Industrial Revolution: Recent Studies of Labor in the United States and Europe* (New Brunswick, N. J.: Transaction Books, 1974), p. 18.

② 参见 Eric Hobsbawm 在其著作 *Worlds of Labour* (New York: Pantheon, 1984)第 21 页提到"阶级意识"时有关坚持基于行会的身份意识的讨论。

第七章　工头、行会和工帮：劳资纠纷和工会主义的兴起

求。① 当"集体防御还弱小时",隐姓埋名确是一种谨慎的策略。②在由工头、工人和学徒工组成的结构复杂、组织严密的工作团体中,这些成员很可能都是朋友、亲戚或同乡,这类组织具有一种几乎是自发的集体防御能力,并转变成一种更加外向型的策略。最初组织松散的现代产业工人,成为了劳工组织者建立更大、更明确组织的对象。但是工厂工人也容易受到镇压。1925 年 1 月,在电车工人抗议士兵攻击而发起的短暂罢工之后,电车公司列出了一份罢工带头者名单,私下里培训了一批新员工,等这些替代人员培训完毕之后,随即解雇了带头的 29 名售票员。③

1924 年,正当激进分子们开始重新审视北京工人的政治潜力时,站在他们面前的,一是已经按照传统方式组织起来的传统行业的劳工,一是既赞成组织工会的提议、又想模仿行会成功策略和方法的现代产业工人。北京的印刷工与政府和政治化的新闻产业有着密切的关系,他们也是第一批与激进政治家和劳工组织者建立联系的北京工人。李大钊及共产党人,在 1924 年末一次为期三天的罢工中支持了印刷工人。④ 尽管印刷工人与激进分子有着联系,但是他们还是继续遵循着行会那种经过实践证明可行的行为模式,在茶馆开会分享不满和商讨对策,挑选代表与

---

① NCS, 27 September 1922, p. 1; 28 September 1922, p. 1.
② E. P. Thompson, "The Crime of Anonymity", in Douglas Hay, Peter Linebaugh, John G. Rule, E. P. Thompson, and Cal Winslow, eds., *Albion's Fatal Tree: Crime and Society in Eighteenth Century England* (New York: Pantheon, 1975), p. 255.
③ 《益世报》,1925 年 3 月 26 日第 7 版。
④ 刘鉴堂:《回忆向导周刊在北京印行的经过》,载张静庐编《中国现代出版史料》丁编(北京:中华书局,1959)。

业主对峙,以及发起罢工瓦解管理层的阻挠。①

在中国其他地方,一些劳工组织者已经能够渗透到传统行会之中,例如1920年代早期的长沙,动员总能够快速完成,因为他们"已经是组织性很强的工人了"。② 贺萧在她关于天津的研究中,解释了为何城内某区的铁厂工和机器制造工会比较"死气沉沉",部分是由于该区行会传统尚未成熟。③ 在目睹了行会人士的成绩之后,北京的劳工组织者终于加紧步伐,开始在未工业化的经济环境下组织工人了。从北京各个大学招募来的国民党劳工运动者,也在1925年开始组织城市工人,并以此作为抵消共产党在地方政治中扩大影响力的一种手段。④ 国民党发现,共产党的基础主要是在城市现代工厂这部分,于是他们就向城里广大尚未工业化的经济体寻求支持。1925年夏,粪夫发起的罢工使他们看到了传统行业的劳工的现代政治潜力。⑤ 直到1926年,这些将会成为1928年国民党工会运动领导者的组织者已经脱下了学生制服,与他们准备动员的工人们吃住在一起了。记录表明,他们在报夫、水夫、粪夫、邮递员和人力车夫中已初获成功。

在1928和1929年,现代化行业对工会组织的自然反应,以及远未工业化的北京的既有开放度,为工人促进自身利益、解决内部矛盾提供了新机遇,从而为强有力的工会运动提供了基础。不过,既然行会能像工会那样代表工人利益,工会也就可以像行

---

① 《顺天时报》,1925年3月24日第7版;NCS, 25 March 1925, p.1; 26 March 1925, p.8.
② Lynda Shaffer, "Mao Zedong and the October 1922 Changsha Construction Workers' Strike", Modern China 4:4 (October 1978):397.
③ Hershatter, pp.113-114.
④ 马超俊:《中国劳工运动史》(台北:中国劳工福利社,1959)第1卷,第487页。
⑤ 同上。

会那样运作,再生出一套带有强烈个人色彩和派系倾向的内部政治,这就会给领导者们以家长式的或"封建"的巨大权威,同时也将他们暴露在"家族"纷争、继承危机和下级反抗之中。在北京劳工运动中,无产阶级政治及其派生的改革和革命浪潮,与行会和类行会政治中的帮派作风和个人性格交织在一起,化成了一头政治之虎,让那些领导者和追随者个个难以驾驭,骑虎难下。

第八章　新公共领域下的市民：
　　　　 日益扩大的政治参与

如果说北京对成就一批现代化的工人阶级十分吝啬，那么这座城市对培养一群自认为是现代市民的居民却格外大方。从五四运动和现代大学、学院产生的专一而又富有战斗性的民族主义，其源头正是北京。随着20年代中期五卅运动的爆发，民族主义集会吸引到了成千上万名抗议示威者。

虽然北京这座城市与皇权和政治的联系源远流长，但是其市民却在公众讨论和辩论上没有特殊的权利和义务。正如牟复礼（Frederick W. Mote）所言，中国的城市与那些赋予市民自治权传统的城邦或公社没有任何相似之处，没有让个人或团体在公共事务领域的动议法制化的公民观念，也鲜有适合市民集会的标志性建筑。① 然而，尽管中国的城市尚未工业化，却提供了种类丰富的公共活动，其中包括买卖交易、看戏、拜神以及在茶馆和饭馆的社交活动。科举考试、商会以及行会在其各自的士绅、商人、工匠群体中保持着在其厅堂馆所内进行讨论和争论的传统。在社区遇到危难之时，有权势的官员和商人能够组织全市性的精英分

---

① F. W. Mote, "The Transformation of Nanking", in G. W. Skinner, ed., *The City in Late Imperial China* (Stanford: Stanford University Press, 1977, p. 114).

第八章 新公共领域下的市民：日益扩大的政治参与

子联盟，来行使对城市事务的管理。① 而他们所缺乏的就是地方自治政府的法理以及能够让除士大夫、科举考生和行会领导者以外更多有政治热情的个人投入到政治活动中的意识形态上的依据。这种意识形态和法律上的基础一旦打下，那么从寺庙、妓院到公园、戏院等公共场所都可以成为城市政治的舞台。诸如在茶馆会面解决纠纷或密谋策划等已知的公众行为旧习，再加上诸如工会、政治俱乐部和党派的新观念、新组织，将急剧地扩大政治参与度。②

这一新政治舞台，或者说公共领域，是一种新旧惯例和态度的结合体。对士绅和商人所领导的公领域的高度重视，加强了公共舆论作为一种大范围领域的讨论和辩论的现代观点。③ 在欧洲，这种公共领域作为自发结社、针砭时弊或为国家辩护之地，在国家和民间社会之间应运而生。④ 这一领域起初在近代专制国家和传统国会之间时有时无，之后又被反叛的资产阶级重塑并得到扩大。在中国，士绅和商人对于官权的依赖，在晚清已经有所

---

① G. W. Skinner(施坚雅), "Introduction: Urban Social Structure in Ch'ing China", in Skinner, *The City in Late Imperial China*, p. 522. 施坚雅提出了中国城市一般有两类核心绅士的可操作性观点，缙绅之外，商人有组织地管理社区事务。
② Richard Sennett, *The Fall of Public Man* (New York: Knopf, 1977). Sennett 认为，在公共领域最高层次的政治表达出现于前资本主义欧洲城市的转型期，当时在公共集会上的角色作用转变为鼓吹和表达现代政治的任务。然而，Sennett 也受到了通过批判当代文化私人化现状的方式将这一还未入门的时代浪漫化的批评(Marshall Berman, "Facades at Face Value", *Nation*, 6 August 1977, pp. 118 - 121). 他对传统与现代政治相辅相成作用的考察，对于我们阐释像北京这样部分现代化的城市中的公共生活很有助益。
③ 有关 19 世纪末中国公共领域不断增长的重要性的讨论，见 Mary Rankin, *Elite Activism and Political Transformation in China: Zhejiang Province, 1865 - 1911* (Stanford: Stanford University Press, 1986), pp. 15 - 27 and chaps. 3 and 4.
④ Jürgen Habermas, "The Public Sphere: An Encyclopedia Article", *New German Critique* 1:3 (1974), summarized and discussed in Richard R. Weiner, *Cultural Marxism and Political Sociology* (Beverly Hills: Sage, 1981), pp. 105 - 109.

图 19 中央公园

青年女子在中央公园(1928年以后改名中山公园)散步。前清时代,这里原为社稷坛,1914年向公众开放。因为要买门票而让贫民望而却步。光顾者可以在这里喝茶用餐、买纪念品、听听音乐或散步聊天。政治会议有时也在园内举行。美国国会图书馆惠准采用。

松弛,到民国则被打破了。但城市精英们从来就没有聚集力量和意志,来建立一个完全自主的公共领域。不过在1920年代国家动荡之时,"私"领域的合法性式微,以及对"公"领域作为讨论、谈事场所的正面道德和政治评价,促使报纸编辑、新老民间领袖和普通民众即兴发挥出各种公开表达政治观点的手法和策略。① 如此一来,随着参与政治讨论和行动的机会越来越多,城市政治便具有了自己的生命和逻辑。②

---

① 我从与罗威廉(William T. Rowe)有关清末民初官、公、私的讨论中获益匪浅。亦见 Rankin 的书。
② Ralf Dahrendorf, *Class and Class Conflict in Industrial Society* (Stanford: Stanford University Press, 1959), pp. 183-189. Dahrendorf 细化了政治领域团体形成的前提条件。

第八章 新公共领域下的市民:日益扩大的政治参与

作为政治互动的一项基本前提,北京的社会沟通到了 1920 年代已经得到了加强。城内诸多公共和私人办事处已可互通电话。发行的报纸有五十乃至上百种,既有包含国家地方政治大事的大报,也有偏重社会新闻和娱乐消遣的小报。① 受欢迎的日报日发行量可达到一万份。② 小范围发行的杂志也能轻易地得到印刷工的信用,无须多少本钱就能刊发他们的见解和想法。③ 还有一些非正式的政治讨论公共场所,如北京中央公园,每到夜晚,记者、官员与政客云集于此,或谈天说地,或分享政治信息(图19)。④ 城里数不胜数的澡堂、数以千计的饭馆以及数百家妓院,为政治和社会密谋提供了适宜的环境。辛亥革命之后,配有现代锅炉、供电和电话的新式澡堂开张营业。"随着城镇居民虚荣心与日俱增,澡堂业影响力突飞猛进",而澡堂则成了城市精英们的"社交中心"。⑤ 在清朝业已成风的上等餐馆摆宴席的惯例,"爱及民初,斯风犹炽。武人政客铺张扬厉,亦多假手于饭庄"。⑥ 一位民政部的官员在讨论适用于非正式"聚餐会"的风俗时,称这一

---

① 《晨报》估计在 1925 年北京有 80 种日报,30 种晚报,120 家新闻社。引自 NCS,4 October 1925,p.1; China Weekly Review, 8 November 1930, p.359.
② 娄学熙、池泽汇、陈问咸编纂:《北平市工商业概况》(北平:北平社会局,1932),第 621—625 页。
③ Tan Shih-hua(邓惜华),A Chinese Testament (New York: Simon and Schuster, 1934), pp. 278-279. 邓叙述了她和外省来的同事借钱出了一份文学杂志,并支付书商提出的佣金数额以代销杂志。
④ Jun Ke Choy, My China Years, 1911-1945: Practical Politics in China After the 1911 Revolution (Hong Kong: Peninsula Press, 1974), p. 55. 中央公园在 1916 年被描述为时尚的公共聚会场所,人们来这里可以看到各种时装,或谈论政治的小道消息。稍后,又有位外国记者提到,这里流传着各色各样的珍闻趣事,全然是中国记者和清闲之士的联谊会。North China Herald, 4 September 1920, p. 604.
⑤ 《益世报》,1929 年 11 月 4 日第 8 版。这些"浴园"区别于下层工人阶级的澡堂,在新式住宅普及以前,曾风靡一时。
⑥ 娄学熙、池泽汇、陈问咸编纂:《北平市工商业概况》,第 374—375 页。

惯例始于议会政客,现已风行于大学、各行各业及其他领域。

> 利用这些非正式会谈,雇主们会商讨如何付最少的工资而让他们的工人卖最大的力,而雇员们则会商量怎么才能干得少挣得多。人们常能瞧见一小群铁路工和邮差周末在街转角的饭馆吃饭。当一场关于一个新工头的优缺点的讨论变得过于热烈的时候,他们可能……以一场斗殴作为收场。①

在城里"花街"举行的会面,虽不那么公开,却也是十分体面的。②青楼为商人、政客、男学生提供了会面场所,而一些不上档次的妓院也成了男性工人的去处。举个例子,据报道,指导1919年五四运动的重要决定都是在北京一家妓院里作出的。③

各省各地的同乡会馆也被赋予了全新的更加公开的政治目的。京城有四百余家这样的馆舍接待来京的官员和参加科举考试的考生,稍差点的供短期逗留的商人使用。④（商人们还有自己专门的行会,例如安迪生的珠宝行会。）1921年,一位报社评论员指出,同乡会从前与"政治无若何关系",而现在他们则公开地成了"政争武器"。⑤

在这些有利条件下,市民团体聚会抗议供电供水服务差,反

---

① Jermyn Lynn（林志宏）, *The Social Life of the Chinese* (Beijing: China Booksellers, 1928), p. 34.
② John S. Burgess, "The Problem of Prostitution",《社会学杂志》第2卷第4期（1925年4月）,第4页。
③ Yen Ching-yueh(严景耀), "Crime in Relation to Social Change in China", Ph. D. dissertation, University of Chicago, 1934, p. 86.
④ 李华:《前言》,李华编:《明清以来北京工商会馆碑刻选编》(北京:文物出版社,1980),第20页;亦见何炳棣《中国会馆史论》(台北,1966)。
⑤《益世报》,1921年2月2日第5版。

对税款,解决战争造成的粮食短缺,促进自治,以及抗议士兵的暴行。对公共设施颇有微词的消费者将他们的投诉发表在报刊上,鼓动他人拒付账单。① 人们组建了"满族进步会"来帮助贫穷的同胞。② 职员和政府机关部门的小官吏团结一心,组建"讨薪会",试图追回受财政问题困扰的政府所拖欠的数月工资。妇女们成立了一个政治社团和一个节制生育协会。③ 优生学家玛格丽特·桑格(Margaret Sanger)1922年来访北京,她的到来向人们展示了北京居民对公共事务是何等关心,以及这种关心程度结合了城市社会沟通的加强之后,会在何种程度上促进自发结社。④ 桑格在北京大学举行了一场讲座,由知名学者胡适担任翻译。她在挤满了听众的讲堂内分发她所著的小册子《家族制限》(Family Limitation)。翌日一早,这本小册子的中译本就诞生了。到了下午,已经发行了五千册油印本。桑格此次来访六个月之后,五十名妇女受其讲座和讨论的影响,组建了北京生育制裁协会。

公众对各种社会问题的知晓,以及志同道合人士小型非正式聚会的普遍性,是北京政治生活的基本要素。然而,小团体组织并成大团体,非正式聚会变成工会、协会和联合会,政治上虽然容许,还是会受到一大堆资格和规则的制约。公众讨论和政治的领域受制于习俗和法律,且常常受到警察的密切监管。像商会和银

---

① NCS, 7 January 1921, p. 2;《顺天时报》,1921年1月25日第7版;1921年3月30日第7版;1921年5月8日第7版。
② 《益世报》,1929年1月18日第7版。
③ NCS, 8 September 1922, p. 8; 17 October 1922, p. 7; Su Ruchiang, "Birth Control in China", Ph. D. dissertation, University of Chicago, 1946, pp. 142 – 143.
④ Su Ru-chiang, pp. 142 – 143.

行家联合会这样的法团,以及像士绅和人脉亨通的政客等有较高身份地位的个人和团体,自然有权利举行会谈,向政府请愿。"警察法"规定,法团活动领域外的任何政治集会都须有官方批准,并明令禁止妇女、工人和学生参加政治活动。

市民为了集会权利而与警方发生对峙的解决途径各不相同,这取决于当时主流政治气候、人数多寡和道德制高点。1921年11月,警方禁止了在北京一家会馆举行的有5000余人参加的顺直同乡大会。① 警方不能接受此次集会的规模,因此该同乡会不得不以代表制的形式于两个月后重新开会,这次总共来了400人。1923年秋,一群北京市民试图在天安门外集会,警方便雇来一批街头艺人和乐师扰乱他们的政治演讲。② 在某些情况下,警方在监管限制公共生活上也无能为力。1924年夏,一位知名政客及其听众制伏了一群前来驱散当地自治团体集会的武装警察。③ 次年春天,300余名印刷工徒没按行会常规程序在茶馆集会,前来调查的警察被刀刃示威、恶语诟骂的工人们给吓跑了。④

在1920年代,北京成了社会运动的大本营,诸如女权运动、群众性民族主义和工会主义,这些都为像天安门广场等公共场所赋予了新的政治意义。在1920年代,天安门"广场"从严格的建筑学意义上来说,还不能称为"广场"。当地报纸将这一场地称为"天安门前的一片空地"。⑤ 市民和公民定期来这片空地集会,折射出一种引人深思却也稍纵即逝的城市和国家团结的景象。由

---

① 《顺天时报》,1922年1月13日第7版。
② NCS,13 October 1923,p. 1.
③ NCS,18 July 1924.
④ 《顺天时报》,1925年3月24日第7版。
⑤ 《益世报》,1928年12月16日第2版。

第八章　新公共领域下的市民：日益扩大的政治参与

于其他诸如寺庙、会馆、茶馆和公园等"公共"场所，不是仅限私人或团体会员、要收取费用，就是必须在此就餐、喝茶才能进入，因此在社会运动的压力下，能够对所有人开放的场所，对于形成一个真正意义上的"群众"政治，就显得极为重要。像群众性民族主义和工会主义这样的运动将全国和全市性政治带入学校校园、商铺、工厂、寺庙和办公室的事实也具有同样的重要性。商会和警察部队等全市性机构也为日益扩大的全国和地区问题的讨论注入了新元素。但是与这些组织直接或间接相关的社会运动，也有着这一功能。因此，北京居民对于在何时、何地以何种方式进行政治活动的选择范围之大，实在是史无前例的。

公民集会

清政府授予了法团在特定权限和责任范围内商讨事务的权利。比如商人们可以根据所在商会的特许状权衡其市场形势。但是不论清政府还是民国政府，最终都无法将讨论限制在限定范围内，或者防止新团体的形成。例如，在五四运动前夕，记者、商人、国会议员和学生代表组成了一个北京"国民外交会"，积极地游说政府官员，在转让山东半岛的问题上采取强硬态度。① 总统徐世昌的一位高级助理接见了这个团体，听取了他们的要求。曾经寄希望于官方批准或私人关系来协调活动的精英分子们现在可以堂堂正正地办事了。只有国家才能给法团颁发许可证。不

173

---

① 《益世报》，1919年5月3日第3版。中国社会科学院近代史所编：《五四爱国运动》第1册(北京：中国社会科学出版社，1979)，第505页。

过这些合法成立的组织也能赋予像外交协会这样的利益团体半合法的光环。① 当层出不穷的协会、团体从法团互相联系的活动中不断涌现之时，群众运动通过城市社会向国家表达了一波又一波的公众不满情绪。在支持或反对这些结构和运动之中，城市居民作为公民的角色日益丰满起来。

五四运动不仅促使像商会这样的组织参与到公共活动中来，也将普通民众拉入到了抗议示威的大潮之中，或为旁观者，或为参与者。这一运动源自学生团体和大学校园的政治活动。在北京抗议爆发的几个星期里，主要都是学生上街游行、发表演说和被捕入狱。不过学生领袖们也发现，记者、商人和同乡会接受了他们对支持和团结的呼吁。

根据报道，在1919年5月4日天安门外的第一场抗议集会中，"许多市民"加入到了来自各个大学和学院的三千名学生中。② 市民在队伍中尤其显眼，因为与之形成鲜明对比的是身着统一校服的学生们个个朝气蓬勃，来自不同学校的学生都形成了各自的队列。③ 人群聚集在了天安门外的汉白玉石桥上，传入他们耳中的是学生领袖们的演讲和警察厅厅长吴炳湘的恳求："今天天气很热，请诸君赶快回去休息罢。"④事与愿违，人群继续沿着阻隔天安门入口的长墙向南前进，接着向东一拐，直接面对了挡在使馆区入口的守卫和警察。（此处景观详见图20。）许多北

---

① 有关民国时期政治利益团体的起源的探讨，见 Joseph Fewsmith, "From Guild to Interest Group: The Transformation of Public and Private in Late Qing China", *Comparative Studies in Society and History* 25:4 (October 1983): 617-618.
② 《益世报》，1919年5月7日第2版。
③ Chow Tse-tsung(周策纵), *The May Fourth Movement: Intellectual Revolution in Modern China* (Stanford: Stanford University Press, 1967), p.106.
④ 彭明：《五四运动在北京》(北京：北京出版社，1979)，第137页。

第八章 新公共领域下的市民:日益扩大的政治参与

京市民看到了游行呐喊的学生都热泪盈眶。① 学生们到了位于东城的总长曹汝霖宅邸后,游行队伍秩序一度失控。在年轻人与警察的冲突中,曹宅赵家楼被烧,另一位高级官员被打伤了。这场运动中象征性和实际上的暴力行为,包括血书标语和请愿书,警察手持警棍驱赶人群,对有身份地位之人及其财产的袭击,凸显了这次抗议事件激进的性质。

随着抗议活动的升温,外交协会计划5月7日在中央公园举行集会,这一天正好是1915年日本"最后通牒"逼迫民国接受丧权辱国的"二十一条"四周年。7日一早,有一两千人来到了中央

图20 天安门与使馆区

在中华门远处可以看到天安门和前面的一对华表。照片右侧是西边的使馆区。天安门前的空地,就是大批示威者集会的地方,四周是矮墙和树木。除了作为首都中心的标志性场景之外,这里也为对政府官员进行抗议和进入使馆区提供了便利。采自 Heinz v. Perckhammer, *Peking* (Berlin: Albertus-Verlag, 1928).

---

① Chow Tse-tsung, p.108.

公园入口,他们发现有两千多警察、宪兵、马队和陆军在长安街摆开阵势,挡住了去公园的路。① 一百名抗议者企图在天安门外集结,不过到了下午一点半,支援部队已经将所有通往市中心的街道堵死了。记者们估计当日下午有一至两万人被阻止前往天安门。协会领导者最后撤回会馆,以重整旗鼓。

由于城里的街道、广场、寺庙和公园的通路都被学生、市民、警察和军队挤得水泄不通,成群的市民只能通过控制社会或组织的据点,例如校园和会馆,作为避难所和集结地。政府常常能够堵住或阻塞抗议的人群,但却不愿也不能直接进攻那些培养精英和支持抗议者的机构。一种集体自律的传统赋予了市民一个能够各抒己见、各行其是、可守可攻的平台。由于个人权利缺乏强有力的保障,一种强烈的团体特权和领地意识成为市民抵御政府镇压的手段。

城市居民无法不对北京学生在五四运动中特有的英雄式抗议行为肃然起敬(图 21)。报纸报道的学生激进分子和北京市民相遇时表现出来的强烈情感可以说明,五四抗议模式和爱国情感的表达,是如何以及为何会在 1920 年代层出不穷的。在五四事件之后的一周,学生演讲团到全城各处声讨政府。当学生在演讲时,听众里的商人和工人通过为演讲者递上茶水来表达他们的钦佩之情。② 有一次,演讲者们在新世界娱乐城边上的一块空地高声演讲时,一位卖旧衣服的为之打动,自发参加了其所在行会的抵制日货组织。在商会总部附近,"听者六七百人,均为之动容,并有一老者频频以巾拭泪,长吁不止"。③ 当警察前来驱散人群

---

① 《益世报》,1919 年 5 月 8 日第 2 版。
② 《益世报》,1919 年 5 月 22 日第 6 版。
③ 《益世报》,1919 年 5 月 23 日第 6 版。

第八章 新公共领域下的市民：日益扩大的政治参与

图 21 学生抗议者

在这位学生长衫上贴的口号，一边是"废除不平等条约"，另一边是"坚持到底，百折不挠"。这座城市的当局既要保护外国利益，又要安抚学生对政府在涉及国家主权问题上的任何妥协的抗议，促成了五四抗议传统的延续。采自 UPI/Bettmann Newsphotos。

时,学生们在群众的支持下与警察发生了论战,有些人会被激怒,而有些则被他们争取了过来。一位警察承认:"如果脱下这身制服,有谁不会同意你们的观点。""你到底是中国人还是外国人?"学生们步步紧逼质问。

政府方面有时会公然宣称要"严重取缔,以遏乱萌"。警方称北京学生联合会并不是法团,因此没有合法的公共地位。① 尽管1920年代有着再明显不过的内部消化冲突的趋势,学生们还是

---

① 《益世报》,1920 年 3 月 3 日第 2 版。

用激进的情感基调,坚决将政治活动带向公共领域,以此保存并发扬了五四运动的政治风格。① 大学校园之外,越来越多的市民也开始效仿这种传统抗议形式的现代升级版。一种所有"平民"和公民人人平等的观念,虽然只是为清楚自身特殊地位的学生蒙眬感觉到乃至践行,也被北京居民拿来与学生政治战术经验一起效仿了。五四运动一年半之后,一个被穿着体面的学生当众辱骂的人力车夫叫道:"先生不要这个样子。我们都是中国人,你为什么骂我?我现在虽然拉车,但是与先生都是个人。学堂里不是讲平等么?我没念过书,这是常听着你们先生说的。"②

政客和军阀对国会议员的威逼利诱或选举舞弊,使得国民根本不可能进入国家权力的顶峰,因此他们只能止步于像社区、团体和街道这样地方层面的政治活动。例如,在官僚和军阀枯藤上死去的代议制民主,只能以召开所谓临时"国民大会"的形式,在地方层面象征性地存活下来。国民大会乃腐败国家机构的解药,这一想法在五四运动之后颇得人心。地方性集会成了全中国法团和公民团体大会的序曲。③ 它所宣称的目标是改革政治体制,制止从 1920 年就已爆发的"军阀和自私政客的瘟疫"。④ 1920 年初,作为五四运动的一部分,全国各大城市中的公民团体举行公共集会以商讨转让山东的问题。⑤ 虽然没有合法机构为后盾,抗

---

① 黄迪《五四以来中国之学潮》(《社会学界》1932 年第 6 期)有对北京和其他城市学生抗议的分析,表明了 1920 年代引起学潮原因之广泛。学费、考试、对某些老师和职员的不满、学生内讧等等,在引发大学学潮方面占了相当比重。
② 《益世报》,1920 年 10 月 25 日第 5 版。
③ 1920 年,吴佩孚呼吁召开国民大会。同上。
④ 《益世报》,1920 年 8 月 1 日。
⑤ 《益世报》,1920 年 3 月 1 日第 2 版。

议者们还是自行组织起来了。

北京居民也计划在2月6日举行一个类似的集会,但是士兵和警察成功予以禁止。为了让当局措手不及,组织者只在街头贴了一天布告,通知2月29日在新天地俱乐城边上的空地举行群众大会。① 20个团体前来赴会,许多人还以"国民"的身份上台发表"激情洋溢"的演说,其中有一位年逾七十的老妇人。随着人群不断地聚集,警察冲了进来,驱赶人群,撕毁标语。警察和市民之间爆发了冲突。许多学生演讲者后来还进到娱乐城里,因为一部分人群在那里看集会,于是他们在里面继续演讲。

若群众大会在大学校园或会馆内召开,警察则一般不会去干涉。② 但是如果市民要借用公共空间以达到政治目的,那么他们就要有一个强有力的理论依据,以及规避或招架政府镇压的集体意志。国民大会的点子,被证明是一种有效却非一劳永逸地把警察和士兵关进笼子、开拓城市政治活动空间的办法。

自　治

全国性的国民大会从来就没有召开过。未来的政治发展,表明国民若要参与到国家政治,就多半要走上列宁主义全民总动员的道路。1920年代中有一段时间,中国城市居民认为,独立的地方自治或许适用于城市居民所表现的新政治意识。"自治"在1920年代有多层含义。它可以指行政地域单位或者特定组织,也可以表示精英分子或社会中更多成员的参与。在北京,内务部

---

① 《益世报》,1920年3月1日第2版。
② 《益世报》,1920年5月5日第2版。警方允许一万人参加在北京大学校园的集会。

为鼓舞实现地方自治的希望,在 1920 年代初宣告称,目前由部门官员组成的市政厅将实行民主化,并成为一个以民意为基础的市政府。① 虽然这个计划和国民大会的下场如出一辙,但是最初在提出要建立若干公民团体和自治协会以接管政府提议交出的权力和税收时,城市居民还是非常当真的。

到 1922 年,北京有 40 多个县级、市级和区级的自治组织。② 各组织的会议有时会有上千位与会者。市级联合会多达 5000 名会员。③ 俱乐部政治和派系斗争的龙争虎斗告诉人们,一个被世纪之交的芝加哥人或旧金山人所熟知的政治机器正在起步成形。唯一缺少的只是赞助和选举,不过这些迟早都会来的。这次运动随心所欲,甚至混乱无章,让一位评论员惴惴不安,他把自治形容为一种对名誉、地位和财富肆无忌惮的争夺。

> 认为这场运动不过是个大笑话的人不计其数。有些(参与者)砸别人的头,另一些则互相谩骂,粗俗至极,以至于本该是文明的会议沦落成一场野蛮人的打斗……那些说中国人只不过表现上文明骨子里还是自私透顶的人,可以此为证。④

在有 300 人参加的某个自治联合会的区级会议上,其中一方在选举分部负责人时对投票箱动手动脚,于是便爆发了凳子满天飞的

---

① 《益世报》,1922 年 8 月 8 日第 7 版。原定 1922 年 9 月 1 日为实行自治的起始日期。
② 《益世报》,1922 年 8 月 16 日第 7 版。
③ 《益世报》,1921 年 11 月 13 日第 7 版。
④ 同上。

群架。① 批评者嘲笑道,自治这个想法"极冠冕堂皇",但是实际操作起来就是一场"猎官运动"。② 反对将"公务"变为"私心"的观察者的义愤之情与美国改革家对机械式政治破坏"公众利益"的愤慨是相类似的。诚如孔飞力(Philip Kuhn)所言,在中国,现代地方自治概念被设想为是"公私利益和睦相处",并能使地方精英"在公众利益下有所收敛"的手段。③ 私人利益集团间的无序竞争和所谓精英阶层言行的不守规矩,令观点无论传统还是现代的评论者都感到不安。④

1920年代初,北京的每一个自治联合会都代表了一个特定的群体、阶层或社会上的某类人,从"伟人、政客、缙绅、商贾、流氓、土棍"到中小学教师、学生和旗人,不一而足。⑤ 由于铺税是城市收入的主要来源,由商会会长孙学仕领导的商人自然会对自治表现得特别感兴趣。⑥ 有一个组织严密的"教育派"专门招募中小学教师。⑦ 另一个以北京大学为据点的协会推选胡适作为其候选官员,并邀请这位杰出的自由主义者就什么是好政府发表演讲。⑧ 一些满族人似乎看见了自治中蕴含着的光复昔日权力和威望的方法。报纸上的一篇短文诙谐地描绘了两个旗人在茶

---

① 《益世报》,1922年8月16日第7版。
② 《益世报》,1921年2月4日第5版。
③ Philip Kuhn, "Local Self-Government Under the Republic", in Frederic Wakeman, Jr., and Carolyn Grant, eds., *Conflict and Control in Late Imperial China* (Berkeley and Los Angeles: University of California Press, 1975), p. 280.
④ Andrew Nathan(黎安友)曾指出,现代中国人存在着一种很深的情结,其中蕴含着民主或宪政需要接受国家与个人利益作为对立的力量,而不是官府、公众和私人领域和睦共处的意味。Nathan, *Chinese Democracy* (New York: Knopf, 1985).
⑤ 《益世报》,1922年8月8日第7版。
⑥ 同上。
⑦ 《益世报》,1922年8月8日第7版。
⑧ 《益世报》,1922年8月12日第7版;1922年8月29日第7版。

馆里讨论,八旗怎么才能在城里某些区利用人数优势控制一些自治机构。①

有些团体专注于具体的城市问题,例如街道修缮、城市卫生或犯罪问题。一个由店主、商人和士绅组成的某区市民协会在当地一间寺庙碰头,商讨电车在他们的街区铺设铁轨的问题。② 东城一家俱乐部呼吁,建造一个停尸间,以减少将等待运回家乡的入棺尸体存放在寺庙所造成的健康风险。③ 其他一些协会则似乎更看重个人或团体的权力而不是公共问题。某位市政府官员,做着阻碍改革维新之事,却成立了一个由上百名"军阀、官僚、富绅、阔哥等"组成的自治团体。④

并非所有的自治联合会和它们的领导者,都愿意坐等政府主动将权力转交给新的市政机构。有个大学生在内城西北面组织了一个自治联合会,并在这个组织的支持下,为贫穷孩子开办了一所"市民"学校。不过在一次捐款活动中,他因未经允许假借了京师警察厅厅长之名义而被逮捕了。有个区级组织着手为当地居民提供诸如消防等服务,并收取捐款作为回报。该区警方立即提出反对,理由是作为"预备"团体,自治协会只能发表公众意见,而没有实际的管理权或提供服务的权力。⑤

虽然自治改革最终失败了,但是,将在自治运动中出名的积极分子吸纳到由法团、旧士绅和商人关系网支配的机构中的想法,作为一种扩大精英分子认同度的手段,确实很有吸引力。到

---

① 《益世报》,1922年9月2日第7版。
② 《益世报》,1924年5月20日第7版。
③ 《益世报》,1921年11月13日第7版。
④ 《益世报》,1922年8月10日第7版。
⑤ 《益世报》,1924年10月10日。

了这一年代中期,自治积极分子们在那些投身市级或社区民间团体和会议的精英阶层中也占有了一席之地。1924年末,"绅商联合会"的一个地方分部召开大会,区警察署长担任主席,与会者有自治积极分子、商人、教育家、国会议员和报纸出版人。① 1920年代,虽有越来越多的北京居民将政治作为一种职业或副业,官员和士绅之间、士绅和商人之间的旧式等级分界依旧显著。这些边界依然划分着所涉及的公共事务、相关联的既有士绅或商人核心圈所关注的中心和利益的等级区域。但是政府机关的衰落,以及从自治到共产主义等政治运动的出现,为地方政治开辟了许多新的战场。"绅商"在市民集会上依然抛头露脸,不过报纸编辑和大学教授也已经崭露头角了。当城市的广场和大街上挤满了表达新塑成的国家认同感的国民时,茶馆、饭馆、会馆和寺庙里的会议也接纳了来自更多领域的精英分子,有的资深望重,有的胸怀大志,他们都想向人们展示一种新的对民间事务的责任感。

五卅运动

1925年5月的五卅运动是1920年代中国群众参与集体表达意见中最壮观的一次。1925年5月30日,在英国警官的指挥下,上海警察开枪打死12人,而这些人是前来抗议之前日资工厂打死打伤中国工人的。② 惨案的消息通过电报传播到各个城市,在各大城市激起了罢工、抵制洋货和抗议示威。之后的6月,广州沙面的外国人向抗议者人群开枪,造成52人死亡,在中国各大

---

① 《益世报》,1923年1月11日第7版。
② 《益世报》,1924年11月15日第7版。

城市再度掀起了一波惊涛骇浪。这两起惨案成为了大规模集会的契机，而这些集会在规模和包容性上都远胜于五四运动中的抗议活动。

在北京，五卅运动同过往的民族主义抗议示威一样，其主要构成群体都是学生。再加上1920年代私立大学的增加，大学生的总人数两倍甚至三倍于前，这还没有算上诸多中学生。① 因此，可参加五四式抗议活动的积极分子和参与者人数增幅显著。上海惨案发生第二天，许多大学、学院和中学的学生在中央公园集合，希望动员北京的学生作为干部开展更大规模的运动。② 6月2日，来自90所学校的1200名代表集聚位于皇城东北角的北京大学第三校区。③ 另有11000名同学罢课以示团结。

学生所表现的团结性和领导力让人感到吃惊，因为仅在五卅惨案发生的前几周，学生群体内部的派系斗争还十分激烈，学生们的政治分歧和争论还相当明显。④ 在5月，学生的积极性在警方的持续镇压下也有所削弱。当学生企图于5月7日日本提出二十一条国耻日在天安门外集会时，警方在这片空地举行消防演

---

① 与五卅运动有关的政治事件概要，参见 C. Martin Wilbur, "The Nationalist Revolution: From Canton to Nanking, 1923 – 1928", *Cambridge History of China*, vol. 12, *Republican China*, 1912 – 1949, part 1 (New York: Cambridge University Press, 1983), pp. 548 – 549.
② 私办院校的数量由12个增加上29个。Ling Ping, "Survey of College, Middle School and Primary School Education in Peking During 1922 – 1924", reported in *NCS*, 14 August 1924, p. 7. 据一份不完整的调查，1926年北京高等院校中，国立院校10所，学生4500人，私立院校16所，学生8000人。*NCS*, 10 October 1926, p. 2.
③ 《北京日报》，1925年6月2日第2版。
④ 《北京日报》，1925年6月3日第2版。

第八章 新公共领域下的市民:日益扩大的政治参与

习来阻止集会。① 警察还在各个学校布置警力防止学生开会,他们还禁止采用通电形式,因为之前也会用发通电来号召其他城市。1920年的总统命令称,学生群体的领导是一群"唯恐天下不乱"的"乌合之众",同时宣布北京学生联合会是非法组织。② 当局引用这条命令来使他们反对学生参与公共事务的强硬立场正当化。作为回应,学生会宣布拒绝承认段祺瑞政府是合法政府。③ 亲国民党报纸《晨报》在反对学生罢课的同时,也批评政府利用公共舆论弱势和宪法准则名存实亡来限制自由。通过照抄日本警务标准,在维护治安的借口下,言论自由、集会自由和出版自由遭到取缔。在一次采访中,曾留学日本的警察总监朱深反驳说,现在的警察法比清朝律令要自由得多。④ 朱还指出,他认为学生运动现阶段已告一段落。

在上海惨案及其所导致的民愤下,朱深关于学生会按兵不动的预言被证明是毫无根据的,而政府遏制和镇压学生政治的企图也宣告破产。警察和军队只能眼睁睁地看着群众尽情释放爱国热情。6月,学生们随意在全城大街小巷游行,只有在使馆区的入口处才有重兵把守(图22)。6月3日,8000名学生,其中还有300名年轻妇女和儿童,组成长达一里的游行队伍在北京城游行了一整天。⑤ 从西城的民国大学和东城的北京大学出发的学生形成了两列纵队。学生根据所属学校排成整齐队伍在城中游行,遇到重要

---

① NCS, 15 May 1925, p. 1;16 May 1925, p. 1;23 May 1925, p. 1;28 May 1925, p. 1. 针对警方准备镇压5月学生的抗议,学生联合会提出了是否在期末考试前罢课的问题。学生也为中法有关扣留海关税款的悬案而争论不休。
② NCS, 8 May 1925.
③ 《益世报》,1925年5月7日第7版。
④ NCS, 23 May 1925, p. 1.
⑤ NCS, 14 May 1925, p. 1.

图 22　五卅游行

沿王府井大街向北去北京大学校园的学生队伍。他们似乎在天安门前示威后回来的路上。打出的横幅是抵制日货、英货,表明这是 1925 年五卅运动期间的一次游行。注意一辆人力车上面的三角旗,很可能是呼吁车夫不拉日本人和英国人。采自 UPI/Bettmann Newsphotos。

政府机关,他们就停下来表达抗议。学生们还派出宣讲团,到人流集中之处,如车夫休息站、茶馆等,动员市民。城市的交通和通信中断了,有轨电车也无法发车。随着两支队伍在城市街道上前行,居民们也加入到了他们的行列,等到队伍在天安门前会合发起"国民大会"时,人群中已有 5 万名"学生和市民"。最初的队伍秩序井然,可是当大量旁观者自发加入其中以及一些团体和个人被卷入人群,来到了城市中心之后,集会开始变得"略显混乱"。人群一直在喊"罢市!罢工!",直到主持集会的教师提议向商会总部前进,要求全市商铺歇业。

大约有 1 万人,其中主要是学生,脱离了示威大部队朝南前进,穿过前门,包围了商会。由于会长孙学仕和副会长高宝卿都

第八章　新公共领域下的市民：日益扩大的政治参与

不在,学生们没能提出要求。随后的大雨又让大多数学生打道回府,回到各自的学校,只有学生代表留在那里等孙和高。夜里9点,高终于露面,他花了3个小时与学生谈判,最终同意,在学生代表在场的情况下召开商会会议讨论罢市事宜,成立学商联合会以及抵制日货英货。之后的几天里,商会成功坚持不发动全市罢市,不过也承受了从天安门前来的示威者定期围困的压力。①

6月10日是北京五卅运动的高潮,当时有10多万人在大雨中聚集在天安门外。一张记录下朝北面向天安门的人群的照片,向人们展示了在一面"国民大会"白色标语之下,有一个被国民党政客占领的中央平台,周围林立着与会组织带来的各式标语。②向南延伸的窄墙和通道两旁栽下的槐树,把示威者逼进了一个不适合公共集会的空间。它原来的作用是围住通往皇城主门的道路。在北京极富象征性的规划中,除了在进行精心编排的仪式活动时,开阔地就应该是空在那儿的。爱国主义使这里发生了翻天覆地的变化。天安门及其外面的空地,原本设计用来提高皇帝地位,让来访者叹为观止,现在却在大规模抗议活动中成了舞台中心。从当局总是试图防止其被用作政治集会集合点,也可看出这片公共区域的政治潜力。③ 1919年,军队在天安门前安营扎寨,以此阻碍抗议者。④ 1926年,当局还把铺在地上的石头挖走,种下更多的树,明显就是要减少这里能容下的人数。⑤

6月10日这天,示威者组织成商人、教师、工人、学生和记者代

---

① 《晨报》,1925年6月4日第3版;《北京日报》,1925年6月4日第2版;NCS, 4 June 1925, p.1; Times (London), 4 June 1925, p.12.
② 《晨报》,1925年6月5日第2版;1925年6月7日第2版。
③ 同上,1925年6月11日第3版。
④ Peking Leader, 8 October 1919, p.4.
⑤ NCS, 4 May 1926, p.1.

表团,围站在被政客占据的中央平台边。当天到场的有157个团体,有像商会、记者联合会这样的法团,也有同乡会、商人和手工业行会、宗教团体、马克思主义学会以及工会。从电灯公司和自来水公司等现代化企业和工厂赶来的员工、工人以及印刷工,都来到现场。不过,一起来的还有四五十位"蓬头垢面,衣衫褴褛"的人力车夫,手里举着"北京人力车夫爱国团"的横幅;50名北京大学的雇工和警卫;以及在农业大学学生带领下从西郊赶来的300位农民。①观察者们注意到,分发给人群或人群手中持有的传单和标语,都有内容大致统一的反英和反日主题。不过像孔教大学和北京戒酒联合会的代表们,则摘用儒家经典和饮酒的坏处来装点他们的标语。

　　商会凭着法团的"有限制的许可"参与到公共事务中。北京学生联合会等其他团体,各自都有合法说辞,可若不是政治运动席卷全城,他们还是会受到警察的限制和骚扰。还有一些团体,诸如劳工联合会和工会,在这场大规模集会中抓准了时机,自说自话地就在这座城市里获得了合法地位。许多半官方团体以及大会海纳百川、阶级合作的制度,都赞成一种以每个公民以及每个对社会有用的人都享有平等代表权为基础的城市政治模式。此时国民党的主要政治机构都还在广州,因此接下来的事也不难理解,国民党一方的集会组织者擅自把自己放在这块人间画布的最中央,在这块画布上描绘出他们呕心沥血而创造的政体。这一幅表现新印象点彩派画风的团体画像,既反映也加强了团体运动在政治中的表现。

　　尽管在1925年6月,人群可以在天安门和其他集会点自由来去,但是参与限制依旧明显地存在着,那些被剥夺了集会抗议

---

① 中共在农业大学的支部曾经动员过学校[当时位于罗道庄——译者注]附近西郊的农民。见乐天宇口述,赵庚奇、梁湘汉整理《我所知道的中共北京地委早期的革命活动》,《文史资料选编》第11辑(北京:北京出版社,1981),第17—18页。

权的人对此深有感触。印刷工在6月10日的集会中起了突出作用,但是财政部印刷局局长却不准其职员离开岗位。① 报纸报道说,由于这些印刷工都是"有知识之工人",因此他们对错失这次表达政治观点的机会感到尤其愤慨。工人们好几天都在鼓动反对限令,而后他们得到学生会的支持,帮助他们取得了参加6月15日游行的权利。

行会工人们利用组织会议和采取集体行动的惯例程序计划了这次运动的参与。木匠、砖匠等建筑行业工人,刚刚在涨薪运动中获得经验,聚在一起建立了一个联合会调查上海惨案。② 集会上,工匠们同意以商会为渠道为上海工人捐献罢工资金。行会以效仿声援了学生抗议者,组织宣讲团,向北京的工人同胞进行宣讲。为纪念上海惨案死难者,行会于6月24日举行半天罢工,所有会员都要求参加6月25日的集会和游行。

行会会员、现代化企业工人和人力车夫等街头劳工对五卅运动所表现出的兴趣,使得6月25日原本很高的工人参与度达到了顶峰。③ 抗议活动组织者特意挑选了端午节(龙舟节)这个日子以鼓励工人参与,因为他们只有在主要节日才不用上工。人力车夫、自来水厂工人、挑粪工、旧衣铺店员还有其他许多行业的人都加入到了天安门外这场由10万人和100个组织参与的集会中。人群随后花了数小时走了一个正方形的游行路线:东起东城东单,南至崇文门,向西穿过北京商业中心,北达西单宣武门,最后向东折回天安门。在一面写着"北京各界执行委员会"的巨型横幅下,国民党政客率领着一波又一波参加游行的团体和联合会,其中包括北京

---

① 《顺天时报》,1925年6月13日第7版。
② NCS, 23 June 1925, p.1.
③ 《顺天时报》,1925年6月27日第7版;《晨报》,1925年6月26日第3版。

学生联合会、学校、印刷工、铁厂工、电车职员、商会还有人力车夫。

五卅运动与之前的爱国主义抗议运动的不同之处,不仅在于其规模和参与广泛度,也在于其集会和游行队伍所占领的物理空间。五四运动的游行仅局限于大学和内城政府办公场所。而五卅运动的队伍则走遍了内外城,还特别穿过了商业区和居住区,以及前政府办公场所和使馆区。1925年的全市性游行标志着参与政治活动的群体和阶层的扩大。从地理位置角度来说,城市政治舞台目前已从政府办公场所、法团会议厅和大学校园走了出来,并把商铺、街道、工厂和街坊囊入其中。1919年,学生行走在城市居民中,通过演讲和示范带动政治活动。1925年,城市居民们自己起来开展演讲、集会、游行和抗议示威。

并非所有1925年6月的政治行动都出于单纯的爱国情怀。某些团体将集会自由和大规模集会的衍生行为视为一种表达不满的千载难逢的机会。爱国主义论调和同心协力成了谋取团体和个人利益的一种手段。

就在五卅惨案之前,城里的水夫加强了其长期反对自来水厂的活动。① 为了减少管道和自来水步步为营的侵蚀,水夫们曾向政府部门、警察还有商会寻求救助。整个5月,水夫和自来水厂职工围绕着公司经营的给水泵展开了大大小小的争斗。而行业内山东人、保定人和北京人之间悬而未决的派系斗争问题,依旧萦绕着井主和水夫。

最初,水行井业公会的人对五卅运动热情高涨。6月,水夫们暂停为英国和日本客户送水,并宣布15日举行全天罢工,与上海工人共进退。有1000人加入游行队伍中,行会会长亲自到场

---

① NCS,1925年4月3日第8版;《顺天时报》,1925年5月4日第7版。

第八章 新公共领域下的市民：日益扩大的政治参与

向当局递交请愿书。① 井主和水夫似乎有兴趣把爱国主义集会和游行，结合到他们之前的团体和其他行会共同关心问题的示威活动中去。

6月18日，外城西区的水夫聚集在一起参加预定的游行，"势力陡形膨胀，借此时会"，他们先向被指定为抗议集合点的政府机关出发，之后突然往北一转，开始进攻内城东北部的水夫所用的井亭。② 虽然攻击动机尚未明了，但是在这次事件中不难嗅到一股派系斗争的火药味。某报纸评论道，发动攻击的水夫"借用了学界力量"，或假借参加学生抗议来满足内部政治。

几天之后，水夫群体开始另择目标。6月22日，外城同一区来的数百名水夫，操着扁担进入内城，径直冲向东城区自来水公司。这支队伍据说还迫使前几天的对手——内城东北部的那群水夫——加入进来。与此同时，西城区发生的一起水夫和顾客之间的价格纠纷，升级成了一场大冲突，有数百名水夫来到现场。于是，就有了这则报道："西城区所有水夫，突然间（不知何故），聚成一大群走向了自来水公司。"③不过，在工人们到达水厂之前，就有人进行调解，把他们劝了回去。翌日，600名手持铁棍和木杆的水夫与正在西城区铺设水管的自来水厂工人发生了冲突。14人受伤，另有多人被前来制止暴乱的警察逮捕。④ 过了几天，警方在一家饭馆召开调停会议。警方提议，作为让步，自来水公司有权在日用水量超过30桶的店铺和家庭铺设水管，而剩下的则有水夫负责供水。据报道，水夫仍然不满足。

---

① 《晨报》，1925年6月16日第3版。
② 《顺天时报》，1925年6月23日第7版。
③ 同上。
④ NCS, 25 June 1925, p. 8.

五卅运动为水夫提供了一个机会,将通常局限在街坊和街道的冲突或通过正常渠道请愿而表达的不满扩展到了全市规模。他们目的明确,手段强硬,以至于警方无法只是简单地予以镇压,不得不诉诸调解,以解决这个由5月请愿而产生的问题。正如1924年这一行业企图发展市级行会时那样,想要达成统一就必须通过之前的冲突消灭或搞垮竞争派系。在1925年6月的大环境下,警方处于守势,而街上又一直挤满了人群和团体,人山人海,于是水夫中的激进分子为他们的事业觅得了一个良机。

五卅运动显示了一种惊人的自发组织能力,这从成群结队的游行者和社会各界的群众中不难看出(图23)。这种秩序的由来,部分是由于北京社会组织生活的严密性。正如水夫的例子告

图23 工人示威

五四运动以后举行的反帝示威游行中的工人队伍。从打的横幅和三角旗可以看出,他们来自外资汽车公司(很可能是技术工人或司机)或西服店。作为群众民族主义的反应(和劳资纠纷中爱国热情的实际效用),像这类照片中所出现的参加者,来自外资公司的工人只会多而不会少。采自UPI/Bettmann Newsphotos。

诉人们的,过于严密有时会导致内部紧张。不过,由警察、心怀恶意的店主、管理者和工头所筑的壁垒一旦崩溃,能说会道的领导者和懂得察言观色的追随者,也就能推进群体性事件的有组织参与了。

职业政客和政治暴力

职业政客也想把他们自己的秩序烙印强加于大众政治。追随学生就会引入一种示范型的领导,而非狭隘的说教型或广泛的组织型领导。而国民党和共产党政治人员的目的,是要在城市组织生活中成为一种持久稳定和具有导向性的存在。在由商人政客、旧式士绅、自治积极分子和政论家等组成的城市新兴精英"骨干"中,他们是一股最激进的力量。在五四运动的余波中,像李大钊和邓中夏这样的激进分子,他们把志同道合的知识分子招募进研究小组、党小组和分部,并与北京各界建立了联系。①

正如北京劳工运动的历史所示,这些不安分的知识分子最初动员北京"群众"的几次尝试并不尽如人意。依靠像吴佩孚这样不可靠的盟友,或像长辛店铁路工人这样分散的现代工人群体,确实限制并削弱了共产党最初的政治事业。1922年与国民党结成统一战线的政策,虽与一些北京共产党人的意识形态立场相左,但确实改善了共产党利用城市协会政治和群众政治的地位。② 随着工人和市民团体对政治行动接受性的提高,渗透或击败那些对政治冷漠或墨守成规的精英阶层分子,也就变得不那么

---

① 参见乐天宇关于早期中共在北京活动的详细叙述。
② James P. Harrison, *The Long March to Power: A History of the Chinese Communist Party*, 1921–1972 (New York: Praeger: 1972), p.50.

令人生畏了。不过,城市居民政治意识的提高,也意味着要在竞争的环境下进行动员,这就很难简单地把自己的意志和观念强加于人。在这一阶段,共产党人羽翼未丰,尚不能离开高级赞助者的保护。1924年冯玉祥对吴佩孚发动政变,这给共产党人带来了一位有真正进步思想的政治盟友。① 可是警方对群众政治所持的对抗立场和临时执政段祺瑞麾下的士兵日益增长的敌意,抵消了冯玉祥势力支持所带来的好处。②

国民党在国共联合问题上也有内部分歧,这就使得激进政客领导和控制地方运动和团体的企图变得更加复杂。1924年的最后一天,孙中山戏剧性地抵达北京,其来访目的就是弥合南北分裂,这受到了当地极大的关注和支持。来自500个组织的代表在火车站迎接孙中山。③ 三个星期以后,孙中山回报段祺瑞款待的是通知段,只有在允许公共团体和专业协会("公团"和"法团"),包括行会、工会、学生联合会等组织代表参加下的情况下,他才支持拟议中的重建国家的"善后会议"。④ 另外,孙中山的到来,其一波三折的病情,在3月12日的逝世和大规模的群众性葬礼,为国民党增添了数千名新党员。然而,在孙中山及其政党获得社团与大众支持的同时,北京国民党的精英们在向左还是向右、亲共还是反共等路线上发生了分裂。由于共产党人在城内正统国民党分部中占有优势,反对派党员组织了他们自己的"北京国民党同志俱乐部"。⑤ 左派和右派政客出钱在报纸上登载广告,互相

---

① 例如,李大钊安排冯手下的军队为集会和游行提供保护。《李大钊传》(北京:人民出版社,1979),第17页。
② 京师警察总署署长朱深是段祺瑞的亲信,而北京守备司令鹿钟麟则是冯玉祥的人。
③ 《益世报》,1925年1月1日第2版。
④ 《益世报》,1925年1月20日第2版。
⑤ NCS, 14 January 1925, p.8; 8 May 1925, p.1.

第八章 新公共领域下的市民：日益扩大的政治参与

谩骂，有一次甚至在五卅运动集会讲台上公开争论该由谁来主持这次集会。① 1925 年 11 月，一些知名的国民党反共政客，在临时存放孙中山遗体的北京西山召开的西山会议上，向党内左派发起了一次全国性挑战。② 在整个 1925 年的派系冲突中，这份全国性提案是有地方基础的。

虽然存在着这些激烈的分歧，但是五卅运动还是为群众政治和参与国民党人集会和会议的政治家们注入了强心剂。抗议活动从 1925 年一直持续到 1926 年初。1925 年 10 月和 11 月，段祺瑞政府决定召开国际关税会议，又激起了新一轮反帝国主义示威活动。由于冯玉祥将军对示威者持默许态度，段祺瑞只能依靠警察及其手下五千名全副武装的卫队来阻止抗议活动。有一次，当警察试图阻止学生离开北京大学校园去参加天安门外的集会时，大批学生朝部队丢来石头和砖块，由一群强壮的学生手持竹竿开路，冲出了封锁线。③ 之后，同一批学生在成功抵达天安门后，派遣了一支队伍前去解救未能冲出警察封锁线的外城琉璃厂师范学堂的一批抗议者。被解救之后，学生们通过砸毁警亭以及在重返市中心的路上攻击沿途的巡警来报复警察。

暴力是五四式抗议政治的小插曲。流血事件和财产破坏，是由警方镇压与学生对限制和阻碍所作出的激进、有时甚至是鲁莽的反应造成的。诉诸暴力也是城市团体冲突的特点。用拳头、棍棒、扁担，甚至是刀剑来解决工人和雇员间的争执实为家常便饭。

---

① NCS, 12 May 1925, p.1; 19 July 1925, p.1.
② Ch'ien Tuan-sheng(钱端升), *The Government and Politics of China*, 1921 – 1949 (Stanford: Stanford University Press, 1970), pp. 91 – 92. 这个团体因此被称为"西山会议派"，于 1926 年被清除出党。
③ 《顺天时报》，1925 年 11 月 23 日第 7 版。

在民间组织日益军事化的大环境下,随着民族主义牺牲精神和意识形态冲突的极端言论被注入群体暴力的公共习惯,群众政治走到了更加系统化流血暴力的边缘。许多政治示威弥漫着一种节日的、祥和的气氛,极大多数显然是和平性质的。但是政府中心转变为了军营,加上保卫游行示威队伍的武装纠察队,预示着1926年北京三一八惨案以及随之而来的1927年在全国各地发生的城市大屠杀浪潮。①

整个1925冬,冯玉祥和段祺瑞的北京政权与张作霖的奉军剑拔弩张,与此同时,敌对政治团体间的派系斗争和民族主义群众总动员也进行得如火如荼。例如,1926年3月12日,有十多万人参加了孙中山逝世一周年的纪念活动。② 当天风和日丽,一群小贩在乐队奏乐声中,向人群兜售茶水和点心。但即便是在一片和谐的气氛下,国民党左、右两派仍然拒绝共用同一个讲台,还在城里各个地区竞相组织集会,为纪念活动增添了一段不和谐的音律。

不到一周,在3月17日,左、右两派再次分爨开会,而这次则是为了抗议"大沽通牒"。③ 根据《辛丑条约》所保证的外国在华北利益的安全,西方列强要求冯玉祥部队在48小时之内拆除天津大沽口炮台。由于冯玉祥原本就打算从天津撤军,回防北京,以抵御张作霖的进犯,因此他和政府都欣然接受了这一要求。在北京,学生和国民党政客根据原则,极力反对政府屈服于外国压

---

① 有关1925年秋天的示威游行从中共方面是用趋于暴力和派性的群众政治的口吻叙述的,这可见诸罗敬的《北京民众反段运动与国民党右派破坏阴谋》,载《向导》周刊第140期(1925年12月30日)。
② 《顺天时报》,1926年3月12日第7版;1926年3月13日第7版。
③ 《顺天时报》,1926年3月18日第7版。

力。国民党右翼起草了一份请愿书,抗议政府让步,并计划18日在中央公园举行集会。左翼人士则在北京大学会面,要求驱逐签署通牒的八国公使离京。共产党领导的左翼还号召第二天在天安门前集会。一些北大会议的参加者会后游行到了段祺瑞执政府所在的铁狮子胡同。看守这片建筑的士兵拒绝为抗议者放行,在随后爆发的冲突中,多名学生被打伤。

3月18日,有6000人参加了早上10点在天安门外的集会。① 集会讲台的两旁竖立着超过80面参加学校和团体的标语。讲台上则挂着在前一天中受伤示威者沾满血的衣服。段祺瑞政府一位代表前来向人群道歉,结果却遭到了嘲讽。集会之后,人群中的一部分,其中包括李大钊和其他几位知名共产党员,向铁狮子胡同进发。游行队伍到达执政府后,人数已经超过2000人。人群在背后挤向狭窄的胡同,游行队伍领导者们与卫兵开展了对峙,这简直是前一天争吵和冲突的重演。突然间,卫兵们竟向人群发起了平射,举着刺刀的士兵从暗处跃出径直冲向人群。一位曾在军队服役过的干部喊道:"快趴下!"但是示威者惊慌失措,根本就是段祺瑞手下的活靶子。这场屠杀中,至少有55位手无寸铁的示威者被杀,200人受伤。大部分死者都是学生,但死伤者中也有工人和商人。根据当天在场的共产党员乐天宇回忆,一位干部看到机关枪枪口从耳楼窗口露出来,一把将李大钊拖离队伍前排,撞开东辕门,在枪声响起之前逃出了。乐是爬电杆越墙逃出的,他躲进一家饭馆,还在那吃了两碗面,一边吃一边观察附近有没有警察。李大钊和其他共产党要人躲进了苏

---

① 有关三一八事件,见乐天宇口述,第30—41页;《顺天时报》,1926年3月19日第7版; *NCS*, 19 March 1926, pp. 1, 5. 101.

联使馆避风头,而各路国民党人则试图通过推翻段祺瑞政权来躲避追捕。几周之后,段祺瑞本人就把权力输给了张作霖,而这个军阀在迫害政治激进分子上远胜前者。

三一八惨案是 1920 年代北京政治暴力中最严重的一例。伤亡人数虽远不及上海、广州被杀的数千人,以及第二年国共合作失败后在武汉被国民党杀害的共产党员人数。不过北京所发生的只是这种普遍发展的一部分,即城市政治暴力从殴打抗议者、警察和官员升级成用机枪扫射平民。使政府机关成为抗议目标的社会运动,到头来自己却成了血腥镇压的受害者。拒绝共享同一讲台的政客最后开始互相残杀。北京上演的此类政治活动,只会造成螳螂捕蝉、黄雀在后的局面。城市政治是激烈有时甚至是暴力的,但它也是一个谋求共识的过程,因此它会鼓励新团体和精英分子加入行会法团的权力集团以及各种团体和公民的社区里。这是一种加法政治,绝不是减法政治。把对手从一个城市赶走或干脆从地球上消灭的想法,是流寇式军阀和空想家脑袋中的产物。

1926 年 5 月 1 日,张作霖的奉军占领了这座城市,北京底层团体之一人力车夫群体的 30 位代表在天桥一家茶馆碰头。① 人力车夫经受了电车开通对他们造成的集体伤害以后,曾参加了 1925 年的多次政治集会。在 11 月的反段祺瑞抗议活动之后,600 名人力车夫聚集起来,组织了一个"内外城人力车夫工会筹备委员会",并要求冯玉祥将军的保护。② 6 个月后,在五一劳动节会议上,由于难以预测军事情势,车夫们决定暂时搁置组建工

---

① 有关三一八事件,见乐天宇口述,第 30—41 页;《顺天时报》,1926 年 3 月 19 日第 7 版;NCS, 19 March 1926, pp. 1, 5. 101.
② NCS, 2 December 1925, p. 8.

第八章　新公共领域下的市民:日益扩大的政治参与

会的计划。在极其谨慎的审时度势之后,车夫们呼吁"根除"共产党,并宣布从今往后他们将不再"被任何党派利用或操纵"。一位名叫高旺(音译)的代表指出,这次会议的主要目的是纪念五一劳动节,可惜不能组织一场更大的全市性庆祝活动。对于那些像人力车夫这样没有组织的穷苦劳工来说,民族主义和工会主义最重要的方面就是,能有机会诉求公民和同志应有的道德平等。对于像水夫那样已经有一定地位和保护的工人而言,则主要是运动政治的开放性为他们获得了战术优势。而对人力车夫而言,五一劳动节和其他国定纪念日则蕴含着真正突破地位和权力束缚的潜力。

从它的包容性来讲,1920年代北京的群众政治确有其现代性。所有公民都能参加,因此就像欧洲18世纪晚期一些流行组织所采用的新战术那样,组织对每个人都开放。① 然而,极端包容性的原则,实际上就意味着接受那些很可能本身就是精英性或排他性的团体,因此在这些集会和示威活动的"群众"外表下,隐藏着一种存有大量未工业化和传统北京的架构。群众政治与其说是一种能够化解地位、籍贯和行业隔阂的溶解剂,倒不如说它是一个向公众展示这些隔阂的机遇。

群众运动不会重组城市社会。1920年代北京公民的抗议示威和集会,不是社会杂乱无序的表现,更不是其解决方案。他们释放了既存组织的政治意识和团体意识。成千上万北京市民走

---

① 伦敦通信联合会(London Corresponding Society)的口号是"我们的成员数量无限!"E. P. Thompson, *The Making of the English Working Class* (New York: Vintage, 1966), p.21. Thompson指出:今天我们可以在公开场合通过这样一条规则;但在历史转折关头,它却是枢纽点之一。对于任何特权和财富集团独占政权或以政治保护这些集团的国家而言,这是个攸关存亡的严重问题。

上街头抗议帝国主义,并不代表这座城市陷入了混乱。从另一个角度而言,群众政治和团体政治的绽放,意味着城市政治将不再只是精英仲裁和政府机关的专属领地。公民权赋予了城市居民参与政治的权利,一旦有了这种权利,就算是军阀和空想家也不可能轻易将其收回。

第九章 兵临城下：军阀的冲击

类似五卅运动这样的群体性事件中，随着北京社会对辩论、讨论和公众冲突越来越习以为常，城市基层生活的逻辑就被投射到了全市性游行集会的大屏幕上。成群结队的市民在政治意识上有了翻天覆地的变化。战争和围城的压力，迫使城市社区将自己与分崩离析的政府和虎视眈眈的军队进行区隔，军阀冲突便创造了可供比较的闪光时刻。① 为保社会安定，一小群身着长衫的瘦弱绅士不畏艰险，挺身而出。由于他们的领导，市民们限制城外军事冲突所造成的负担和风险成为可能。

只要帝制和民国的政治机构依然在北京运作，城市政治与社会就必然受制于政策、计划和官衙的保护。即使城市中的团体能够出色地管理好自己的内部事务，商人、学生、工人、记者以及其他各界依旧会迎合北京官僚，以期获得特权、放权和照顾。到了1920年代中期，这种依存关系突然就从巴结城墙内的"上层人士"，转变为讨好驻扎城外或驻守城内的军队和将军们了。北京从原先国家政策和政治的主宰者，沦为了华北平原军事纷争的战利品。一个又一个执着问鼎政府各部和内阁的争权者，在征服、

---

① 开放或者关闭的后果影响着社区组织方式的观点采自 G. W. Skinner（施坚雅），"Chinese Peasants and the Closed Community： An Open and Shut Case"，*Comparative Studies in Society and History* 13：3 (1971).

占领了这座城市之后,继而又抛弃了它。北京市民并非从报纸上有关新一轮选举或派系改组的报道中,而是从隆隆炮火、店铺倒闭、空荡荡的市场和满街的士兵、难民中得知政权更替的。

军阀及其麾下的军队,沿着各条铁路干线东奔西驰、攻城拔寨,他们成了全国、地区和地方政治舞台上的主要政治角色。军阀时期的北京也在劫难逃,时常要遭受军队和战事的侵扰。这座城市的规模、其首都地位的价值(直到 1928 年)以及有能力以武力威胁、以关税利诱军阀们的各国使馆的存在,总体上保护了北京不受战争的直接影响。另一方面,1920 年至 1930 年间,六场大战全部或局部在华北平原进行。每场战争都引发了政府危机,扰乱了通信以及城市食物和煤炭供应,北京城乡到处都是难民与败兵,造成了顷刻间失去了政府管理的局面。

兵临城下

在《骆驼祥子》中,老舍描述了北京居民在民国时期是如何近距离地感受到战争所带来的威胁的。他写道:"战争的消息与谣言几乎每年随着春麦一块儿往起长,麦穗与刺刀可以算作北方人的希望与忧惧的象征。"① 例如,1925 年秋天,张作霖与冯玉祥之间的军事冲突日渐升级,谣言四起,激发了北京城及其近郊居民强烈的自保行动。郊区的农民们蜂拥至城里的市场出售他们的作物,免得到时候被士兵们抢去。② 周边地区 87 个村庄的地主们聚在一起,商讨建立民兵以防匪患和军阀冲突带来胡乱抢

---

① 老舍:《骆驼祥子》(香港:学林有限公司,无版期),第 15 页。
② *NCS*, 25 October 1925, p. 8.

掠。① 那些对这种防御筹备不抱希望的郊区居民,都开始进城避难了。② 报贩们吆喝着战事最新动向和捕风捉影的谣言,更加剧了当地紧张气氛。在与两位将军有瓜葛的银行里,挤满了前来兑现的储户。新起的谣言让集市和娱乐场所门可罗雀。市民和旅人涌向火车站,想在铁路被切断之前逃离此处。商业活动处于完全停滞状态,就连无所不在的街头小贩和人力车夫,一时间也不见了踪影。③ 这一切都发生在枪声还未响起之前(图 24、25)。

战争已经盘踞在了北京居民的心头。这种城市心理敏感性,可以追溯到军阀时期之前的拳民暴乱和 1912 年的兵变,当时北京有大片区域不是被烧毁、抢劫一空,就是受到士兵胁迫。世纪之交至 1910 年代发生的事件已经让市民认识到,因政治而起的军事危机会导致城市暴力。在任何特定时刻,城墙内都有足够多的武装人员,他们要么自行其是,要么奉命行事,轻而易举地就能将整个北京变成战场。若是考虑到城里社会管理的总体水平,就不难想象,军队暴乱也很可能升级成社会动乱。"街头混混""要饭的"和"流氓",也加入到了 1912 年袁世凯的兵变队伍中,还成了他们暴乱的替罪羊,"他们被斩首后……曝尸街头,以儆效尤"。④ 张勋丁巳复辟虽以失败告终,但也反映了其在辛亥革命以后没落潦倒的前清官员和旗人中有一定的社会基础。满清帝制的支持者们迫不及待地取回前朝官印或去二手成衣店买来官

---

① *NCS*,6 October 1925,p. 8.
② *NCS*,14 November 1925,p. 8.
③ *NCS*,21 October 1925,p. 1.
④ Dimitrii I. Abrikossow, *Revelations of a Russian Diplomat*, ed. George A. Lensen (Seattle: University of Washington Press, 1964), pp. 168 – 169. 老舍在叙述一个穷孩子因偷了一双鞋而被处死的短篇小说中也描述了类似情景。据 Michael Duke, *The Urban Poor in Lao She's Pre-war Short Stories*, Phi Theta Papers 12 (1970), p. 93.

服。道具店铺的假辫子生意则是一枝独秀。① 1920年代的军阀当道,在北京可谓内有兵变和社会动荡之忧,外有兵连祸结之虞,因此无论战争何时爆发,北京居民都有足够的想象和经验来勾勒一幅大难临头的画面。

图24 乘火车而来的军阀

手上拿着一支有商标的雪茄烟的张作霖(中)和孙传芳(右)在北京站月台上的合影,时间可能在1928年初张作霖召集的应对二次北伐的会议。"狗肉将军"张宗昌在军阀中是最粗蛮的一个。一位北京的教育家形容他体大如象,脑笨如猪,性暴如虎。孙传芳在1924—1927年间控制着毗连上海的长江下游省份,1925年曾因杀了张宗昌的一个手下而与张作霖交恶。胜败军阀走马灯式地"你方唱罢我登场",成了北京市民常见的"军阀政治"。[Howard L. Boorman(包华德)and Richard C. Howard, eds., *Biographical Dictionary of Republican China* (New York: Columbia University Press, 1971), vol. 1, pp. 122 – 127; vol. 3, pp. 160 – 162.]采自UPI/Bettmann Newsphotos。

---

① Henry Pu Yi(溥仪), *The Last Manchu: The Autobiography of Henry Pu Yi*, ed. Paul Kramer (New York: Putnam, 1967), p. 90.

第九章 兵临城下：军阀的冲击

图25 市民关注战事

1922年春第一次直奉战争期间，市民在报栏前阅读前线的最新消息。这场战争的决定性战事发生在距离北京城南仅10英里的铁路站长辛店。军阀冲突的持续、紧张和逼近，对于城市居民的日常生活产生了深刻的影响。采自 UPI/Bettmann Newsphotos。

冯玉祥的国民军，同张作霖及其同盟之间的战争从1925年秋一直持续到1926年夏。作为军阀政治的典型情节，冯曾在前一年背叛吴佩孚，临阵倒戈，与张作霖结盟。如今，张和冯又反目成敌，冯据守京城，而张欲攻之。这场战争可分成四个阶段：张与以前的一位支持者（郭松龄）之间在北直隶和南满洲的冲突；12月张与冯的部队在天津附近的战斗；次年2月国民军与北上复仇的吴佩孚军的战斗；最终3月在北京周边，以及从春末至夏季，冯玉祥国民军反奉失利，撤退至北京城北长城外南口要塞的战事。实际战斗只于1926年春在北京周边持续了一小段时间。但是这座城市依旧受到了超过10个月周而复始的动员、战争状态和复原的影响，这也表明军阀当道对城市社会的影响是何等之广。

北京精英阶层的动员紧随日益蓄势的军事动员而来。1925年11月18日,"京师治安维持会"(下称"治安维持会")召开会议,提出了城市食品价格疯涨问题。① 参加这一协会的有北京治安部队要人,例如京师警察总监朱深、京畿警卫总司令鹿钟麟,还有一些有名望的士绅和商界人士,如年迈的政治家前总督赵尔巽、商会会长孙学仕。② 其他应邀加入的还有活跃于自治运动中的个人和地方市民团体。③ 总商会和各大行会都派出代表,有典当行、绸缎店、洋货铺和老式钱庄等行业的领导者。典当和货币兑换都是对政治极为敏感的行业。穷人们会在个人拮据或时局动荡时当掉他们的财产来维持生计。钱庄负责铜钱和银两、硬币和纸币之间时常波动的兑换交易。绸缎店和洋货铺实为城中最富有的行业,社会动荡既给他们造成许多损失,又要他们为治安捐财捐物。

治安维持会成员为缓解地方局势采取了三项行动。首先,他们致电张作霖的部队,请求他们放行更多从东北和天津运粮来京的火车。其次,鹿钟麟答应想办法从他的上司冯玉祥控制的城市西北地区运来更多的小米,这是城市贫民的主要食物。第三,采取措施增加京汉路的煤炭运量。北京这样的中心城市,对民国时期的战争模式尤其敏感,因为大多数战斗都发生在铁路沿线,而铁路则为城市运来诸如食物和燃料等基本用品。由于北京所消

---

① 《顺天时报》,1925年11月19日第7版。
② 朱深是安福俱乐部成员,段祺瑞的主要支持者;鹿钟麟则是冯玉祥的手下。朱卷入北京警界、司法界的历史可以追溯到1912年,并且对城里的若干经济企业的发展和经营起了重要作用。有关赵尔巽的资料,据 *Peking Leader*, 15 April 1926。
③ 在区级自治政府和改革团体中,包庸曾与安迪生一起很活跃。《顺天时报》,1922年1月12日第7版;1922年4月24日第7版。

耗的粮食和煤炭必须依赖铁路运输,在连接北京与汉口、天津和东北等地的铁路沿线发生战斗或调动部队,势必对生活必需品的价格和供应量有直接影响。① 整个 1925 年秋天,交战的军阀、治安维持会、警察、商会、煤炭批发和零售商之间错综复杂的谈判,维系着整个城市的煤炭供应。②

治安维持会类似于社区危机时建立起来的传统的绅商联合会。北京官商界都给予了支持,而参与过自治政府改革的当地政客,则注入了市民积极性的新资源。治安维持会所采用的计划,侧重通过保障社会秩序的物质基础来维持民间安定,与过去的社会实践一脉相承。每年天气转寒,北京的地方精英就投入"冬防",以防止因季节性失业和物价上涨导致的犯罪和社会动乱。地方精英的想法很简单,如果人们忍冻挨饿到一定程度,就会铤而走险,以求生存。确实,根据狱中监禁人员的统计来看,在冬季经济犯罪的比率就会翻一番。③ 冬防涉及对城市及其郊区进行更严密的监管和筹款开办粥厂以接济穷人。粥厂一般在 10 月至来年 1 月开办,依款物筹集情况和当年冬天的气候而定。粥厂大约三分之一的餐饭由警方提供,其余则来自当地商人和慈善组织的捐赠。④ 1925 年末,由于城里食品价格上涨,再加上战乱在北京地区造成的恐慌和混乱,精英分子们自然而然地会认为,这个冬天会比"正常的"冬天更难熬,更多的穷人和难民需要帮助,且

---

① 张铁铮:《北平粮市概况》,《社会科学杂志》第 8 卷第 1 期(1939 年 3 月),第 121—158 页。
② *NCS*, 14 October 1925, p. 8; 18 October 1925, p. 1.
③ Yen Ching-yueh, "Crime in Relation to Social Change in China", Ph. D. dissertation, University of Chicago, 1934, p. 56. 至少 1919—1927 年编制的数据表明,在冬防季节警察的活动有所加强。
④ Y. L. Tong, "Social Conditions and Social Service Endeavor in Peking", *Chinese Social and Political Science Review* 7:3 (1923):85.

要面对更多滋生犯罪和匪患的多重压力。

10月下旬,警方宣布将有200名持剑军警和100名持枪军警支援警察部队。① 警方还宣布,他们不久就会开设粥厂,而且在11月,当局还会给穷人和乞丐分发木牌,救济站开始供餐时,就可以拿这些牌子来换粥。② 可是粥厂直到1月才姗姗来迟,以致平均每月冻死饿死两百人,这对城市居民来说简直是个惨剧。③ 那时,警方估计粥厂每天要为3000人供餐。在城墙外设置粥厂,是约定俗成的做法,这既反映了穷人和流浪汉们都倾向于聚集在城门附近,也说明警方和当地精英也希望他们呆在那儿。

寒冬的来袭和战事的报道,使当地人对社会秩序更加感到担忧。为了应对紧张局势,商人们一方面全力支持治安维持会的活动,同时也开始把钱财物资运往使馆区,并部署加强商铺、街道和社区的防护工作。因市面谣言孔多,前门外的商户们组织起一个商团。④ 他们从南直隶雇来了一批武艺高超的打手,还找来了几位精于射击的枪手来加强防御。

京畿警卫司令部、警察部队以及私人和相关利益团体携手合作,以慈善和高压手段来维持城市秩序。在这一过程中,当局和商界在资助战事和遏制投机行为等一系列问题上产生了冲突。1月,鹿钟麟召集商会理事们要钱。⑤ 他以慈善的说辞表达了这一要求,说这笔钱是为了给在天津战役中牺牲的国民军将士购置墓

---

① *NCS*,23 October 1925,p. 8.
② *NCS*,17 November 1925,p. 8.
③ *NCS*,5 January 1926,p. 5;20 January 1926,p. 8.
④ 《顺天时报》,1925年12月18日第7版。
⑤ *NCS*,8 January 1926.

地的。根据鹿的说法,保定的商人们已经捐款 10 万元,他建议北京商人理应比他们捐得更多。一位商会理事起而抱怨道,京师总商会在战争伊始,已经资助国民军 30 万元,而且战事所导致的经济萧条,使他们难以甚至不可能再拿出更多的捐款。所有理事都认同这一观点,但是鹿仍然不肯让步。

在往年,大地回春,按老舍的说法,"春麦一块儿往起长",预示着需要"冬防"的恶劣情况已有所缓解。① 可是到 3 月,在战事不断的压力之下,贫穷及其所引发的犯罪现象愈演愈烈。报道称,这种令人绝望的经济环境所导致的犯罪潮,使人们普遍感到不安。一位记者指出,"一大批穷人被逼无奈,只得铤而走险,以抢劫偷盗维持生计。就在上个月,京城周边就有百余起拦路抢劫案件,大部分抢匪都拿着棍棒刀枪,但是他们抢到的东西却不值几个钱。"② 到 3 月中旬,粥厂每天施粥人次已经达到了 8 万,而来北京城里和四郊避难的战争难民与日俱增,使得施粥问题更加严峻。③ 一份报纸在回顾 1926 年时,估计那个春天大约有 20 至 30 万难民逃难至北京,这一数量相当于该城四分之一至三分之一的常住人口。④

到 3 月下旬,战争已不再是一个间接的和微妙的压力问题了。从早到晚都有坐着汽车和人力车的伤兵络绎不绝地进城。⑤ 面对张作霖部队攻击方向的东城门外,溃败的冯玉祥部有大批残兵败卒在那儿徘徊。城门外卖食物的铺子都被迫关门,因为士兵

---

① 然而,青黄不接也可能引起春荒。
② *Peking Leader*, 21 March 1926, p. 7.
③ 同上,18 March 1926, p. 6.
④《顺天时报》,1927 年 1 月 1 日第 5 版。
⑤《顺天时报》,1926 年 3 月 28 日第 7 版。

吃过饭后都不肯付钱。也有一些为了从一波又一波饥饿难耐的顾客那里捞一笔,依然在营业。① 城里名副其实的守军在夜里关闭城门,以控制士兵进城的人流。随着东郊骚乱和犯罪频发,4000名"商人和市民"组成了一支民兵队,在街道和村庄巡逻。② 前门外的富有商区布防了由武装员工组成的商团。③ 一些店主把贵重物品都搬到了使馆区,使那些在使馆区有仓库设施的银行和企业获利颇丰。各国使馆在全城各个疏散点做了安排,以备其侨民在需要时能够被带入使馆区。④ 据报道,因为父母们都希望女儿在军队暴乱时能得到丈夫的保护,婚轿也忙得不亦乐乎。⑤ 商铺称有许多年轻工徒失踪,人们猜测他们可能是自愿或被强迫参军,因为只要年满15岁便可入伍。⑥

为了应对战争对城市造成的威胁,北京绅商各界头面人物联合召开会议,商讨如何度过冯玉祥、段祺瑞政权垮台后的这段真空期。3月22日,一小批前政府官员在紫禁城的一个宫殿内开会,主张通过和平会议来解决战场上悬而未决的问题。⑦ 与会者包括王士珍、赵尔巽、胡惟德和孙宝琦。前外交总长颜惠庆也参加了这次会议。前总理王士珍曾任银行董事以及北京电车公司董事长。赵曾参加过1925年11月的治安维持会会议,也曾是张作霖在东北的庇护人。胡也是前政府高官,曾在1924年组织建立北京煤气厂。⑧ 孙曾担任财务总长、总理、直隶道员,投资过当

---

① NCS, 30 March 1926, p.1.
② NCS, 13 March 1926, p.8.
③ NCS, 28 March 1926, p.7.
④ NCS, 27 March 1926, p.8.
⑤ NCS, 1 April 1926, p.1.
⑥ 《顺天时报》,1926年3月28日第7版。
⑦ NCS, 24 March 1926, p.1.
⑧ Chinese Economic Bulletin, 12 February 1924, p.7.

地煤炭和钢铁公司,还曾与胡一道创办北京煤气厂。他们个个都是资历老道的政治家,并以他们在政府内的地位和在官场内外的人脉,成为旧士绅阶层的现代代理人。充满讽刺意味的是,民国政治动荡,一旦发生了类似的情况,就能招来这些知名人士,随随便便就能指名几个前总理,借着他们的名头和经历在城里斡旋调停。这四人在北京有共同的经济利益,同时也共享地方精英以及全国各地区人士的人脉关系。他们联名通电反对国民军,呼吁召开和平会议,同时强调了维持北京和平的重要性。几天之后,即3月27日,商会会长孙学仕领导的另一批人重启治安维持会,并召开了新一轮计划会议。①

随着城市和郊区军事化进程日益加剧,治安维持会及其背后的绅商势力产生了组建一支独立的准军事力量以保持北京和平的想法。城市军事控制在失败者和胜利者手中的更迭,向来是周而复始的军阀冲突中最微妙、最危险也是最昂贵(就进贡军费来说)的一环。一支自产的部队似乎不失为平稳渡过这一难关,并且保护当地利益的一个办法。商会理事杨益俭(音译)是一家进出口店的老板,也是某位将军的兄弟,他把组建队伍的提议付诸为具体的计划。② 不过这个有点大胆的计划并没有开花结果。但是组织一支地方独立部队的想法,却显示了军阀当道给地方社会造成的这种压力,当地精英对在市级层面为自己塑造正式角色的信心日增。

治安维持会在前门商区的天津行会设立了总部。至4月初,这个团体将其工作分成六个部门,并通知当局,他们将计划通过

---

① 《顺天时报》,1926年3月28日第7版。
② NCS, 5 May 1920. 杨在军队事务方面一定有特殊利益和顾问。1929年,杨再一次参与了组建商团的活动。NCS, 12 September 1929.

选举20位有名望的绅商来监督各个警区,从而接管警察厅的行政工作。① 治安维持会下属的自卫队配有六百支枪。官员们为难民设立接待中心,还请求军队调用车辆为城市运送食物、食盐和煤炭。前自治运动的活动家在治安维持会中的存在,以及该团体接管城市行政管理的勃勃雄心,意味着当地精英分子试图借这次军事危机,在1926年完成政府在1920年代初自食其言的事情:地方自治。

飞机在北京上空进行了几轮有节制的轰炸,显然是为了在城市制造恐慌。4月2日,一枚炸弹炸死了一位老妇人。② 第二天,在飞机试图轰炸内城国民军司令部时,有数万北京居民出来观看。轰炸持续了数日,就连前门和天坛附近都发生了爆炸。有一次,国民军的飞机还紧急起飞迎战。治安维持会向张作霖提出抗议,张起先还称自己对空袭并不知情,随后便建议,若北京市民希望早日结束轰炸,就应尽快将国民军部队撤出北京城。③

为了在目标随意的城市轰炸中稳住人心,孙学仕举办了茶会,邀来商界要人,请求他们不要把贵重物品运往使馆区,因为这会给人们造成错误的印象,而这是孙和其他当地精英极力要避免的。④ 治安维持会要求政府出资4万元来为它现在的行动提供资金,这次的角色转换,当然令商界人士感到欣欣鼓舞,因为之前政府和军队总是向他们提出过分要求。⑤ 据报道,政府同意支付2万元,前提是治安维持会将名称改成不含有警察功能的意思。

---

① *NCS*, 3 April 1926, p.1.
② 《益世报》,1924年10月20日第7版。
③ 《益世报》,1924年10月20日第7版。
④ 到1925年,有证据表明已有水业行会存在。《晨报》,1925年6月16日第3版。
⑤ 《益世报》,1925年3月25日第7版。

毋庸置疑,鹿钟麟以及残留的政府,当然不希望自己在城外对付一个更加危险的强取豪夺之徒时,城里还出现一个"平行政权"。

鉴于这个被当局视为友好竞争者的治安维持会日益坐大和渐得人心,鹿司令最终还是宣布将其解散。警方施展了对付新兴自发联合会的一贯伎俩,将治安维持会定性为非法组织,尽管其囊括了城里几乎每个法团的代表。① 不过由于治安维持会一直忙着扩大影响力,而鹿司令和其他剩下的国民军都心系南口镇,所以这次"取缔"就显得不痛不痒。治安维持会的力量,扎根于精英阶层的社会关系网和诸如商会之类的组织之中,而非其本身的正式地位或合法性。它的设置就是一个"柔性"组织,可以化解鹿钟麟等武人的冲击,而于参与者的声誉和权力丝毫无损。因此,身为治安维持会领导人之一的王士珍以军人对他漠视为由,在北京的报纸上宣布退出"和平运动"。其实在鹿颁布禁令之前,治安维持会就已经对自身职能做了调整,仅限于处理难民问题,并把建立独立军事力量的计划束之高阁。② 可在这时,城里百姓已广泛地组织起了民兵,可以说杨益俭宏大计划的分散版已经实现。当军人步步紧逼时,当地精英就退避三舍,以一种非正式的方式在地方层面上维护自己的利益。像治安维持会这样的架构,本身可以退让或放弃,只要时机有利,还可以卷土重来。

随着城市局势每况愈下,且冯玉祥部队即将撤退,治安维持会驾轻就熟地再次扮演起了城市领导者的角色。警方报告称,随着患病和饥饿的难民不断进城,他们平均每天会在街上发现35

---

① 《益世报》,1926 年 4 月 9 日第 6 版;*NCS*, 9 April 1926, p. 5.
② *NCS*, 8 April 1926, p. 8.

具尸体。① 在城外,流离失所的士兵和平民的死亡率更高。② 显然,设立粥厂等"冬防"措施还应继续进行,甚至需要投入更大的力量来应付与日俱增的难民人数。③ 随着社会苦难加剧,治安维持会恳请京兆尹指派治安维持会成员中10位德高望重的前政府官员和政界元老,在鹿钟麟及其国民军离开之后,负责管理城市。④ 鹿欣然同意将警察部队的控制权移交给改组后且"合法化"了的治安维持会。

为了确立对警察部队的控制,治安维持会首先须设法支付9000名警察和1500名宪兵的薪饷。既然城市自卫队的计划已成泡影,那么这支警察部队的士气及其对治安维持会的顺从就愈发重要。因此,京师总商会、银行家联合会以及各国使馆一起筹集了一笔相当于一个月薪饷的钱,以此来保证警察的配合。⑤ 鹿钟麟和国民军也拿到了一笔钱。鹿会见了商会和银行家,要求得到一笔200万元的"撤离费"。商会出了四分之三的钱,其余部分则由各银行家以及预征4个月的铺捐来支付。⑥ 治安维持会和商会还公布了为张作霖、吴佩孚和张宗昌的入城部队送去食物和礼金以表欢迎的计划。⑦

姗姗来迟的反国民军部队并未缓释治安维持会官员们的重负。这支占领军反而还带来了诸多新问题,尤其是士兵们把大量无担保的纸币带进了城。张作霖此次来京靠的就是印钞

---

① NCS,20 April 1926,p.8. 在冬防最糟糕的月份里,这发生过五六次。
② NCS,18 April 1926,p.8.
③ 同上,11 April 1926,p.8.
④ Peking Leader,15 April 1926,p.1; NCS,15 April 1926,p.8.
⑤ Peking Leader,16 April 1926,《顺天时报》,1926年4月16日第7版;China Weekly Review,17 April 1926,p.185.
⑥ NCS,16 April 1926,p.1; 1 May 1926,p.5.
⑦ Peking Leader,17 April 1926,p.1.

机的帮助。① 当他的部队拿着这些所谓银元券、铜元券像货币一样消费时,就直接抬高了当地铜币的价值。② 在这种情况下,钱庄老板们不再按照之前的惯例,在每天早上设定当天的固定汇率,也不屈服于官方稳定货币市场的压力。商会就此问题召开了会议,但是钱庄老板们辩称他们的做法是当前形势下唯一理智的行为。商会与银行公会起草了一份规则呈交军方,要求各位大帅采取措施,通过存入现金和向商会担保或表达一种兑换纸币的意愿,来为这些纸币做担保。

与此同时,张作霖破衣烂衫、纪律涣散的部队开进了城里,举着枪强迫钱庄和其他店铺接受他们的纸币。③ 店主们把铜钱都藏了起来,以免被迫去换那些一文不值的纸币,还经常要为此与士兵们斗智斗勇。商人们用油漆涂掉匾额、搭起脚手架或挂上"维修停业"的牌子,以谢绝顾客。之前还摆着成堆钱币的钱庄的架子上空无一物。④ 鞋店和成衣店只摆放小尺码或女式商品,压根就不想让士兵进门。洋货铺只陈列出大件商品,士兵们想搬都搬不动。当铺则等到中午才开业,而且早早就打烊。店员们延迟了数小时才上工,以缩短交易时间。

难民和士兵,作为军阀冲突时期的主要受害者和加害者,充斥着这座城市及其近郊。数千名无家可归者在西郊游荡,在那寻找食物和居所。⑤ 在4月下旬,仅一天就有两三万难民涌入了内城西北角的西直门。西郊北郊及其城门的压力,反映了战局正从

---

① Ronald Suleski, "The Rise and Fall of the Fengtien Dollar, 1917 – 1928: Currency Reform in Warlord China", *Modern Asian Studies* 13 (1979): 643 – 660.
② *NCS*, 20 April 1926, p. 1.
③ *NCS*, 21 April 1926, p. 1.
④ *NCS*, 22 April 1926, p. 1.
⑤ 同上。

城东向西北面发展,冯玉祥部队赶到南口一带布防,伤亡并不大。难民继续从其他各处城门涌入城内。大多数都是没钱住宿的妇女和儿童。难民们还带来了各种暴行的传闻和谣言,致使北京城内人心惶惶。军方高层下令攻击平民者都将被斩首。人们还对军事行动引发的混乱对地方经济的长期损害深感担忧。据估计,有10万左右的士兵占用了农民的房子作为兵舍,而此时正值收获之季,农民们却都被赶进了城里。① 这支部队后勤补给非常差,士兵们只得靠征用或偷窃食物或其他补给品来维持。部队刚抵达不久,近郊的粮食储备就已告急,使得城里的粮食供应雪上加霜。② 作为应对,治安维持会致电军队恳请他们派出专列,运送粮食、盐和煤炭到北京。

当反国民军部队占领了城市之后,一场围绕行政肥缺的竞争也开始了,展现了一幅民国和军阀政治制度败坏时的画面。《华北正报》指出:"直奉双方的领导者们都在角逐京师油水最足的部门。"③联军部队向前挺进之时,猎官者紧随其后。有些甚至在围城刚解除时就搭乘第一批列车赶赴北京。

政府机关最近已经因欠薪雇员纷扰、政治抗议,甚至被学生占领而乱成一锅粥。满怀怨言的官员则成了这个跟跄而行的新政治体系的主要生力军。多名官员要求担任相同官职的现象不在少数。某些政府大楼,有一部分或整个都被等着拿薪酬或被解雇的公职人员占得水泄不通,另一些则空空如也。前议员们试图收回已被寻找住宿的学生所占据的议会大楼。新任京畿警卫总

---

① *NCS*, 22 April 1926, p.1; 24 April 1926, p.8.
② *NCS*, 23 April 1926, p.1.
③ *NCS*, 21 April 1926, p.8.

第九章 兵临城下：军阀的冲击

司令却不允许他们进入，除非经张作霖和吴佩孚两人的批准。①这些新近走马上任的官员的政治可信度基本上和占领军带来的纸币差不多，虽然没有中立的公证人和代理人来为他们估价。他们政治事业的破产表明，即便这批新来乍到的政治来客占领了民国的行政空壳，治安维持会依旧是这座城市实际上的管理者。

战争能使城市和农村生活变为一场彻底的灾难。猎官者们为同一个职位你争我抢的场面使体统荡然。士兵与平民争夺食物和居所，总能占得上风，因为他们手持武器，或至少有更好的武器以及使用这些武器的技术，场面相当恐怖。数十万难民只背了些衣物就逃往北京，可见这场灾难规模之大。毋庸置疑，为了打击犯罪和匪患而在乡村建立的民兵团，在某些地区也能防止军纪涣散的部队胡作非为，某些地方的部队尚可约束。但总体而言，农村社会相对于城市来说，更易受到军阀的破坏。不过农村居民会用自己的双脚做出决定。张作霖对北京不痛不痒的轰炸，并未降低其作为战时避难所的价值。军阀对农村地区的侵扰程度，只受部队纪律和规模以及军阀运动对铁路和普通道路的依赖性的影响。

新一轮的军阀冲突直接或间接造成的死亡和破坏，北京也未能幸免。除了轰炸造成的死伤，治安维持会的努力，也没能防止难民和城市贫民沦为战争所造成或加剧的疾病和营养不良的受害者。北京有许多人已经处在了生存的边缘，城门紧闭、物价上涨、货币市场混乱对经济生活的破坏，将他们从肉体上和精神上都推向了边缘。如此程度的贫困和沮丧，迫使鹿钟麟不得不在其掌权的最后几周里，在护城河和运河边上布置警卫，以防人们投

---

① *NCS*, 5 June 1926.

河自尽。① R. H. 托尼(R. H. Tawney)将中国农民描述成被水没过脖子的人，一个浪头就能把他淹没。虽然城墙和粥厂这样的设施起到了隔绝战乱的作用，可城内一部分穷苦劳工也和他们的农村同胞有着同样糟糕的境遇。城市居民还遭受了来自军阀的政治暴力。虽然军阀混战的规则让段祺瑞这样的失败者能够保住性命、全身而退，但其他人就没有这么幸运了。得胜的部队在北京采取的第一批措施之一就是枪杀支持国民军、国民党的《京报》主编邵飘萍。②（张宗昌为这一暴行的策划者，见图24。）

另一方面，北京的规模和复杂性使得恐怖统治和单纯的没收财产难以奏效。城市居民对付丘八伎俩的招数要比一般农村居民多得多。在一个充满小作坊、店铺和住宅的城市里，到处都是纵横交错的胡同和院落，不起眼的藏身之所无处不在。老舍小说叙述祁老太爷是这样度过兵荒马乱的：

> 战争没有吓倒他，和平使他高兴。他……只求消消停停的过着不至于愁吃愁穿的日子。即使赶上兵荒马乱，他也自有办法：最值得说的是他的家里老存着全家够吃三个月的粮食与咸菜。这样，即使炮弹在空中飞，兵在街上乱跑，他也会关上大门，再用装满石头的破缸顶上，便足以消灾避难。③

没钱也买不起粮食、关窗锁门守在家的人，除了劳动力也没什么能贡献给军队的了，这时军队就会派人来抓壮丁。军人也无法将这些量小数大、遍布全市的粮食和钱财窝藏点搜刮一空。为了获取城市经济资源，他们必须做通那些能够接触到商铺和行会经济

---

① *NCS*, 7 April 1926, p. 1.

② *NCS*, 27 April 1926, p. 1.

③ *The Yellow Storm*, trans. Ida Pruitt (New York: Harcourt Brace, 1951), p. 3.

第九章 兵临城下：军阀的冲击

的领导人的工作。他们必须与绅商、老政客和形形色色的民间领袖以及法团官员等达成妥协，还得承认这些人作为中间人和调停人的合法角色。虽然对当地精英分子施行高压的意图并非不得而知，但是将处在能把别人的钱交给你的位置上的人枪毙或监禁起来，就不合情理了。

这一从谈判、妥协、威胁到让步的过程，涵盖了从4月末至5月军队与地方精英之间关于货币问题的争吵。以面值接受军票无异于向他们直接进贡或交税。商会会长孙学仕和治安维持会领导人王士珍都明白，他们及其所代表的人都对城市经济负有道义上和财政上的重托，而要恢复城市经济就必须买通这些军人。不过商会和治安维持会也在条件上据理力争。在商会的一次特别会议上，孙学仕称，他和治安维持会已经要求军阀们从各自势力范围内运来白银以担保纸币，有权以贬值纸币的面值额来缴纳新政权的税收，并禁止用纸币兑换硬通货。① 如果治安维持会制定的这些和其他类似的规定都被接受的话，张作霖和其他军阀就不得不对北京经济进行一大笔净投资。若是这样，他那么当军阀的意义也就不存在了，而且这还会严重限制张调动资源的能力。但是商人、银行家和其他精英只能硬着头皮压缩条件，因为就像鹿钟麟要求并得到了一笔可观的和平撤军费一样，反国民军联盟势必也会相应地要一笔和平占领军费。据报道，张作霖及其同伙以索要200万元的"贷款"，作为赶走冯玉祥和段祺瑞的代价。北京的银行家和商会讨价还价以100万元。②

直至4月末5月初，随着治安维持会和军队之间的协议逐渐

---

① *NCS*，25 April 1926，p. 1.
② *NCS*，1 May 1926，p. 5.

245

成形并且公开,越来越多的商铺又重新开张营业了。正规政府围绕着联合那些能够获得资金的部门和机构渐渐地开始运作起来。外交部是唯一一个能够支付员工薪水的部门,因为它能得到外国使团所缴纳的关税。① 由于官府想要得到运行所需的现款,治安维持会变得像一个谈判中心和清算所。银行家周作民给教育部和中小学提供了足够的贷款,帮助他们支付一部分教职工的工资。② 为获取能够支付警察和警卫部队薪饷的贷款,治安维持会还参与了同北京各大银行的谈判。各银行要求他们的贷款能有所担保,治安维持会则抱怨贷款利率太高。治安维持会成功地当起了政府官员和银行之间的中间人,在整个 5 月份,它成为政府各部门的主要游说对象。这个组织受到了各部门机构的信件"轰炸",他们都希望得到资金或提高信贷额度。③

军阀越来越倚重治安维持会工作,在这一过程中,便不得不对自己的鲁莽和破坏行径有所克制。段祺瑞执政时期的外交总长、现任治安维持会成员的颜惠庆,离开治安维持会而充任新政权摄政内阁临时执政。这种合作和政治化的倾向,最初在治安维持会成员中还有一些批评。随着张作霖新政权的蹒跚起步,并在 6 月端午节的结算中度过了第一次财政危机,治安维持会作为进京大帅和政客的临时社会基础和当地社会有条件的纽带的价值,在新政权和当地精英分子眼中都有所减弱。它在北京的精英为降低"政府"着陆社会造成的冲击,提供了一个调解和谈判的缓冲地带。但张作霖的独裁专行和北京民间领袖的地方自治或地方自卫计划之间,买的和卖的不是彼此要的东西,双方一拍两散也是必然的。

---

① *NCS*, 2 May 1926, p. 5.
② *NCS*, 2 May 1926, p. 1.
③ *NCS*, 11 May 1926, p. 8.

第九章 兵临城下:军阀的冲击

控制保护成本

在探讨战争和保护的经济意义时,历史学家弗雷德里克·连恩(Frederic C. Lane)写道:"任何经济事业都需要保护并为其支付费用,以防止其资本遭到破坏或被武装夺取以及劳动受到暴力扰乱。"① 在和平时期,政府自身垄断了组织性暴力行为并通过税收和受贿来确定保护费的多寡。可是1920年代的中国却一点都不太平。军阀割据模糊了税收、受贿、进贡、勒索和劫掠之间的差别。

北京城市政治的大部分都围绕着保护成本的计算和承担费用的评估。有些团体和机构相对其他来说更容易遭受军阀的侵扰。然而每个个人,包括数千家店铺、工厂和居民区的市民,都将成为军队暴乱和劫掠的受害者。不过,藏匿现金、关闭店铺或依靠社区街道的民兵团等方法可大大降低战争、围城和城市暴力对市民的影响。而经营范围遍布地区乃至全国的人则另有出路。银行家、政客和官员们可以逃往北京、天津和上海等地的外侨社区避难。那些与整座城市休戚相关的个人、团体和机构便带头出面商谈和支付整座城市的保护费,然后再通过他们控制的渠道和组织分摊下去。在1925至1926年,各商铺、公司和市民共为军阀支付数十万元的保护费,他们本可通过自卫策略以更低的代价自我保全,但是却没有在支付保护费这一问题上产生显著的分歧,这恰恰证明了治安维持会和商会、银行公会等法团的权威并

---

① Frederick Lane, *Venice and History* (Baltimore: Johns Hopkins Press, 1966), p. 383.

非空穴来风。在 1925 和 1926 年间,军事危机让城市领导者及其所代表的群体之间达成了共识。军阀当道的真实或臆测的危险,让那些对谈妥的保护费公平性问题还有所保留的捐助者都乖乖地把钱交了出来。然而,商界组织的纵向性使得各个派系之间可能产生分歧,因此就需要有人来不断地创造和维持这种共识。在 1928 年的第二次军事危机中,保护费问题就从在任法团领导者的手中落到了竞争对手和反叛运动的手上。

尽管现在是张作霖坐拥北京城,而他的敌人,其中包括冯玉祥,正联手对其进行讨伐,但 1928 年的新一轮军事冲突基本就是 1925 年和 1926 年反国民军战争的翻版。在一片动员与反动员的气氛下,战云笼罩了 1927 年的华北大地。反奉联军由蒋介石及其国民党政权领导,冯玉祥部队、阎锡山的晋军和白崇禧的桂军也投至麾下。北伐战争誓将统一全国,把革命进行到底,但是却未触动军阀割据的体系。① 战争的胜利建立在构筑军阀联盟之上,而军队则依旧沿着中国的铁路网在东南西北各处制造事端。

在 1928 年 6 月,张作霖离京已决,王士珍宣布重新组建治安维持会以平稳度过张作霖离京之后和北伐军进京之前的这段真空期。② 考虑到商会重要性的上升和北京行政地位的下降,与其 1926 年的前身不同,1928 年的治安维持会使商会会长孙学仕和副会长冷家骥成了正式成员(1925 年秋时他们也是这么做的)。③

---

① 参见 C. Martin Wilbur, "Military Separatism and the Process of Reunification Under the Nationalist Regime, 1922 - 1937", in Ping-ti Ho and Tang Tsou, eds., *China in Crisis*, vol. 1 (Chicago: University of Chicago Press, 1968), pp. 203 - 263.
② 《益世报》,1928 年 6 月 3 日第 2 版。
③ 《益世报》,1928 年 6 月 4 日第 2 版。

接下来的一周,治安维持会管理城市的工作十分有效。治安维持会领导者们为警察和部队筹集了资金,保证公共设施继续运作,通过召开新闻发布会以及与北京各界代表进行沟通以抑制谣言传播,并体面地交由北伐军官员接管。

治安维持会和商会批准北京各商铺为北伐军提供食物和补给,因为他们以为国民党政权会负责予以偿还。① 而当南京政府和北京的驻军长官都不愿履行诺言时,政府批准商会征收 5 个月的铺捐,根据店铺的规模,每家店需缴纳 50 至 300 元。

在 1926 年,关于保护成本的计算和评估工作,在治安维持会和商会作为中间人的支持下一帆风顺,可在 1928 年,同样的过程却激起了强烈的反对。筹款问题使商会在 1928 年夏末和秋天分成了两个敌对阵营。众多店铺反对捐税,旅店行会由于迁都南京而遭受了严重的经济损失,因此带头抗议商会的做法。② 鉴于过去军队暴乱所造成的实际伤害,商会在纳税人这里已经失去了道德和实用的吸引力。正如之前的事件所揭示的,在涉及调动资源和牺牲成员行会以集中权力的问题上,商会领导者们最怕的就是来自各派系或更大范围的反对。

1928 年,反对派势力与一个负责调动商界资源的国民党群众组织联盟,使商会内部纠纷更加复杂。商民协会是当地国民党支部五个群众组织之一。③ 协会于 7 月成立,是北伐军到来和国民党地下工作者浮出水面所发动的政治总动员的一环。起初,商民协会一直在讨好商会的领导。但是之后,捐款问题为协会提供了一个能站在它所谓的商界"群众"一边的机会。商民协会认为,

---

① *NCS*,22 June 1928,p.12.
②《顺天时报》,1928 年 11 月 14 日第 7 版;*NCS*,15 November 1928,p.12.
③ 另外还有学生会、工会、农会和妇女团体。

商会并无做出这些评估的合法权利,这次捐税不过是又一次不公平的征税。① 从商会领导者的角度来说,已购置的食品保证了城市及其市郊在奉军和国民党统治交接期不受士兵们的劫掠。这笔已收取的钱,实际上是一笔"保护费",而且是公平地均摊到每个商铺的。

捐税之争,因蒋介石反军阀政权的"军阀"行为而起,而对商会姑息养奸的"封建"的批评,使得这一争执愈演愈烈。攻击是来自一个国民党组织,也反映了蒋介石政府内部分歧的程度。正如傅士卓(Joseph Fewsmith)所言,当国民党利用军阀式的结盟和与地方精英谈判交易的方式统一中国之时,他们便亵渎了这次运动的"纯洁性"。② 像商民协会这样的组织巴不得把这事挑明,让那些不得不把这个差不多由张作霖和孙中山共同设计的政治游戏玩下去的国民党官员和将领备感难堪。在反对意见的冲击之下,商会发现自己在同一政治运动中处于上有强逼、下有公众批评的两难境地。国民党人的党国简直是在搬起石头砸自己的脚。这对正受到严酷人身攻击的商会领导人孙学仕和冷家骥来说,多少有点宽慰。

在内部反对和商民协会运动的双重压力下,商会在1928年11月13日召开了一次临时商民大会,对孙学仕和冷家骥进行信任投票。③ 商会领导者们被有自我意识的平民团体抨击为军阀的帮凶,便组织了这次商民大会,以强调其基础广泛、程序民主和

---

① *NCS*, 3 November 1928, p. 12.
② Joseph Fewsmith, *Party, State, and Local Elites in Republican China: Merchant Organizations and Politics in Shanghai 1890 – 1930* (Honolulu: University of Hawaii Press, 1985).
③ *NCS*, 15 November 1928, p. 12;《顺天时报》,1928年11月14日第7版。

第九章 兵临城下:军阀的冲击

法团地位。有 3000 名会员当日聚集在了前门外北京最大的戏院。三位当地国民党官员代表商民协会上台发言。国民党政客们极不明智地无视了冷家骥将他们正式介绍为商会会员的打算,因此当三人中的一位上台时,迎接他的是台下高呼"打倒国民党"和"不要外人插手我们的事务"。于是三人便愤怒离场。投票结果出来之后,出席的 71 个行会中有 68 个投票赞成新铺捐。三天之后,国民党人打着五个群众组织的旗号发起了抗议游行,但只有区区两百人到场。① 尽管如此,来自内部和外部的反对还是迫使商会放弃强征而改为劝说来收这笔捐税。② "封建"的商人们在商民协会挑起的决斗中,以其人之道还治其人之身,使遭受挫败的当地国民党人在口诛笔伐上变得更加极端,甚至提出要将孙学仕和冷家骥逮捕并处决。

　　地方精英之于 1920 年代中期军阀侵入城市政治的反应,考虑到了军头们已经彻底简化了民国政府的方式。自由主义宪政形式被完全抛诸脑后或支离破碎。军阀政治机器以威胁和武力作为惯用伎俩,紧抓着任何能够带来收入或掌管后勤补给所需要的铁路的部门和机构死死不放。那些被他们视为保护费筹集者和地方治安保证人的精英分子和组织,也是其紧抓不放的对象。

　　虽然同地方军阀的角逐者无所差异,但国民党人还是为城市政治带来的一项新元素:一种由政府指导和容忍的革命。1928 年之前,北京的革命曾于 1919 年和 1925 年在天安门外如火如荼地展开过,在激进政客的关系网络和俱乐部中也能够不受干扰地、低调地进行。而到了 1928 年和 1929 年,这个网络和群众运

---

① *NCS*, 18 November 1928, p. 1.
② *NCS*, 8 November 1928, p. 12.

动结合在了一起,形成了一个全市性的组织,一个具备干部核心、一群相约为盟且自认为能够实现城市社会转型的支持者的团体。作为精英网络和清代延续下来的法团的主导构架的对手,他们认为,像商会这样的组织已经无可救药地向军阀和帝国主义妥协了。治安维持会和商会热衷于买通军阀,并向各国使馆寻求资助,以换取警察和军队的忠诚,这就是其作为共犯的初步证据。可结果却是,北京现有的城市秩序被证明更加能够适应他们这种革命战斗性,而他们自己却没有如此强的能力来适应这座城市。你能在这座城市里加入任何新事物,前提是你一样都不能去除,这就是北京的生存法则。若只是一心想着建立一个没有使馆区、没有政界元老也没有孙学仕的北京,那么这些当地的革命者势必会为自己的异想天开而大失所望。

第十章　工会与派别：北伐战争后有组织的劳工阶层

1928年总商会与商民协会就"保护成本"问题而展开的斗争,反映了北伐军抵京之后城市政治的普遍激化。首先,张作霖离去造成的政治宽容气候,使得地方政治遍地开花成为可能。张作霖在北京执政的时期,政治迫害达到空前的程度。除了1927年逮捕和处决李大钊及另外19名共产党人,张作霖的手下还处决了其他数十甚至数百名政治犯。① 而试图发扬五四运动和五卅运动式政治激进主义的干部们就必须面对牢狱或死亡的风险。

尽管北伐军要人有着偏执狭隘的倾向,但在1928年夏天还是出现了新的、比较自由的政治氛围。得胜一方的军阀冯玉祥、阎锡山以及他们的总司令蒋介石内部的互相牵制,使得谁也不能像张作霖那样以高压政治控制这座城市。阎、冯、蒋三人的支持者分享了北京和华北地区的市级和省级职位。不论是南京国民政府还是驻扎在城内外的华北军阀,都无法决定性地干涉地方事务,因为他们害怕这会打破地区的势力平衡。结果,尽管蒋介石对群众运动及其男男女女的领导人极不信任,

---

① 例如,1927年10月,有十名工人和学生因为企图组织劳工联盟而被处决。NCS, 30 October 1927, p.1. 1928年5月,在奉军撤离北京前夕,据说有14名共产党人被杀害。《益世报》,1928年5月18日第7版。1926年4月至1928年5月间,仅天桥刑场一地,就处死了946名共产党人、盗匪。NCS, 31 August 1928, p.12.

他也无法继承张作霖在北京实施高压统治的衣钵。

诚然,国民党本身,作为负责民众动员的国民政府的一个组成部分,其权力正逐渐落入蒋介石领导的军队和政府官员手中。1928年夏,蒋来访北京,在其演讲中对那些有"党权高于一切""这样错误思想的人"提出了警告。① 党员应做"民众的先锋,向民众宣传,做调查劝导的工作"。"简单一句话,党员是只有义务没有权力的。"然而,华北的地方党员组织者却坚决不肯放弃赋予他们权力的职务,即将学生、工人、妇女、农民以及其他团体与阶层组织成政治上活跃的协会和联合会。

在抵制党对蒋介石的从属地位时,国民党组织者不太愿意鼓励一个自由主义的多元化政治体系。他们的目标是由国民党来主宰政治和社会。对他们来说不幸的是,不论是南京国民政府还是当地精英分子,都对这个宏图大业不感兴趣。竞争组织如法团和行会,连保住自己的地位和特权都忙不过来。且事实证明,国民党总部也没有能力和意愿将公民纳入到庞大的政治机器中。政党无法全面征服当地社会,总部也不能完全控制当地党部,这造成了一种多元化的政治动员模式。那些致力于一党独裁的人,既没有在地方上击败其他对手、赢得城市精英分子和群众效忠的本领,也没有全国的影响力,把他们及其支持者与统一的中央集权的政权联系起来。

---

① 《益世报》,1928年7月19日第3版。到1930年,国民党人大幅度地削弱党的活动和动员作用,以致动员群众来支持其统治无从进行。Lloyd Eastman(易劳逸), *Seeds of Destruction: Nationalist China in War* (Stanford: Stanford University Press, 1984), pp. 216 - 217; and Hsi-sheng Ch'i(齐锡生), *Nationalist China at War* (Ann Arbor: University of Michigan Press, 1982), pp. 184 - 186. 国民党人削弱党的作用的政策,也是Joseph Fewsmith(傅士卓)的著作 *Party, State, and Local Elites in Republican China: Merchant Organizations and Politics in Shanghai, 1870 - 1930* (Honolulu: University of Hawaii Press, 1985)的一个重要主题。

第十章 工会与派别:北伐战争后有组织的劳工阶层

张作霖离京之后不久,蒋、阎、冯等人就忙着着手瓜分被剥夺国都地位的北京城所剩下的政治战利品。蒋介石之所以不愿将国民政府定都北京,毋庸置疑,其中必有一部分原因是他希望降低这座在军阀军事范围内的城市对他们的重要性,并且避免自己的政权受到这些不可靠盟友的直接影响。现在,北京更名为北平特别市,并设立了全新的政府体系。市长之下有 8 个行政部门:公安局(警察)、社会事务局、卫生局、工务局、财政局、教育局、公用事业局以及土地局。① 其中公安局消耗了市府 70% 的预算。就好像是为了加强警察在新政府中的地位一样,特别市政府被临时安置在刚挂上国民党旗帜和招牌的旧警察大楼。② 工务局有近千名员工,负责之前由警察部队承担的道路维修的监管任务。社会事务局的 83 名职员负责调解劳工纠纷。这两个部门,再加上财政局,合共占用了余下非警务支出的绝大部分(占总预算的 24%),其余各局个个人手不足,资金紧缺。③

---

① Robert M. Duncan, *Peiping Municipality and the Diplomatic Quarter* (Beiping: Peiyang Press, 1933).
②《益世报》,1928 年 6 月 27 日第 3 版。
③ Duncan.

机构	1929—1930 年预算	职员
公安局	1,863,600	10,000
工务局	373,153	953
社会事务局	140,653	83
财政局	105,814	173
教育局	42,739	—
公用事业局	33,880	—
卫生局	19,662	—
土地局	30,597	—

干 部

分裂的北京和华北其他地区政治阵营，迫使高层政治当局勉强地部分容忍新运动、新观念和新组织。在这种政治宽容的大氛围下，最大的例外就是继续迫害被困于地下状态的少数共产党人。①

国民党政客和组织者由秘密走向公开，提出了一个涵盖全市居民的代表方案。这张基于国民党统一领导群众的政治蓝图，在之前天安门外的群众集会和上海、广州等南方城市的尝试中已初见端倪。由于特别市政府主要由山西官员控制，冯玉祥和蒋介石的支持者在政府中势孤力单，因此国民党政客们另辟蹊径，通过建立新的群众组织来加重自己的砝码。在这个南京鞭长莫及的地方，他们在现有社会体制之外，设立了工人联合会和其他群众组织。

就在6月6日，北伐军进城之日，当地国民党部转入公开活动。国民党干部们将前门外的湖南会馆作为他们第一个党部，并以锦旗和海报大张旗鼓地向世人宣告自己的存在。② 翌日，市党部正式开会。会上诵读了孙中山遗嘱，并做了三分钟默哀③，向国旗和孙中山像鞠躬，然后宣誓防范共产党活动以及维持城市秩序。④

---

① 邓昊民：《"本社"始末》，《文史资料选编》第9辑（北京：北京出版社，1981），第86页。邓提到了1928与1929年共产党在北京的地下活动。
② 《益世报》，1928年6月7日第3版。
③ 原文为五分钟。——译者注
④ 《益世报》，1928年6月8日第3版。

第十章 工会与派别：北伐战争后有组织的劳工阶层

党员们自然有理由庆祝。由于张作霖1926年在华北大获全胜，北京国民党干部被迫转入地下，有大批党的工作者遭到杀害或关押。① 在警方探员的骚扰之下，国民党人艰难地与他们想领导或控制的社会势力保持着联系。在1926年三一八惨案之后，非共产党员的国民党干部们已经着手扩大他们在群众运动中的基础。② 在这场地下政治攻势中，一位名叫丁惟汾的关键人物脱颖而出，他是孙中山革命阵线创始人之一，也是国民党华北党部主要领导人。③ 丁通过组织对抗共产党影响的团体公开反对统一战线政策，这个团体就是后来的"大同盟"派。在北京，身为这个中左派团体的核心人物的非共产党干部都是来自北京朝阳大学（北京最大的私立学府之一）的学生，他们和丁一样都是山东人。④ 共产党人已经在1925年和1926年初扩大了他们与工人的联系，面对共产党人的顽强竞争，非共国民党干部们则设法接近粪夫、人力车夫、水夫、报夫和印刷工人。一位幸存下来的老党员强调道："我们不停挥舞着刀剑，从不退却。"⑤ 段祺瑞在1926年春对共产党及其国民党左派盟友的攻击确实使得这次竞争不如预计的那么困难。但是国民党人也同样遭到了控制这座城市的张作霖部队的镇压。在北伐军抵达之后，党部的首要目标之一就是释放在押人员，这也表明了多年地下活动所付出的代价

---

① 《益世报》，1928年7月25日第7版。一本非正规的党史声称有无数党员被杀害。
② 同上。
③ Howard L. Boorman and Richard C. Howard, *Biographical Dictionary of Republican China* (New York: Columbia University Press, 1970), vol. 3, pp. 276-278.
④ 钟德钧：《一九二八年十一月丹华火柴厂工人怠工的前前后后》，北京市总工会工人运动史研究组编《北京工运史料》第2辑（北京：工人出版社，1981），第243页。
⑤ 《益世报》，1928年7月25日第7版。

之大。①

1928年6月转入公开活动,开始或继续动员城市居民的国民党员,多为在五卅运动之后入党的受过大学教育的年轻人。②他们大多数都是外来人员,这也是北京各行各业中的普遍情况。③ 大同盟派在市党部的崛起,部分原因是由于其与山东人领导者的关系,比如在组织群众中举足轻重的李乐三和张寅卿。利用同乡心理来发展一批核心追随者和扩大个人影响力,是中国城市政治中屡试不爽的一招。商会会长孙学仕和安迪生就各自利用了他们的山东和河北(直隶在1928年更名为河北)人脉,作为其闯荡公共生活的基础。总之,在北平政治中,山东关系对大同盟来说是一笔财富,因为在这里,如水行、粪行等许多行业都被山东人把持,且又有许多精英分子来自这个丘陵半岛省份的城镇和乡村。

领导干部的储备,来自各个政治化的大学、学院,政治意识日益增强的工人阶级,还有受到军阀和革命打击的官场。对受过教育的青年来说,从政相当有吸引力,何况他们能够选择的职业机会本来就不多。④ 一个共产党人后来颇有敌意地谈到,在1928年,李乐三和他的同志们"一无兵,二无钱;只有几个山东同乡——朝阳大学的学生作骨干,力量薄弱得可怜。他们为了要造

---

① 《益世报》,1928年6月28日第3版。
② 《中国国民党各省市总登记和各党员总计》,中国国民党中央执行委员会总计处(无出版社,1929)。在隶属北平市党部的1770名党员中,有四分之三年龄在20多岁,90%为男性。有一半曾经上过大学,90%至少受过中学教育。
③ 同上。有相当一部分党员是河北人和北京人(33%)。此外,还有中部省份的湖南人(11%)和南方省份的广东人(7%),邻近的山东人(9%)和山西人(8%)也占一定比重。
④ 《中国国民党各省市总登记和各党员总计》。有四分之三的党员的收入只够糊口(55%)或不敷生计(19%)。

成自己的权势,巩固自己的地位,就向'民众运动'方面发展"。①其后台丁惟汾出任南京的中央党务学校训导长一职也为大同盟助了一臂之力。②

在1928年和1929年,国民党党员人数大致在2000到3000人,他们狂热地进行着将旧都革命化的任务。③ 党内积极分子试图根除任何他们认为是城市生活和文化中封建和反动势力的东西。某些被判定为"含有封建思想"或"毫无意义"的街道名称被更改了,例如"猪头胡同"改为"竹头胡同","户部街"改为"公安街","麻线胡同"改为"法宪胡同"。④ 市党部宣传部还派同志往前门外的照相馆没收张作霖、段祺瑞等军阀和政客的"反革命分子相片"。⑤ 为了将文化生活也"现代化",当局还曾试图强迫市民过阳历新年而不是阴历春节,但是没有成功。⑥ 至少,从事情的表面来看,正如一位报社专栏作家所言,北京正透露着一股革命化的"味道"。⑦ 他们对教育和政治也进行了"党化"。"女子有革命化的剪发(短发),男子有革命化的中山服……吃饭有中山馆,游玩有中山公园(原名中央公园)。"

革命的文化和光环紧紧地依附在国民党政客所推动的群众运动周围。基层运动有望加深这种似乎只是城市政治和文化生活徒有其表的变化。李乐三和张寅卿等干部在1928年的夏天和

---

① 钟德钧,第243页。
② Boorman and Howard, vol. 3, p. 277. 此时,丁的追随者把持了党的要津和其他一些职位。邓昊民,第91页。
③ 据官方数据,1929年隶属市党部的登记党员人数为1700余人。媒体报道城内有2900余名党员。《益世报》,1928年9月28日第7版。
④ 《益世报》,1928年12月16日第7版。
⑤ 《益世报》,1928年11月6日第7版。
⑥ NCS, 4 December 1928; 26 January 1929, p. 11; 31 January 1929, p. 12.
⑦ 《益世报》,1929年5月14日第7版。

秋天忙忙碌碌,建立了一个群众组织网络,其中包括各种工人、农民、商人、学生和妇女的协会和联合会,而这些都与他们所控制的市党部和"民众训练委员会"紧密相连。① 商民协会力争取代京师总商会。市学生会在国民党的支持下重获新生。妇女们加入到了一个党办协会。甚至城郊的农民也参加了国民党人所指导的组织。李和张对劳工运动也制定了宏伟的计划,而这正是自五四运动以来群众组织者一直难以实现的目标。

工会主义

市总工会自6月成立以来,不到几个月就吸纳了数十个工会和16000余名会员。② 总工会从北京那些规模不大但极具战略意义的现代公用事业公司、通信公司和工厂那里获得了支持。不过这个组织也把人力车夫、粪夫、理发师、清扫工、赶骆驼的和水夫等纳了进来。若是考虑到各行会的权势经久不衰,以及来自全国和地方的掌权者加强了对基层组织的抵制,那么1928年北平工会运动为自己打基础的工作可以说是相当出色了。

工会运动也得益于总工会干部清晰明了的民粹主义和激进的宗旨。1928年夏,随着运动名单上的公司和行业越来越多,李乐三和张寅卿旋即公开呼吁开展阶级斗争。③（但没过多久他们便右转谋求将自己的立场与较保守的国民党主流进行调和。）④

---

① 钟德钧,第243页。
②《顺天时报》,1929年10月25日第7版;于恩德:《北平工会调查》,《社会学界》第4期(1930),第125页。
③《顺天时报》,1928年6月24日第7版;NCS, 24 June 1928, p. 2.
④ 全国的地方党干部都面临着这种压力。参见 Fewsmith (1985), p. 102.

第十章 工会与派别:北伐战争后有组织的劳工阶层

总工会干部积极物色潜在的工会新成员,并树立高调的公共形象,以吸引更多的工人加入工会事业。就在国民党人公开活动后不久,电车工人就联系到党干部表达了组织工会的意愿。张寅卿及另一位同僚造访了位于天桥区的电车厂,并商定举行隆重成立典礼的事宜。6月26日拂晓,成立典礼举行。①

一旦加入了工会,工人们就会立即提出加薪和改善工作条件的要求。电车工人要求增加工资和缩短工时。② 邮政工人则要求减少工作时间,同时每月休假两天,加薪,并保证不拖欠工资。③ 代表电气公司员工、报夫和印刷工人的工会也提出薪酬和工作保障问题等要求。④ 工会组织下的工人们采取的这些初期行动中,没有一例导致罢工或引发暴力行为。而且在大多数情况下,工人们很快就达到了他们全部或大部分要求。

工会运动在全市确立地位的迅速胜利,却让总工会遭遇了第一次政治危机。1928年8月17日,阎锡山司令从其太原司令部下令关闭工会办事处。在一份阐明这一举措的通电中,阎锡山称:

> 一月以来,二三党部人员,极力蛊惑工人,成立种种工会,煽动阶级斗争,进行猛烈……其为预定阴谋,毫无疑问。风声所播,市民疑怕,富室纷徙。若再长此蔓延,窃恐一旦暴发,为祸之烈,将更甚于粤汉。⑤

---

① 《益世报》,1928年6月27日第7版。
② 吴半农:《河北省及平津两市劳资争议底分析》,《社会科学季刊》第4卷第3期、第4期(1929年7月、11月),第39页;NCS, 29 June 1928, p. 1.
③ 吴半农,第39页;NCS, 30 June 1928, p. 3;《益世报》,1928年7月5日第7版。
④ 吴半农,第40页;NCS, 17 July 1928, p. 1;China Weekly Review, 18 August 1928, p. 404.
⑤ 马超俊:《中国劳工运动史》(台北:中国劳工福利社,1959),第831页。

通过歪曲工会运动对地方秩序的政治和社会影响,强调革命与反动的血腥场面,阎锡山明显是想以此威胁党的干部及其支持者。但是党干部们没有慌了阵脚,他们见招拆招,首先上诉南京政府,但是答复却不尽如人意,于是他们就伪造了一份驳回令。在接踵而至的混乱中,工会又恢复了他们的工作。之前谨慎起见而请"病假"的工会领导们,又带起了总工会徽章重新站在公众面前。① 全国和地方的政治僵局与举棋不定,防止了这只反劳工巨兽把 6 月和 7 月间结下的组织成果一扫而空。

对于赢得的能够无拘无束地参加在城市政治集会和示威游行的权利,工人既珍视又庆幸。1928 年 7 月 7 日,市党部组织了一次集会庆祝北伐胜利。② 游行定在早晨举行,许多公用事业也暂停服务,以便让电车工人、电话接线员和邮政职工等参加。按照计划,夜里还要举办灯会,政府当局援引南京政府不鼓励或禁止大多数公共游行的条令,试图禁止这场集会。但干部们没有让步,游行照旧举行。

此时,蒋介石在北京准备和他的军阀盟友进行谈判,随行卫队也决定参加游行。游行始于天安门外,由各妇女组织领头,后面跟着电车工人、士兵和来自各学校及工会的队伍。旗帜和灯火沿着旧时亭台楼阁和皇家园林曲折蛇行,在这一令人称奇的夜景中,游行队伍穿过中央公园和北海公园一路北向。当游行队伍到达北海公园北门时,一些妇女放慢了脚步,以至于后面的士兵开始抱怨地嚷道,"前面快点"。电车工人回头告诉他们,前面的妇女由于一整天的集会太累了。于是,士兵们开始讽刺电车工人,

---

① NCS, 18 August 1928, p. 12.
② NCS, p. 40; NCS, 8 July 1928, p. 1;《益世报》,1928 年 7 月 9 日第 2 版。

第十章 工会与派别:北伐战争后有组织的劳工阶层

粗俗地说,要是妇女们真的走不动了,他们何不背着她们走。工人也开始还嘴,接着双方就爆发了争吵。游行典礼官试图过来调停,却没能成功,士兵们开始攻击工人,他们殴打了好几人,并把他们的灯笼都砸坏了。负责指挥游行的李乐三和张寅卿止住了争斗,下令手下的维持队逮捕并拘留了一名士兵。队伍继续按照既定路线前进,向南过了西四和西单路口,沿着长安街往东[1]朝天安门走去。当游行队伍穿过京畿警备司令部大门时,20名军人和探员冲了出来,抓住了4个电车工人,明显就是因为有士兵被抓而伺机报复。游行者见状,都上来为4个工人解围,却瞧见列队的士兵用步枪对准他们,随时准备开火。由于三一八惨案的可怕景象仍历历在目,"人群警觉地后退了"。党内高层、警察和军方高层于翌日会面,交换俘虏并商讨后续事宜。与此同时,工人们在城里开着两辆挂有反军方标语的电车,以表达"强烈不满",而且还载着4位受伤的工人作为军方暴行的证据。蒋介石的代表最终同意为争执中受伤的工人支付医疗费用,并起诉涉事军人。

7月7日的庆祝活动,还引起了工人关于政治权利和老生常谈却又极具争议的带薪假期问题的辩论。带薪假期,对1920年代的中国来说,还是一件非常稀奇的事情。工人们一般只有在三大节日才能休息。因此,工人们就把参与政治视为争取缩短7天工作制的合法途径。[2] 可想而知,雇主们对工人通过政治手段争取假期的预期十分悲观。澡堂业老板们威胁说,如果理发师继续

---

[1] 原文是往西。——译者注
[2] 大型的燕京地毯厂的织毯工虽获准参加7月7日大会,但因大工头拒绝提供例行午餐而继续罢工。NCS, 10 July 1928, p. 1;吴半农,第40页;《益世报》,1928年7月10日第7版;1928年7月11日第7版。

263

缺工参加工会总部每周的孙中山纪念会,就把他们从店里赶出去。① 邮政官员抱怨道,工会成立的这一年里,工人们放的假比之前民国整个17年的加起来还要多。② 为抗衡与日俱增的工会权力,新成立的北平工厂联合会声称,如果其会员对"假日和更多的带薪假期"的要求让步,他们将被逐出行业。③ 最终双方都做出了妥协,同意在传统节假日之外,再增加一定天数的全国性节日。④

除了加薪,防止任意解雇,增加政治自由等,工会也在有限范围内扩大了社会福利。电气公司工会、火柴厂工会、电车工会和财政部印刷局工会为工人或其子女开办了学校。⑤ 身份低下的工人也以一种新的方式受到了尊重。例如,粪夫也被邀请参加了市党部举办的茶会。⑥

群众反抗

在1928年工会斗争的过程中,总工会及各工会都壮大起来。在总工会领导人和国民党的帮助下,各工会在与店主和经理的对峙中常常占了上风。张寅卿似乎是位劳工政治的老手,有着煽动公众舆论和开拓军政高层精英关系的本事。1928年10月,总工会计划在丹华火柴厂组建工会。这家有千余工人的工厂因其工

---

① 《益世报》,1929年1月10日第12版。
② NCS, 2 July 1929, p.1;吴半农,第61页。
③ NCS, 21 December 1928, p.3.
④ NCS, 4 February 1929, p.14.
⑤ 陶孟和:《第二次中国劳动年鉴》(北平:社会调查所,1932)第三册第四编,第133页。
⑥ NCS, 26 October 1928, p.9.

第十章 工会与派别:北伐战争后有组织的劳工阶层

资低下、工作环境危险、无情使用女工和童工而臭名昭著。① 张寅卿手持孙中山画像,迅猛地掠过了写有"谢绝参观"的标牌,轻松克服了工厂管理层对工会的反对。张把孙的画像挂在工厂一个车间里,招呼工人放下手头的工作来参加集会。工会当场就成立了,选举出来的执行委员会立即列出了一份要求清单。总工会干部就工厂环境写了一份报告,并安排当地报纸登出来,以宣传火柴厂工人的处境。干部们指示工人在报纸曝光当天就向管理层提出要求,以加强对厂方的压力。至此,厂里的工人们已经情绪高涨。在公司拒绝了他们的要求之后,他们决定实行罢工;总工会领导人则劝他们消极怠工,再到党政机关游行。在全城游行的过程中,丹华火柴厂工人成功地博得了警备司令张荫梧的同情,他还派代表与国民党和总工会官员一起参加公司与工会之间的调停会议。经历了数日徒劳无益的对话之后,张荫梧的代表对公司的强硬态度失去了耐心。他扇了一位公司职员一记耳光,在他眼睛上又来了一拳,派人把他架到车上带走了。这事发生不久,公司就同意为全部工人加薪,包括童工,另外每月还为一所工人学校提供捐款。②

当工会运动作为全市政治中的一种存在和大批行业、公司中的一股势力在北京地位巩固之后,李乐三和张寅卿等党和总工会领导人就将他们的注意力,从工会的组建,转移到了工会事务的管理问题和其委托人与其他团体组织之间的调停斡旋上。在1928年夏秋之际,第一轮组织工会和工会激进主义如日中天,工人们的战斗性经常让李和张不得不在劳资双方之间扮演起调停

---

① 钟德钧,《北京工运史料》第2辑,第245页;《益世报》,1928年10月21日第7版。
② 吴半农,第42页。

者的角色。总工会表现出激进姿态时是这样,在有所缓和时更是这样。尽管最初有着激进主义色彩,但总工会有时似乎和其他法团一样,在经营自己地盘上花的心思,即便不比在带领促进工作场所改革的运动上多,也绝不会比它少。应多家报社要求,总工会默许了警方对报夫工会中"不良分子"的镇压。① 在张寅卿领导下,总工会干部说服了燕京地毯厂工人,在没有达成协议的情况下停止罢工,不过还是"有相当部分工人对这一妥协愤愤不平"。② 没有承认总工会领导地位而擅自罢工的印刷工人遭到了国民党的逮捕。③ 相对管理和秩序带来的利益而言,总工会和国民党市党部更青睐工人本身。但是总工会干部使用合法、守约的话语,并下令制止或缓和工人斗争的倾向,却是值得注意的。

为了止住1928年夏天劳工运动中大部分都是自发的这股势头,国民党和总工会干部试图维持对各个工会和工帮的控制。自建立之初,总工会等了足足一个月才召开工会代表大会选举出一个执行委员会。④ 与此同时,劳工联合会则成了李乐三和张寅卿手中的工具。尽管从子工会选出来的人成了领导人,但总工会依然要依赖像张寅卿这样的党内专业人士来制定政策和把握工人与其对手进行斗争的分寸。至1928年秋,党组织者以民众训练委员会为中心,构建了一套多层次政治机构,而民训会的作用就是监管总工会及其子工会。民训会引证了过激主义的危险,通知总工会,一旦有工会"影响秩序"的消息,定要立即告知以便其派

---

① 《顺天时报》,1928年10月14日第7版。
② *NCS*, 11 July 1928, p. 1.
③ 吴半农,第39页;*NCS*, 8 July 1928, p. 1.
④ 《益世报》,1928年7月28日第7版。

第十章 工会与派别:北伐战争后有组织的劳工阶层

出干部调停纠纷。① 作为回应,总工会命令工会在执行怠工之前,须经其同意,以免"轻率罢工"。②

为了使他们自己和劳工运动不受来自阎锡山之流的打击,更有效地与地方精英打交道,并缓解内部冲突,总工会干部们的为人处世活脱脱一群尽责任的城市管理者。他们创立了一个能够对城市大部分工人阶级实施一定控制的组织,这项成功使他们成为了当地政坛中强有力的角色。不过,从其他民间活动家,如安迪生和孙学仕等的职业生涯中不难看出,这种组织上的成就也使他们成为内部反叛的目标。

1928年,曾有一段时间,总商会等旧法团的领导人似乎会与总工会等新团体,在对国民党意识形态达成共识以及采用精英阶层非正式调解和协调的惯例的基础上,合伙管理城市事务。例如,在1928年的双十节,天安门外的区域被绳子分成了好几大块,分别作为党部、政府、军队、学生、农民、工人、商人和警察的集会地点,这代表了一种国民党式的统合主义。③ 张寅卿和总商会代表冷家骥,与其他协会、联合会和社团的代表同上讲台。不过,尽管大家表面上同舟共济,显示了某种程度的共识和团结,但总商会和商民协会对商界控制权的较劲早已开始。有了看似扎实的群众基础,国民党领导人就可以将精力花在拓展工作领域上了。党干部们不仅仅满足于为工人组织工会,还试图进入老派精英分子所霸占的地盘。最终,整个城市社会将被"党化"和"革命化"。可对国民党领导人李乐三和张寅卿来说却事与愿违,在1928年末和1929年,这一基础开始土崩瓦解,因为工人们起来

---

① 《益世报》,1928年10月19日第2版。
② 《益世报》,1928年10月20日第7版。
③ 《益世报》,1928年10月10日第3版。

反对现任总工会领导了。

在1928年12月,电灯工会工人同总工会领导人在与公司斗争中使用何种策略产生分歧。① 工人们要求加薪,不得随意解雇,学徒工和正式工工伤平等赔偿,并通过提高奖金的方式与公司董事一起分红。李有光领导的激进工人显然准备,如果要求没得到满足就切断城市供电。总工会按照既定政策,即保持社会安定而缓和劳工动乱,为贯彻这一政策,总工会就派人去公司制止断电。总工会还召开了有百名工会代表参加的会议,谴责电灯工会的行为。会议最终决议,谴责"反动分子"出来"暗中捣乱",取消电灯工会会籍,并要求警备司令部逮捕李有光及其支持者。接着,总工会领导人向电灯公司派出维持队,并当场抓了李有光的一个支持者。不服气的电灯工人之后声称,是总工会及当地工会的人鼓动他们采用断电来迫使公司让步的,而工会领导人在12月采取镇压行动的事实则表明,地方基层的战斗性有悖于总部的中庸之道。为了还击总工会的进攻,200余名电灯工人游行至党部大楼,要求与总工会领导人对话。张寅卿出面与工人们谈了一个小时,成功地让工人们相信他们是被误导了。在对总工会立场口若悬河的总结中,张寅卿"辞语沉痛",抗议者表示服从总工会命令,就返回了公司。然而,在接下来的几周里,总工会和电灯工人的冲突愈演愈烈。工人们最多只能得到公司口说无凭的让步,而且总工会也并没有撤销对电灯工会的责难。异见工人们找人印了攻击张寅卿和总工会的小册子,并宣称是张寅卿,而不是他们,危及了城市的供电。

---

① 吴半农,第49页;《顺天时报》,1928年12月10日第7版;1928年12月28日第7版;《益世报》,1928年12月10日第7版。

第十章 工会与派别:北伐战争后有组织的劳工阶层

1929年2月,电车工人中的一派也和总工会决裂。讽刺的是,总工会和电车工人的争端,源自电车工会在1928年秋天采取的一次成功的劳工行动。由于大多数企业和工帮规模都很小,以及同乡关系加强职业认同感的方式,使北京工人在维护团体利益时能表现出惊人的狂热。好斗的水夫和粪夫的极端例子告诉了人们,工人在保卫地盘和生计的时候会多么不择手段。电车司机和售票员也有一种源自职业自豪感、无产阶级意识和经常目睹人们逃票等刺激而产生的斗争精神。1928年11月,发生了一系列涉及士兵拒绝卖票、威胁或殴打司机和售票员的事件,逼得工会只能采取戏剧性的方式来宣传工人的委屈。① 11月21日起的两天,工人决定照常开车,但不售票,任乘客免费搭乘,工会声明称,他们迭受军人蹂躏,无确切保障,"前途危险,不堪设想"。许多根本坐不起电车的北京居民,都涌上了车。张寅卿与许多特别市政府和公司派来的人一起调停,试图平息冲突。张亲自来到天桥区的电车工会总部与工会领导人们会面。"顾及社会秩序",工人们同意接受调停,恢复售票。公司方面则答应给被士兵打伤的工人提供补偿,为工会学校每月捐款,增加工资,并且与军方商谈,敦促其加强对城内军队的约束。

尽管在外人看来,电车工人代表了工人、工会和总工会领导这条统一战线,但是三个月后,这一表面上的团结却瓦解为派系的纷争。② 1929年2月14日,电车公司半数工人在前门商业区

---

① 吴半农,第46页;NCS, 21 November 1928, p. 11;《益世报》,1928年11月18日第7版;1928年11月20日第7版;1928年11月23日第7版;1928年11月24日第7版。
② 《益世报》,1929年2月16日第7版;吴半农,第54页;《顺天时报》,1929年2月16日第7版;1929年2月17日第1版;1929年3月6日第7版;NCS, 17 February 1929, p. 1; 21 February 1929, p. 11.

的铁山寺会面,商讨推翻现任领导团体。总工会领导获悉此事,立即派出60人的纠察队开车前往驱散。当总工会的人抵达时,工人们已经散会。接着第二天,200余工人游行至市党部正式请愿。工人们带了一份声明,指出工会领导人盗用了工人的奖金,未能拨付工会学校的资金。而且,总工会选出的工会领导人"毫无知识","较之专制军阀,不可以道里计"。有三位工人甚至质疑工会领导人的政策,于是他们便被羁押,还遭到了拷打。工人们抱怨道:"公司与工会,各持异议,我辈工友,无所适从。忤公司则被停职,忤工会则辄遭打倒。"一位国民党官员同意会见工人,他向他们宣扬遵守党纪以及以正当程序替换领导人的重要性。作为回答,工人们高喊口号,要求驱逐领导层中的"害群之马",公开工会账目。

总工会反击称,这些异见工人是前京师警察总监、安福党人朱深的走狗,而朱深正是电车公司常务董事。管理层和工人间的关系,从来就没有能如此串通一气。但是如果大部分工人都愿意把他们的工会领导人形容得比军阀还坏——对士兵及其蹂躏恨之入骨的司机和售票员就爱这么骂人——那么相比之下,公司管理层反而显得好点了。总工会派出维持队逮捕了意图取代工会的"工友俱乐部"8名领导人,并将他们移交警方,还污蔑他们是共产党、反革命分子和反工会分子。地方法庭认识到这些莫须有的罪名不过是左右两派的阴谋,最终宣判这些人无罪。

电灯工人和电车工人对张寅卿提出的指控,提示了其专制的、想要凌驾于民意之上的领导方式。① 总工会侵入了选区基

---

① 《顺天时报》,1929年7月3日第7版。电灯工人重复了许多电车工人对李和张指控的陈情书的内容。

第十章 工会与派别:北伐战争后有组织的劳工阶层

层,挑选工会领导人,并强加给工帮官僚主义和恩庇侍从的色彩,从而招致了唯亲是用、程序不民主和贪污腐败的指控。1928年,在他们急匆匆地组建庞大的工会联合会时,总工会领导人们几乎没有考虑要使工会上层架构与各个团体的需要和偏好相适应。被李乐三和张寅卿招进总工会机构的那些工人,在某种意义上,代表不了他们的工友。在电车工会里,"毫无知识"的人被提拔到了领导职位,而工人们更看重的则是学识和技术本领。在最初由总工会带领大家获得成立组织和劳资谈判胜利的阶段,这些冲突还没有显现出来。随着总工会不断强加有违传统习惯的新准则和安插新领导,为了阶级利益和党的统一性而抑制住的紧张气氛变得愈发明显了。电灯工人虽然接受了总工会派来的人,但是之后就称"为多数工友所期望者大为相反"。

总工会领导人在1928年之前,就秘密地组织了许多在北伐军抵京之后加入到工会联合会的工人,而各工帮则倾向于拥有他们各自传统的团结和斗争方式。1928年,总工会下属工会萌发速度如此之快,部分是因为电车工人、织毯厂工人、印刷工和其他工人早已非正式地组织了起来。虽没有总工会这种保护伞组织的庇护和指导,工人们已经为了自己的权利和利益进行了多年的斗争,结果便是在参与国民党劳工政治的过程中,形成了一种强烈的分离感。这种强烈的集体认同感是城市政治的一个特征。总商会常常是一个各行各业笨拙的联合体。可当商民协会挑战它的权威时,它也警告说:"我们不要第三方插手我们的事。"电车工人等极富现代性的团体,以及人力车夫、粪夫等地位低下的工人,都形成了集体认同感,这种认同感近乎一种亚文化,有着一般中国人都有的关切。各种不同的社会分工,如售票和挑粪,抑或乡缘关系,如同为山东人,都加强了这种社会隔阂,这种隔阂既强化了对能够舒缓社会隔阂的桥梁的需要,也助长了将总工会和国民党等局外人的控制企图视为篡夺既有特权的倾向。

党派斗争

1928年夏秋之际在动员城市居民支持上大展拳脚的国民党干部们,却在1928和1929年之交的冬天,经历了蔓延开来的选民反抗和党派斗争的折磨。张寅卿及其支持者上下交困。在南京,汪精卫和丁惟汾等左派人士很快失势于胡汉民和陈果夫等右翼保守派。1928年秋天,负责党务工作的陈果夫开始系统地将左派和无党派人士从各地方党部清除出去,代之以右派和蒋介石的亲信。① 国民党政策的右倾,激起了左派的反弹,他们组织了"中国国民党改组同志会"或称"改组派",其核心人物为汪精卫及其他党内主要领导人。

由于南京那些全国有名的政客越来越反对任何草根政治的事物,群众组织和民众运动的领导人自然会向改组派靠拢。1928年12月,作为中央清党活动的一部分,国民党中央执行委员会下令召回北平市党部李乐三等五人,并从南京派人去替代他们。② 总工会立即召开大会,由张寅卿主持,与会工会代表两百余人,宣布对被召回干部的支持。③ 为了获得其他省份的地方党部的支持,总工会在通电中呼吁汪精卫重新主持要政,并驱逐陈果夫和

---

① Tien Hung-mao(田弘茂), *Government and Politics in Kuomintang China*, 1927 - 1937 (Stanford: Stanford University Press, 1972), p. 52. 陈果夫属CC系,该系试图把党变成蒋介石的御用工具。
② *NCS*, 23 December 1928, pp. 3, 16.
③《顺天时报》,1928年12月24日第7版;《益世报》,1928年12月24日第3版。

第十章 工会与派别：北伐战争后有组织的劳工阶层

胡汉民。市党部也发布了一份类似的抗议书，并引证了这些被调离的"好同志"在张作霖执政时期的地下活动中所做出的牺牲。①

李乐三走后，张寅卿仍旧努力维持其党部内的影响力和对总工会的控制。迫于南京当局提出的接受市党组织"改正"要求的压力，以及工会运动内部的不满呼声，张寅卿在1929年1月自导自演了总工会新一轮选举，他不再直接参与工会事务，而把自己的支持者，如人力车夫工会领导人韩世元，安插在了重要职位。②1929年春，张寅卿参加了在南京举办的一次群众组织会议，会上还呼吁下野去欧洲的汪精卫回国。③ 在3月的国民党第三次全国代表大会上，多位改组派领导人遭到清洗，为1929和1930年之交的冬天汪精卫等左派异见人士与阎锡山、冯玉祥等北方军阀的结盟埋下了伏笔。可以推断，张寅卿是在1929年加入改组派的。④ 由于阎锡山、冯玉祥等北方军阀与汪精卫等左派政客双方的联盟尚未促成，因此改组派旗下的地方政客当时如履薄冰。在没有得到军阀们明确支持的情况下，贸然反对南京政权和蒋介石，从短期来看，无异于还没交上一个朋友却多树了一个敌人。

1929年接下来这几个月，在南京高层的敦促下，右翼干部正努力从张寅卿和大同盟手中收回党政机关的控制权。张寅卿自己也因在劳工运动中树敌过多，使这些外来者有机会组织反对运动。电车工人和电灯工人成了总工会中反对派"新势力"的主心

---

① 《益世报》，1928年12月23日第2版。
② 《北京における电车暴动事件》，《外事警察报》第89期（1929年11月），第120页；《益世报》，1929年1月18日第7版。
③ 《益世报》，1929年4月19日第7版。
④ 李福海：《人力车工人砸电车事件始末》，《文史资料选编》第13辑（北京：北京出版社，1982），第178页。邓昊明回忆说，李乐山和大同盟在北京的组织都参加了改组派（第96页）。

273

骨,旨在将张寅卿的"旧势力"赶下台。

总工会反对派"新势力"细数了张寅卿的种种罪状,称总工会成立,"实为张某一手包办;工会成立之后,张某又复安置亲信故旧,操纵把持","一切行动,从未顾全工人意见"。① 在不断地表现敌意之后,与南京保守势力结盟的"改正"派终于在1929年秋赢得了当时总工会24个活跃工会中17个的支持,撤换了联合会的领导人。而且,反对派工会清除"旧势力",开始还得到了强有力的支持。讽刺的是,和国民党右派结盟的工人,从阶级意识和进步的政治行为而言,他们都属于城里最具有"无产阶级性"的一群人。在"改正派"的促进下,党部内亲南京派和反对派工会之间形成了同盟。② 张寅卿一派只保留住了四个工会的支持:人力车夫工会、工程队工会、清道夫工会和沟工队工会。

新派系使得张寅卿对总工会的控制日渐式微,他在反对派工会面前寡不敌众,但如果他能够稳住城里6000余名人力车夫,那么就人数来说,也不至于相差太多。只要有办法驾驭他们的注意力和热情,人力车夫就能为劳工组织者提供一片支持者的海洋。作为城市管理者和调停者,张寅卿觉得对这些暴躁易怒的选民担起责任是一项艰巨的任务。人力车夫们的忠心,对于一个受到来自总工会内外对手夹击的政客而言,代表着一种可以利用的群众支持的砝码,随时扣动城市动乱的枪机,可以成为相当大的一笔政治财富。1929年秋,针对"改正派"干部和新势力的攻击,张寅卿及其支持者动员人力车夫来维护他们在党内和总工会内的地位。在与党内激进分子结盟对抗右翼干部及其工人阶级支持者

---

① 《顺天时报》,1929年10月25日第7版。
② 《北京における电车暴动事件》,第120页。

时，人力车夫在某方面也显示出了他们自己的激进性。他们认为要解决最根本的问题，就意味着摧毁他们的主要竞争对手：电车。多年来，人力车夫只是聚集在政治边缘的看客、捧场者，奔跑在街上提醒着城市劳苦大众的生计艰辛，现在，他们终于有机会，直接登上了舞台的中心，尽管很短暂。

第十一章　机器捣毁者：1929年10月22日电车风潮

《骆驼祥子》里有这么一段，放债人高妈一边给祥子出赚钱的法子，一边还对拉车的好处评价了一番："我要是个男的，要是也拉车，我就得拉自己的车；自拉自唱，万事不求人！能这么着，给我个知县我也不换！拉车是苦事，可是我要是男的，有把子力气，我楞拉车也不去当巡警。"①人人都知道人力车夫的生活有多苦。他忍受着贫穷，遭巡警呵斥，挨士兵的打骂，又被电车和公共汽车抢走了顾客，面对命运无常的摧残，他只能采取最原始的防御。或许是种补偿，他可以过一种更加无拘无束、无规律的生活，而不受工厂和行会的约束。但这不过是小生意人的自由，是闹事者和流氓的自由，而绝不是政治意义上的人身自由。

1928年秋，在总工会的支持下，人力车夫们成立了自己的工会，车夫们终于有机会打破这些固有形象，诉求他们在1920年代中期遭到拒绝的政治地位与合法地位。②新工会做的第一件事，就是要搞清楚总商会和电车公司在1924年答应付给车夫们补偿金的来龙去脉。他们的"贫民习工厂"在哪？③ 鉴于孙学仕再次

---

① 老舍：《骆驼祥子》（香港：学林有限公司，无版期），第91页。
② 于恩德：《北平工会调查》，《社会学界》第4期（1930），第121页。1928年11月，人力车夫工会成为总工会下的北京第26个工人组织。
③《益世报》，1928年11月1日第7版；《顺天时报》，1928年11月7日第7版。

第十一章 机器捣毁者:1929 年 10 月 22 日电车风潮

成为商会会长,以及总商会、电车公司和涉事警方长期以来言而无信和违规操作,这个问题着实一针见血。① 工会的要求和车业公会类似陈情的结果,成立了一个新的由市政府、国民党、总工会和人力车夫工会职员组成的委员会,用总商会提供的资金来建造工厂。② 至 1929 年秋,总工会和党干部终于在西城区的西单牌楼边上选定厂址,开始了试织地毯。③ 可由于机器尚待购置安装,这个项目尚不能解决人力车夫就业或不充分就业的问题。离最初许下救济补偿的允诺已经过去了五年,人力车夫们争取到的"工厂"依然还是空中楼阁。

就其本身而言,北京人力车夫及其不安生活的最新的一幕悲剧,不过是精英仲裁和家长包办方式的老调重弹。然而,1929 年春夏之际也发生了其他一些插曲,让人力车夫在城市社会中的角色——就过去而言不是被动的就是好斗的——有了一个更加尖锐、更加独立的政治焦点。在这一系列事件中,人力车夫向许多把他们死死按在城市社会底层的机构和社会势力发起了进攻。这就好像人力车夫们作为一个阶层,已经开始挑战分配给他们的依附性角色,重新书写描写他们悲惨生活的街头民谣:"自拉自唱,万事不求人!"这场最新戏剧性事件的最终一幕,是 1929 年 10 月 22 日的一场暴动,数万名人力车夫有预谋地对电车系统展开进攻,变成了机器捣毁者。

---

① 见商会的公开声明,《益世报》,1928 年 11 月 6 日第 7 版。
②《益世报》,1928 年 12 月 22 日第 7 版。
③《益世报》,1929 年 10 月 16 日第 7 版;《华北日报》,1929 年 10 月 25 日。

工会与群众

从1929年的早春至中秋，人力车夫们不断地集会、请愿、游行、抗议、战斗，并最终暴动，直到他们跻身于城中最具政治积极性的团体之列。他们动用了城市居民能用上的全部集体战术和公共策略，这些都源自五四运动和五卅运动的传承、法团和行会的惯例、国民党干部提供的群众政治框架，以及他们自己在街头斗殴的习气。

与城市其他受侵害团体一样，人力车夫们结群来到政府大楼、党部和军队司令部提交请愿书和陈情书。自北伐军抵京之后，请愿者的游行队伍变成了城里人们习以为常的景象。政府七零八落，游行队伍要在内城林林总总的宅邸和部门之间曲折蛇行，仿佛在做"描点"练习，让人很难清楚地找到相应的政治责任部门。1929年3月21日，400余名人力车夫工会会员从宣武门内的市党部向东游行至市政府。① 在工会官员的带领下，车夫们要求市长废除向拉客进出城的车夫征收4个铜钱的新城门段捐。在他们的请愿中，车夫们说4个铜钱对他们来说是很大的负担。他们还说，电车开通以后，他们的日子就没好过，最近又迁都南京，日子更难过了。

两周之后，另一处的通行税——这次是从西直门到西山的段捐——导致300余名车夫突然到内城东北角靠近西直门的区署进行抗议。② 警官们保证将此事呈报上级，但是由于没有得到下

---

① *NCS*, 23 March 1929, p. 10；《顺天时报》, 1929年3月22日第7版。
② *NCS*, 3 April 1929, p. 12.

第十一章 机器捣毁者：1929年10月22日电车风潮

文,车夫们游行至市中心直接向市长请愿。他们拒绝散去,直到一位市长代表接见了工人代表团并承诺深入调查以废除此税。

直至4月份,人力车夫工会会员已达1300余人。① 工会和总工会代表西直门外"西北郊两千余名车夫"向市政府呈上请愿书,要求限制从西直门到海淀或颐和园的公交线路。② 来往游客是车夫们最慷慨的顾客之一,可是郊区旅游景点的运输现代化,直接威胁到了那些专在海淀和西山拉客的车夫的生计。数百名车夫再次聚集在党部门口去市政府游行。人力车夫们对汽车运营时段、票价提出了具体的限制,并要求时限内在间隔车站拉客的权利。这项请愿坦率地承认了公共汽车确实改善了交通,但是尽管如此,公司的做法却很不公平。公安局长召集总工会、工会、车业公会以及汽车公司召开会议。经过两个月的谈判,汽车公司接受协议,规定票价得低于人力车夫工会要求的价格,禁止车夫在车站拉客。

事实证明,人力车夫是愿意通过代表来做工作也是愿意接受调停者的好意的。然而,车夫中间新起战斗情绪也引起了一些自发的抗议行动。7月初,一名在西郊执勤的巡警遇见一群试图"逮捕"坏了工会规矩的同行车夫。③ 当巡警想要放了这个人的时候,其他车夫激动地称,他们有权管教自己工会的人。随着聚集起来的车夫越来越多,这名巡警只得鸣哨求援。在随后爆发的冲突中,警方逮捕了四名车夫,但是车夫们也扣了一名警察当人质,并将其带到了最近的工会事务所。十人在冲突中受伤,其中

---

① NCS, 23 March 1929, p.10;《顺天时报》,1929年3月22日第7版。
②《顺天时报》,1929年5月10日第7版;1929年5月15日第7版;NCS, 26 May 1929, p.12; 7 July 1929, p.14。
③ NCS, 10 July 1929, p.1.

包括一名站在车夫这边的总工会官员。

这次事件说明车夫们有着自我监管的强烈欲望。行会历来就有自我监管的优先权,而近来在大批团体和协会中新成立的准军事化的维持队和卫兵也再次重申了这一权力。集体自治的习惯总的来说有助于警察维持治安。工时长、假期少,而且对大多数工人来说,居住在店铺或宿舍,这就意味着工作场所的秩序,不论靠什么来维持,都有利于更广泛的社会控制。当然,这样的做法也势必会威胁到警察厅在城市使用强力的垄断地位。在这一大环境下,车夫们对违反工会会规的倒霉者所采取的行动绝非个案,而警方则认为车夫们这些无视或逃避警方监管的企图是一种挑衅。多年以来,人力车夫一直是警方新治安战术和策略的主要目标和试验品。而在1929年,车夫们挑战这些管制的种种尝试,恰恰与警察的公共秩序观念背道而驰。

同年夏天,电车公司与人力车夫之间的冲突已不再受行会、法团和党内精英的控制,而被街头动员的残酷现实所左右。6月下旬,电车公司公布了一项开办"环路夜线"项目以提高乘坐率的计划。①该计划要在暑期傍晚六点至半夜期间,在各线路上增加车数,让居民们能购买到打折票,还能舒适兜风以去夏日湿热。人力车夫工会获悉这个消息,立即通过总工会和市党部发起抗议。与此同时,车业公会也通过总商会向政府请愿,要求禁止这项计划。警察和市政府就此问题安排商谈,但是工会拒绝接受电车公司提出的让步方案。②工会直接戳到公司公共关系中一直以来的痛点,指出这项计划一旦实施,"人力车夫苦寒同胞一线生

---

① 《顺天时报》,1929年7月11日第7版;NCS, 12 July 1929, p.12.
② 《北平特别市市政公报》第4期(1929),公用,第3页。

活,亦并摧残殆尽"。① 政府并没有对这一请愿做出立即答复,但是却通过结语——"环路夜车在公司所以谋营[业]之发展,而人力车夫之劳苦生活亦应加以注意",承认了人力车夫行业要求的正当性。②

谈判一直僵持到 7 月,而警察则从车夫集会的"异常紧张"气氛中,察觉到了他们正在酝酿新一轮的战斗。③ 车夫和电车工人间的战斗爆发了。④ 多起事件都发生在内城西北区,之前就是在这里发生了对城门段捐和公交车竞争的抗议。在一篇题为《北平势必爆发电车公司与人力车夫大战》(Peking Promised Spectacle of Clash Between Tramway Company and Rickshaw Men)的文章中,《华北正报》指出,车夫们"群情激昂"。⑤ 车夫们称,夜车计划威胁到了十万工人的生计,若有必要,他们将不惜以武力制止。

对工作上的骚扰从不轻易妥协的电车工人,与蒋介石的警卫队发生了一起新的冲突。⑥ 当蒋介石在城里与北方军阀和政客会晤时,他的士兵殴打并逮捕了一辆与军车相撞的电车上的司机和售票员。在总工会的帮助下,工人们 24 小时之内便获得了蒋的道歉。就在与人力车夫的冲突爆发后不久,电车工人们召开了一次会议,要求总工会解散车夫工会及其支部。⑦ 这时,总工会内部正经受着"新""旧"两派斗争的巨大压力,它召开了一次大会,以制定解决工会成员冲突的基本规则。⑧ 总工会领导者一边

---

① 《北平特别市市政公报》第 3 期(1929),治安,第 8 页。
② 同上,第 4 期(1929),公用,第 3 页。
③ 同上,第 3 期(1929),治安,第 7 页。
④ NCS, 12 July 1929, p. 12;《顺天时报》,1929 年 7 月 11 日第 7 版。
⑤ NCS, 12 July 1929, p. 12.
⑥ 《大公报》,1929 年 6 月 29 日第 1 版;NCS, 29 June 1929, p. 1.
⑦ 《顺天时报》,1929 年 7 月 11 日,第 7 版。
⑧ 《顺天时报》,1929 年 7 月 25 日,第 7 版。

继续支持人力车夫,充当这一劳工运动中日益壮大的组成部分(以及旧势力的主要盟友)的代表,一边试图减少自己对车夫行为应负的政治和法律责任。

夜车服务定于 8 月 5 日晚开始运营。人力车夫们无视了总工会关于暴力对峙的官方警告,准备动用武力制止电车在 10 点后运行。

> 当车夫工会的人得知(将有更多的电车投入运营)后,他们奔走相告要堵住电车的去路。不到半个小时,就有百余名车夫聚集在了西城区,随后便分成 10 至 20 人一组守着各个车站,盯着进站车辆。车夫们喊道,只要看到电车,就要把它砸了。①

常规班次的司机和售票员不禁注意到一群群愤怒的车夫出没于电车沿线。这些坏兆头的消息传了开来,电车工人们匆匆集合在了天安门外。② 工人们派代表到公司,威胁若不取消这一服务他们就罢工。暴动和罢工的双重威胁逼得公司只能放弃增车,最终连通过开发电车娱乐休闲价值来提高收入的想法也只能胎死腹中了。

在月底,一次关于停车规章的小口角升级成了一场与当局的对峙。在这次冲突中,车夫们将暴力威胁进行到底。③ 8 月 31 日,有人力车夫在公园门口违反警方规定任意停车揽客。值班警察令其走开,车夫不服,便爆发了斗殴。有报道说是车夫本人把警察打倒在地的,又有的说是附近其他车夫前来加入打斗的。几

---

① *NCS*,7 August 1929,p. 1.
② *Peking Leader*,7 August 1929,p. 1.
③《顺天时报》,1929 年 9 月 1 日第 7 版;*NCS*,1 September 1929,p. 15.

第十一章　机器捣毁者:1929年10月22日电车风潮

分钟以后,警察和军队就赶来现场解救了这位警察。由于工会办事处就在附近,他们发现自己面对的不是一两个,而是30至40个劳工。在接下来的冲突中,三名车夫被逮捕押送区署。警察队伍在军队的帮助下,成功利用全城网格式部署抑制住了冲突的扩大。

最初的口角和斗殴并无特别之处。可是30个车夫为一个车夫出头就有点不同寻常了。接下来发生的事不仅是史无前例,更击溃了警察的管制体系。31日晚,在羁押车夫的区署值班的警察被门外数百名喊着放人的车夫惊醒。后续报道又出现了两种截然相反的版本。一家报纸称人力车夫袭击区署,战胜警察,救出了工友。另一家则称警察在车夫们的威胁下放了人。救援之后,这批人承诺派代表来谈判便走了。

在此等压力之下,当地部分巡警刻意和车夫保持一定距离。9月3日,有10名车夫跳上一辆抵达西单牌楼站的电车,强迫所有乘客下车。① 虽然多名乘客遭到推搡,可没有人受伤。附近就有一个区署,但警察却没有干预。随后的一份警方对此事的调查书承认,西单的警官和警员玩忽职守,他们也"精疲力竭,派不上用场"。在过去,警察习惯了利用人数优势、组织和士气来贯彻他们对车夫下达的命令,但现在他们发现自己所面对的车夫竟也有钢铁般的意志和召之即来的组织机构。

警察和总工会双方都对车夫与警方之间鲁莽的暴力事件有所警觉,召开了一次工会和警方高层会议试图消除紧张气氛。② 双方起草了一份题为《防范人力车夫与警察冲突办法》的文件,其

---

① 《北平特别市市政公报》第13期(1929),公安,第23页。
② 同上。

283

中承认是长期以来的成见导致了警察和车夫关系的恶化。警方同意指示其警员"不得轻视[车夫],与各阶级民众一律待遇"。为了制止车夫对当局的不尊重,总工会也将命令车夫"应遵守纪律,竭力服从警察之指挥"。总工会还同意将支部职员名单提供给警察,并且一旦有全市大会或支部大会必先通报警方。这样一来,具有特色的全市精英分子关系中的正式责任和非正式磋商也拓展到了社区层面,而最近的冲突就是在这一层面爆发的。如果一场冲突在所难免,区署或派出所直接通知总工会,请其派员制止。车夫们如果觉得警方处置不当,须通过合法程序,"不得纠众扰乱"。

然而事已至此,"纠众扰乱"已经成了车夫的首选武器。在9月5日,即总工会与警方签署协议之日,车夫们发起集会来纠正他们与有身份的乘客做生意时经常会受到的不公正待遇。只身一人的车夫,常常会在拉到目的地时,遇到乘客利用住在附近的便利不付车钱的事情。有一群大学生乘坐人力车去他们位于西城区的校园,在到达时没付钱就溜进学校大门,车夫们要追进去,却在校门口挨了门卫一顿打。① 一旁目击此事的车夫立即跑去通知附近的西单支部,百余名车夫迅速游行至学校校门进行抗议。当日晚些时候,在附近发生的另一起学生与车夫的争吵中,有一名车夫受了伤。作为报复,西单牌楼支部派出工人绑架了其中一位学生,将其囚禁在支部大楼,直到警察安排其朋友前来支付赔偿金。

人力车夫作为一个有组织的受到法律认可的团体和有反抗精神的群体所拥有的双重力量,对1929年9月的城市政治和城

---

① 《顺天时报》,1929年9月7日第7版。

第十一章 机器捣毁者:1929年10月22日电车风潮

市生活有着重大影响。一家地方报纸头条登载了一篇题为《人力车夫工会势将普及全市》的文章。① 自1929年春,人力车夫的工会会员规模已经翻了两番,达到了4000余人,成为总工会下最大的分会。② 全城各处都有支部办事处。西城区、西直门、西郊以及天桥区,这些聚集着大量人力车夫和穷人的地方,都是最活跃支部的所在地。工会所提供的不仅仅是一个个能让车夫们维护自己利益的集合地点,它还提供一种行会式的社会福利,例如丧葬费和婚庆费。③ 在某些问题上,例如城门税和段捐,以及汽车公司和电车公司的竞争等,工会通过总工会和国民党,充当车夫们称职的说客。不幸的是,通过谈判解决的问题,很容易再次引起纠纷,部分原因在于车夫要求的不可妥协性。而且在电车公司夜车计划这件事上,用暴力威胁达到目的被证明比谈判更加有效。

围绕着车夫与电车之间、车夫与警察之间关系的争论,让车夫们群情激昂,这在某种程度上也有助于调停,因为精英们会在其刺激之下,设法尽快消除紧张气氛。一旦被总工会和工会领导者动员起来,人力车夫们就会偏离他们作为工会成员应该遵守的行事准则。总工会和全市人力车工会在多起事件中对支部活动失去控制,因为车夫们的行为没有一个"负责任"的个人或组织愿意承认。当地干部意识到了车夫特有的激进主义所带来的风险。9月初,民训会发表了一封对全市人力车夫的公开信,这封信开宗明义地指出,工人们加入工会,"乃是要解除自身的痛苦"和"增

---

① 《顺天时报》,1929年9月20日第7版。
② 《顺天时报》,1929年7月25日第7版。
③ 《顺天时报》,1929年10月25日第7版。一位人力车夫解释说,会员每月交约四十个铜板形成一个基金,会员或家人急需可从中提用。

加革命的实力",同时,车夫们必须认识到"电车和汽车的增加,是社会进化的自然现象",信中继续写道,"我们的敌人是压迫民众的封建势力,不是电车和汽车"。市党部也通告人力车夫工会,称许多加入工会的工友"多有误解工会宗旨,常与外界发生争执","遂致时有违法案件"。① 作为补救,它建议召开政府、总工会和工会代表联席会议。

根据党部、总工会和行会代表的办事方法,把冤情转变成合法诉求需要时间和耐心。而人力车夫被警察任意驱使和殴打,遭受乘客的虐待和欺骗,或被电车和汽车抢走了生意时,他们需要的是立即补偿。9月底的一份政府报告对街头激进主义的自发性、直接性提出警告:"近来洋车夫时有与警察、坐客争吵,或藉端聚众逞凶情事……近日人力车夫与警察、汽车夫、电车夫时常发生冲突。"②

在劳工领导者和精英会议酝酿的政治活动之下,一场激烈的社会运动正于1929年夏天和初秋在人力车夫之中形成。人力车夫不仅从政策制定者和领导者那儿,也从由警察、穿长衫的乘客等熟悉的角色戏剧性的社会事件中,以及愤恨等熟悉的情感中察觉到了苗头。

有组织的政治活动和自发暴动的双重发展给了人力车夫多种战术和策略的选择。车夫们可以请愿、游行、分发传单、示威、绑架敌对团体成员、包围区署、攻击电车或者斗殴。尽管国民党领导人嘴上不离革命,也有一段激进主义的记录,但是他们更愿意把民愤往温和的改良的代表制和调停疏导。车夫们可以集结

---

① 《顺天时报》,1929年9月9日第7版。
② 《北平特别市市政公报》第14期(1929),社会,第5页。

于他们旗下,也可以就着他们身边的日常事,例如警察的骚扰,当场要求得到解决。后一种的直接行动和对峙,发生于作为一种"非正式公开法庭"的人们熟悉的街头环境中。战斗性和集体行动的风气,使得车夫总能在这种法庭上获得有利裁决。

选择国民党的意识形态和组织,就要缴纳会费,尊重其领导,同时也要承受即便得胜也可能一无所获的风险,就像1924年"贫民习工厂"事件那样。而选择直接行动,就需要对是非对错有大致的把握,有打破规矩和惯例的决心,还要有兵来将挡、见招拆招的本事。随着秋天的临近,全市的车夫们在这两种选择间徘徊不定,并抵制着总工会、党部、警察和市政府将他们限定在制度边界内的努力。

政治意识和阶级意识

1929年夏,人力车夫与他们宿敌的斗争所拉开的战线,暗示了一种越来越强烈的激进主义,直指10月暴动。城里的居民,不是车夫们的顾客,就是他们的监管者或竞争者,由市民与车夫间的摩擦而导致的热点乃至不时冲突的长期记载,为人们了解这种新兴的、有组织的战斗性背后的情感因素和理由提供了线索。

幸而,在1929年夏天关于人力车夫的斗殴、争吵和争论中,社会学家黄公度为了寻找"无产阶级意识",调查了百余名人力车夫的看法,而他们恰好也是工会成员。① 与其他知识分子一样,黄被中国工人是否能够扮演工人所被设定的激进政治角色而深

---

① 黄公度:《对于无产阶级社会态度的一个小小测验》,《社会学界》第4期(1930年6月)。调查设计为所有的人力车夫为已婚、有孩子,并且加入了人力车夫工会。

深吸引。黄以为,有现代意识的中国工人才可以成为"无产者",他想弄明白的是,中国城市中的普通工人是否具有现代意识。人力车夫成了最佳测试用例。

1929年12月,在电车风潮之后,黄在其调查结果中总结道:"北平的车夫——至少是我此次所测验的车夫确是多少有了阶级意识。"因为"他们半生的经验,使他们认识了自身的痛苦",而且"知道他们用团体行动,即组织能力,可以在某种程度内改良他们的生活。……可是他们对于四周的环境却没有认识清楚,他们对于国内政治,经济,以及社会现状没有明了,对于劳工运动的手段也没有了解。他们有力量,然而因为没有认清四周的环境,还缺乏正确的目标和手段。一个出轨的火车,可以伤害车上的乘客,与轨外的行人"。①

黄对阶级意识的定义,需要工人有对自身贫穷现状的意识以及共同行动为自己解脱苦难的意愿。他们并不需要满足马克思主义的基于阶级团结意识、对自身所属社会地位的理解以及以激进方法摆脱主流社会安排的意愿等更严格的标准。② 作为一名同情国民党左翼的知识分子,黄公度似乎在期待一种"无产阶级的"或现代的和有前瞻性的平民主义,而非一种具有阶级意识的政治激进主义。

令黄失望的是,他发现许多车夫的政治和社会观念,与其说是现代的或受到投入一场全球性运动的希望所驱策的,倒不如说是既传统而又仅限于他们个人境遇的。当他向车夫提问"什么是工会?"时,他们平淡而又现实的回答让他大失所望。由于近几个

---

① 黄公度:《对于无产阶级社会态度的一个小小测验》,第179页。
② Joan M. Nelson, *Access to Power: Politics and the Urban Poor in Developing Nations* (Princeton: Princeton University Press, 1979), p. 156.

第十一章 机器捣毁者:1929年10月22日电车风潮

月建立组织的经历,人力车夫们就用一些具体词汇来形容工会。对大多数人来说,工会只不过一个工人团体、工人开会的地方或工人的机关。① 有两名工人认为工会就是"各行有各行的会"。只有少部分人给出了听上去更像无产者的联想,比如"工人政府"。对遇到唤起工会作为一种特殊组织的更庄重的回答有所期待的黄公度,把这种具体表述与无知等同起来。事实上,正如这座城市的工会主义历史所揭示的,为了获得一个作为"团体"的公共身份和找到一个政治容足之地的斗争绝非易事。有两名工人认为工会等同于"工人的地盘",或靠武力夺取地盘、势力范围。并不是所有的工人都对工会目前具体成就的结果表示满意。有五位车夫说,工会就是个"捣乱的地方"。

由于"捣乱"、谈判、开会——这些与人力车夫工会息息相关的活动——工会干的这些事和行会基本差不多,黄公度的证据确实在一开始暗示了人力车夫误解了这一问题内在更大的重要性。根据他们的回答,黄公度也可以问"什么是行会?"如果工会和其他组织没什么两样,那便可以说加入工会的人力车夫们通过在城市的既定社会秩序中赢得一席之地而成功建立了一个具有传统功能的新式组织。若非如此,那只能说他们没能开发出工会——作为一场按照马克思主义路线的社会转型运动,或按照国民党原则的组织转型运动——的全部潜能。

当黄公度让这百余名被提问的车夫准确地解释工会的宗旨时,他所得到的那些细节的回答更让他确信,有很多工人确实认为工会和行会大同小异。② 他们中有半数认为工会的主要作用

---

① 黄公度:《对于无产阶级社会态度的一个小小测验》,第163页。
② 黄公度:《对于无产阶级社会态度的一个小小测验》,第163—165页。

就是举行会议、游行、谈判或保护工人。在车夫们的观念中,传统行会所关心的,如"援助工人"和"解除工人痛苦"等,同孙中山的三民主义、"革命"、打倒帝国主义和反革命分子、"打抱不平"也差不多。虽然这在行会和工会的会员中并非普遍现象,但还是有一部分会员对"要会费"和"管闲事"所带来的负担表示厌烦。

另一位名叫于恩德的社会学家,也就同样的问题在总工会及其分会负责执行的一次调查中收集了资料,从他得到的回答中可以看出,北平的其他工人也倾向于把工会等同为既有团体的生活和政治惯例。① 正如总商会是建立在老式行会基础上的现代组织那样,现代工会主义的结构和形式似乎也应该依赖手工业行会的观点和做法。可在于的调查中,工人被问及"工会之目的为何"时,普遍会说遵循总理三民主义和增加革命力量,但人力车夫们则偶尔才会提到这些冠冕堂皇的主义。这两组回答在涉及工会具体目标时也迥然不同。工人们在一般调查中认为,工会是实现增加工资、减少工时、增进智慧和利益的手段。而人力车夫被问及具体事项时,则提到"打倒汽车""打倒电车""替工人出气"和"不受欺侮"。

工会主义和行会做法所形成的融合体不是温和的,就是激进的。一方面,传统行会对于通过中间人来调停解决的偏好,让工会领导者们更易屈服于精英分子的威逼利诱。② 另一方面,劳工中的好斗分子,也能以行会政治在冲突乃至暴力的斗殴中为自己采取直接行动而辩护。将工会视作攻击汽车和电车的武器的那五名车夫,显然不会对改良派的方法感到满意,因为改良派会权

---

① 于恩德:《北平工会调查》,第119—120页。
② 有关工会主义通过设定工人须服从管理当局的条规来维护既定社会秩序的倾向,参见 Jeremy Brecher, *Strike*! (Boston: South End Press, 1972), p. 255.

衡社会正义与社会秩序。如果工人们在北平的常规期望的最终表达形式是有行会保护或八小时工作日,那么人力车夫们则异想天开地觉得最好这座城里的大街上没有竞争者。攻击竞争者的主意并非他们首创,早在数十年前,在驴车夫要赶走洋车夫的时候,他们就学会了这招。同行相忌再加上一整套现代政治技巧和辩解,导致了一场更加致命的团体对抗。

黄公度把五名车夫摧毁车辆的答复作为证据,认为"他们中间有一极小部分的人早已蓄着这种暴动的野心了"。① 人力车夫们获得了一种被深仇大恨锐化过的政治意识,针对的是那些有能力控制或骚扰他们的个人或机构。人力车夫的公共行为或多或少总带有这种狂野的锋刃,他们会攻击警察、乘客、竞争对手,以及任何试图把车夫推向社会底层的人。这些车夫要么单打独斗,要么以小团体寻衅闹事,总之,人们已经把他们归为"流氓"一类。工会组织提升的公开集体行动的出现,使政治化了的车夫对现存政治和社会秩序造成了巨大的挑战。作为具有政治意识的城市居民,人力车夫们开始被接受并参与到如开会、调停和请愿的团体政治大环境中。在1929年夏天的一场社会运动中,车夫们作为上演着暴动大戏的街头剧场的演员,开始思考自己从属于一个阶级的事实。这种只有在参加了他们自己的小型社会运动之后才能获得的"阶级意识",让他们认识到了那些凌驾于他们之上的机构的整体性质。②

人力车夫既是客运行业的小承包人(因此高妈会羡慕祥子的

---

① 黄公度:《对于无产阶级社会态度的一个小小测验》,第173页。
② 有关政治意识如何通过社会运动的参与而导致阶级意识的模式的描述,参见 Richard R. Weiner, *Cultural Marxism and Political Sociology*(Beverly Hills: Sage, 1981)。

"自由"),也接散客和包天、包月的活。独立承包人的身份与雇工的角色结合在一起,使车夫们处在社会阶级之间的矛盾位置。①虽然人力车夫和商人一样也要吆喝生意,但他们却同小店主和独立手艺人的"传统小资产阶级"毫不沾边。他们得像点工那样辛劳,却和社会和经济的高层当局没有直接而持久的固定关系。相反,他们却和上流阶层的乘客、警察以及更现代化的竞争者进行着不间断的战斗。在这种环境下,工会组织对他们来说,简直就是意味着能以类似行会政治的方式加强自己保护生意和生计的能力。但这种基本上是保守防御的姿态,却隐藏了一种野心,即他们要打击那些压迫、管制他们的阶级敌人,即那些有资本、有地位、有职权的个人和组织。黄公度察觉到:

> 车夫心目中的敌人不是车主而是与他们竞争的汽车和电车,因为自从北平有电车和长途汽车以后,他们——车夫——的营业显然的受了很大的影响。在他们反对电车和汽车的旗帜之下,他们不独不恨车主,并且还认为车主与他们是同一阶级的……洋车夫心目中的对头不是车主,而是机器。②

人力车夫对"官僚资本主义"和像机器一样的警察行政权力的反对呼声,形成了一场对城市现有社会秩序中现代化一面的反抗。

在这次反抗中,人力车夫们自然而然地得到了传统经济、社会正义观念以及一个现代版"民生"观念的支持。和19世纪欧洲那些机器破坏者一样,人力车夫们合理利用了与前工业化"道德

---

① Erik Olin Wright, *Class, Crisis, and the State* (London: NLB, 1978), pp. 61-63.
② 黄公度:《对于无产阶级社会态度的一个小小测验》,第166—167页。

经济"相关的自然权利和惯有权利。①

艾瑞克·霍布斯鲍姆（Eric Hobsbawm）与乔治·鲁德（George Rude）在他们关于 1830 年英格兰农业工人暴动反对采用打谷机的著作《斯温上尉》中指出："劳工们用的都是过时的武器，但其用法亦有创新。"②如果大众文化中有着丰富的有助于在地方层面抵制经济变革的想法和手段，那就用不着太多的"社会创造性"。在抵制电车和汽车的过程中，人力车夫们用尽了所有可能的办法，包括工会主义和舆论呼吁这些颇为现代而非过时的手段。这么做也相当合乎情理，因为多年来的群众运动和团体建立已经大大扩充了城市大众所能采用的政治和社会的武库。而且，车夫们为了保住他们"饭碗"的所作所为中"陈旧过时"的一面，相对于欧洲工人所依赖的"行将废弃的家长制法令"来说，更加能够适应现代环境。③

能够证明中国经济权利和义务的传统观念相对灵活性的最佳例子，就是孙中山将旧的"民生"观念现代化，使其与民权、民族一起成为他的"三民主义"。中国工人所缺乏的就是像"英国自由民所有的政治权利"的某种本土固有的对应物，不过他们可以向西方借鉴。④ 在赢得了政治话语权和行动权之后，他们就能够为传达自己的政治信息而将这些元素，如和为贵、重公义的"民生"，运用到中国的政治文化中。

---

① E. P. Thompson,"The Moral Economy of the English Crowd in the Eighteenth Century", *Past and Present* 50 (1971).
② E. J. Hobsbawm and George Rude, *Captain Swing: A Social History of the Great English Agricultural Uprising of 1830* (New York: W. W. Norton, 1975), p.17.
③ 同上,第 550 页。
④ 同上,第 16 页。

由于捣毁机器计划的酝酿,黄公度询问的车夫对现代思想既没有表现出过去的盲目信任,也没有不可调和的敌意。① 不管怎么说,人力车毕竟也是一种机器,而拉人力车作为首都基础设施部分现代化的后起之秀,也是在世纪之交以后出现的。黄公度调查中所反映的现代思想与传统观念的融合,对一个在生机勃勃的前工业化经济环境下从事新兴职业的阶层而言,再自然不过了。

同样,大多数人力车夫强烈地认为,中国是一个现代的共和国。但是许多人在表达爱国情感时用的还是旧时代的语言。近90%的人声称自己爱中华民国。② 当被问及何为中华民国时,最普遍的回答是"我们便是!"和"我们的国家"。③ 在全部回答里,有传统的陈词滥调,如"五湖四海"和"黄帝子孙",黄推测这是他们看戏和听说书得来的,也有一些当时的政治辞令,例如"三民主义国家"和"打倒帝国主义"。车夫回答中的情感和用词使黄公度确信,"一百个洋车夫中,知道什么是中华民国的占绝对的少数"。而且"洋车夫没有国家的观念","从未受过好的教育"。④ 黄公度在1929年真正期待的对于中华民国的描述是:一个定都在南京的宪政政府。而他得到的却只是一种用从戏院和天安门外的群众集会那儿得来的想象和概念来诠释的单纯爱国主义。

黄公度作为一名国民党支持者,发现车夫们对关于"革命"的问题的回答更令人不安。在被问及革命"好不好"时,车夫们回答"不好"的占45%,"好"占36%,"说不清"占10%,"没有关系"占

---

① E. J. Hobsbawm, *Labouring Men: Studies in the History of Labour* (New York: Basic Books, 1964), p. 7. Hobsbawm指出,破坏机器者典型地表明了并无对这类机器的特别敌意。
② 黄公度:《对于无产阶级社会态度的一个小小测验》,第174页。
③ 同上,第172—173页。
④ 同上,第173—174页。

第十一章 机器捣毁者:1929年10月22日电车风潮

8%,"总比不革命好"为1%。① 亲自安排这次测验的黄公度推测,这些回答者可能把革命理解成了北伐军到达之后所带来的政治和社会变革。对占大多数的否定回答,他做出了如下解释:

> 他们(被测验的车夫)——我推测——对于革命赞成与否,完全以自身的利害为标准,他们赞成革命,因为革命以后,他们可以组织工会,他们的利益多少获一层保障。他们不赞成革命,因为革命后,首都南迁,洋车买卖大受影响。

但是,与许多北京居民一样,人力车夫对革命的保留态度比对迁都南京的愤恨来得更深。对许多车夫来说,革命意味着失去任何意义和目标的暴力和混乱。② 革命就是"捣乱""乱世""天下不太平"和"没有饭吃"。要不然,革命就是"男女平权""自由平等""一统江山""爱国""统一"和"谋幸福"。对许多人来说,最合适的词就是"打倒",打倒的目标却各不相同,有日本、帝国主义、外国人、张作霖、"坏人"、"反动派"、资本家、"不好东西"、贪官污吏、军阀、共产党、"土豪劣绅"和吴佩孚等。还有一位车夫认为革命就是"自己打自己人"。

许多车夫认为,革命就是战场上或敌对派系间权利斗争的时髦,八竿子打不到自己。另一些人则从自己的生活周围以更加直接的某类人物名称来看待革命政治和意识形态。10月初,发生了一起人力车夫与不肯付车钱的乘客之间的冲突事件,这起事件对某些车夫来说具有了国民革命的某种直接而又实际的意义。③ 当时,一名人力车夫把一位女客拉到她家门口,女客拒绝按照说

---

① 黄公度:《对于无产阶级社会态度的一个小小测验》,第176页。
② 同上,第176—177页。
③ 《益世报》,1929年10月9日第7版。

295

定的价钱给钱。此时,受骗车夫的老故事却有了新的转机。这位车夫先把钱收下,在女客进院时,他把钱扔了进去,嚷道:"你拿去吧!"这时,屋的主人,一个姓周的男人出来理论,车夫发现他里衣内悬有工会佩章。车夫便顺势证明自己要求的合理性,告诉周:"现在是三民主义的时代,应多给钱。"周还不肯付钱,于是这位车夫就把车停在了门口,不让人进出,直到他得到了自认合理的补偿。

人力车夫在干活时,很有可能直接或间接地与有钱人、军阀、贪官、帮派、暴徒以及他们的手下发生冲突。1929年的总工会已被派系斗争搞得千疮百孔。盗用了车夫救济款的警方高层,以及背叛车夫信任让1924年协议自身自灭的总商会领导者,都可说是腐败的。在街头、车厂、窑子和茶馆里充斥着恶霸和暴徒。而且,如果车夫们不太会把车厂主看成"资本家",那么那些出资运营电车公司和汽车公司的人就绝对符合这一标准。作为统一中国的军事战役,这层意义上的革命确实离人力车夫的生活和政治相去甚远;可作为激烈的斗争和道义的反击,这层意义上的革命,对那些有"打倒"其敌人的想法而抗议汽车公司、阻扰电车和冲击警察署的人来说,就离他们的亲身经历贴近了很多。

站在街头看当时中国政治,就会发现它并非荒唐而不切实际。黄公度调查的车夫,从他们的态度和观点中,基本看不出任何非同寻常或奇特的地方,除非你以黄过于正统、实际的僵化观点去评判它们。和其他城市居民一样,人力车夫总体来说是爱国的,对当时各种思想、主义虽不是完全不受影响,却也抱有怀疑,而且期待着自己和子女能过上好日子。从这方面来说,1920年代的中国穷苦劳工与当时第三世界城市的贫民非常相似,研究者们发现他们有"小资产阶级的期望、开拓者的坚韧以及爱国者的

第十一章 机器捣毁者:1929 年 10 月 22 日电车风潮

价值观"。① 洋车夫中,几乎每个人都表达了愿意读书的兴趣,更愿意他们的子女也去读书。② 当被问及读书的好处时,车夫们道出了大大小小各种期望。③ 通过学习,可以发财、做官、当教员、上大学、扬名显亲、当军官、当书记、当总司令和当公安局长,还可以让生活好些、出息大、看报写信不求人、会说外国话、报仇、同女学生来往、"挣门面",还可以自由结婚。读了书还能让他们不受欺、不上当、不呕气、不求人。

人力车夫们很清楚地知道,他们的贫穷和低下的社会地位,会如何阻碍他们获得如上述目标那样更加自由、更加满意的舒适生活。他们期望源自一种普遍的城市文化,这是一种照亮通往财富、权力和地位的日益复杂的新旧曲折道路的文化。通过强调生计权利而寻求经济上的保障,对在一种拼死也要保住"饭碗"的城市道德经济中任何受侵害的团体来说,确实是一种值得尊重的策略。正是人力车夫维护他生计所遇到的巨大障碍,才让他们的期望看上去近乎疯狂,也让他们最终走上了与其他市民团体不同的道路。他们反对汽车、电车、狡猾的精英调停者、粗暴的士兵和官气十足的警察,而其他团体又何尝不是。新闻记者、城市官员、政客、电车公司和汽车公司的职员以及总商会领导者,他们非常清楚车夫们在 1929 年夏天所聊的事情。可是他们却逐渐警惕起来,并最终为人力车夫实现其愿望的执着而感到震惊。

城市中的每个团体,若力所能及,便一定会组织起来,明确提

---

① Janice Perlman, *The Myth of Marginality*: *Urban Poverty and Politics in Rio de Janeiro* (Berkeley and Los Angeles: University of California Press, 1976), p. 243.
② 黄公度:《对于无产阶级社会态度的一个小小测验》,第 178 页。有 93 人想念书,95 人希望自己的孩子有机会上学念书。
③ 同上,第 178 页。

出在经济和政治中取得稳固地位的诉求。在1929年,人力车夫们在这一方面也有了长足的进步。

> 虽然大都感觉生活上的痛苦,然而他们大都对于这种痛苦存一种"乐观"的态度。……认为他们在社会上已经或大或小形成了一种势力。从前没有工会时,车厂可以自由或随时增加车份,汽车电车可以自由用最低的票价与洋车竞争。现时可不同了。车厂、汽车和电车多少要在政策方面对于洋车夫方面给与一些注意了。①

但车夫们并未就此止步。其他受侵害的团体也组织了游行示威,其中有许多会将他们的不满发泄在打架和口角中。但只有人力车夫和其他一些街头工作者联合发动了暴动。到1929年初秋,人力车夫对异常激烈的对峙已经习以为常,并形成了一股强大的势力。尽管总工会、商界、党和政府的官员和干部都耳熟能详,车夫们还是再次向他们历数了自己所遭受的不公待遇。在他们看来,他们贫穷异常,公共福利严重缺乏,市民同胞漠然视之,救济承诺也一再食言,警方条例更使生计雪上加霜,而其现代化的对手则过于强大。黄公度调查中的这些怨言,诸如批评、恳求和谩骂,只是唤起了他们些许不满之情。而在1929年春天、夏天和秋天的一系列声明中,我们可以看到,他们的诉求集中了、条理化了,形成了对城市运行方式的一种批判。

风潮序曲

至9月下旬,人力车夫中骚动风潮似乎有所减弱。在8月和

---

① 黄公度:《对于无产阶级社会态度的一个小小测验》,第162页。

第十一章 机器捣毁者:1929年10月22日电车风潮

9月初涉及车夫的一连串打斗和示威,以及10月22日的大暴动之间,有那么几周却是风平浪静,关于组织或动员车夫的消息寥寥无几。人力车夫又退居到了报纸上惯常的版面,成了趣闻轶事的主角,让人又可怜又担忧。在这种气氛下,报纸上报道了一则东单牌楼发现44岁车夫坐毙在车上的令人悲伤的消息,不过现在人们已经见怪不怪。① 然而,车夫们进行公共和集体战斗的能力并没有消失。就在暴动发生三天前,一位车夫和一名士兵为车费而起了口角,旋即便有两三百名车夫冲出来为他们的伙伴打抱不平。② 幸亏一队巡警及时赶到,要不然车夫们就会把这名士兵抓到支部去。这次事件让当地居民"怕出大事",都逃回了家中。

车夫们在夏天这几个月"蓄着"的"这种暴动野心"(按照黄公度的说法),让他们紧抓着这种激进主义,直到当地政治峰回路转,能够为他们提供一个机会,以特殊方式表达他们的愤慨。若不是张寅卿及其对手创造了一种能够将反抗情绪和风气转变成公开暴动的机制,这一政治能量本会自行消退。直到暴动前夕,总工会对待人力车夫推进其更激进目的,依然半推半就。张曾试图安抚和控制他的车夫选民。这种对于社会支配的政治的承诺,最终成为他不顾一切地试图转移总工会和党部挑战其权力的牺牲品而结束了。在此期间,人力车夫的不满似有软化,而农民、僧人、电车工人以及普通市民轮番登上群众抗议的舞台,不断地往城市政治中注入冲突和不安。

在1928年和1929年,有越来越多的团体和阶层开始使用群众政治的语言和策略,这在9月30日这天尤其富有戏剧性。这

---

① 《益世报》,1929年9月19日第7版。
② 《益世报》,1929年10月19日第7版。

天,有 5000 名郊区农民和菜贩游行至城内,手中挥舞着抗议的标语。① 千方百计进行搜刮的政府当局决定废除已经实行数百年在城门口征收的菜业牙税,改以向包税人出售课税权以提高税收。买下这一特许权的企业家们以"惠民菜业专行"的名义,公布了税率比以往高出一百倍的新税。

抗议者先在西城旧农商部大楼集会。大楼中有五个国民党领导的群众组织,包括北平农民协会。身为张寅卿旧派系成员的国民党干部韩世元,鼓动人们"打倒压迫我们的菜业专行",但也警告集会者严守秩序:"苟秩序散乱,反动分子侵入,非但请愿不能成功,且恐发生危险。"示威者从那里成四纵列往南向西单牌楼进发,然后东拐走向市党部大楼。人群高举着"打倒专行"的农协标语和"铲除剥削农民菜业专行"等横幅。农协领导者走进市党部与官员协商,而人群在外面焦急地等待着。国民党执监委员会成员李汉鸣,是由南京支持来对抗韩世元以控制地方党政机关的,他出来对人群说:"北平市前曾有几次请愿,惟这次人数众多,务祈严守秩序为要。"当李同意将要求传达给上级时,人群呼喊着拥护市党部的口号,然后出发,沿西长安街朝市政府走去。

在市政府,由于市长张荫梧本人不在,便由他的助手出面,与人群代表协商达两小时之久。随着下午的时间慢慢过去,连饭都没赶得上吃的抗议者开始变得焦躁不安,随意在大街上走动,阻碍电车通行,有三四十辆车被堵在了后面。由于市民早就把电车停运和关闭城门一样,当成了政治和社会动乱的晴雨表,因此,农民们这明显是不经意的举动,却让他们害怕会有更大的冲突正在

---

① 《顺天时报》,1929 年 10 月 1 日第 7 版;1929 年 10 月 5 日第 7 版;《华北日报》,1929 年 9 月 30 日第 6 版;1929 年 10 月 1 日第 6 版;1929 年 10 月 2 日第 6 版;1929 年 10 月 4 日第 6 版。

酝酿。张荫梧这位年轻而有活力的军人政客,终于骑着自行车赶到后,向众人群保证会废除专行,人群中立即响起了欢呼声。

抗议农民在城市中心的出现,向有产阶级敲响了警钟。还记得义和团暴动或南方共产党农民起义的商人们,有足够的理由对农民运动感到不安。为应对这种局面,总商会召集起了自卫商团。① 由于警方拒绝为他们提供步枪,商会只得配发木棍,在前门安排人手站岗,保卫商业街。

几天之后,蔬菜市场渐渐恢复了正常,群众政治的新团体——佛教僧侣,又上了街。10月5日,2000余名和尚、道士、尼姑、喇嘛和信众冒雨游行,抗议电车工人占领铁山寺②,因为工人们之前占用了位于前门和天桥区中间的铁山寺作为子弟学校。电车工会声称寺庙处于闲置,而且还在寺内找到过烟枪和淫秽书籍。信佛的官员致信警方,要求惩罚工会领导人并将寺庙归做宗教用途。在游行前一天,和尚道士们在中山公园召开了一场新闻发布会,阐明自己的立场,并向公众分发宣传资料。游行井井有条,从报纸上的照片中我们可以看到,身着长袍的僧侣们手持旗帜和木鱼,沿着电车轨道游行,几十名车夫在一旁看着。作为反击,电车工人则在车厢上贴满了反对佛教的标语和口号。

通过发起一场针对佛教徒的反教权运动,工人们得到了城里其他自居现代主义和反传统观念的团体的支持。市学生联合会发布了"破除迷信宣言",谴责僧侣"不劳而食",还"勾结贪官污吏

---

① 《顺天时报》,1929年10月1日第7版。
② 《顺天时报》,1929年10月6日第7版;*NCS*, 5 October 1929, p. 4; *China Weekly Review*, 19 October 1929, p. 283;《华北日报》,1929年10月4日第6版;1929年10月6日第6版。

及当地土豪劣绅"。① 然而,这一观点不太可能在一个佛教盛行的城市,特别是普通市民和贫民中获得支持。② 乐善好施也为佛教徒赢得了不少朋友。22家贫民工场在一份请愿书上署名支持佛教徒的立场。③ 给佛教徒贴上有害和"不劳而食"的标签,使得电车工人在铁山寺事件中面临在佛教界外树敌的风险。

在佛教徒反对强占寺庙游行的两天后,电车工人又卷入了与另一群工人之间的冲突。10月7日,市工程队在前门修缮道路,暂时阻碍了电车通行,于是便触发了他们与司机、售票员的争吵和斗殴。④ 警察前来制止了争吵,但已经有数人受伤。五天之后,在同一地点附近又爆发了一场冲突,于是电车工人们就离开岗位,游行至旧机关大楼的总工会办事处讨公道。⑤ 警察最终派人过来,把因工人停工而堵塞在那里的20辆电车开走了。在随后的处理中,两名工程队工人被开除。

在战胜工程队工人的过程中,电车工人利用了道路工人在总工会内部没有保障这一有利条件。市政府雇用了上百名普通工人来养护道路、清扫大街以及疏通下水道,这几百名工人被归入了三个工会。但是市政官员们在中央政府的支持下,不允许政府雇工组织工会。⑥ 尽管有这一不利裁定,道路工人工会还是设法保住了他们与总工会的从属关系。可是他们却没有电车工人等

---

① *NCS*, 15 October 1929, p. 10.
② 牛萧鄂:《北平一千二百贫户之研究》,《社会学界》第7期(1932),第157页。有93%的贫户承认信仰佛教。作者解释信佛远比孔、道、回各教居多的原因是,"平市习俗,以为信仰'佛爷'即是'好人'"。
③《华北日报》,1929年10月6日第6版。
④《顺天时报》,1929年10月8日第7版;《益世报》,1929年10月8日第7版。
⑤《顺天时报》,1929年10月14日第7版;1929年10月15日第7版;1929年10月17日第7版;《华北日报》,1929年10月13日第6页。
⑥ *NCS*, 2 August 1929, p. 11.

第十一章　机器捣毁者：1929年10月22日电车风潮

团体那样有完全的合法地位。电车工会在争取官方公断时，便利用了对方这一弱点。

电车工人此时已以其政治老练和政治独立而出名，他们在利用政党和群众政治攻击对手方面，表现出了高超的技能。"双十节"期间，在这个本应是庆祝所有团体团结平等的盛会中，电车工人成功地把关乎他们自身利益的特殊问题摆到了中心位子上。①10月10日，据估计有7000余人参加了紫禁城内的晨会，太和殿前搭起了讲演台，而居于主席之位的是南京政府于1929年5月派来"改正"市党政机关的右翼干部。张寅卿已经从他习惯的群众政治事件主持人的位子上被挤走了。"改正派"成功夺取了民训会的控制权，而这正是张寅卿在国民党指导的群众政治中施展拳脚的基地。② 右翼干部们在发现总工会根深蒂固之后，决定"先从下层做起"，清洗组织。③ 这一策略以及张寅卿的局部失势，为电车工人和其他异见团体提供了把他们的要求摆在渴望建立群众基础的政客面前的机会。

在平时分外安静的宫殿里，101响鸣枪致礼标志着集会的开始，紧接着升旗并朗读孙中山遗嘱。人群对孙中山像三鞠躬，然后有党和政府官员发表演说。一位从活动伊始就在场的记者形容，参与者"有不同寻常的热情，而且秩序井然"。在讲演台上露面的张明经和李汉鸣，都是亲南京派的主要成员。张明经作为主持官员，就统一和党派这一适时问题发表了演说。在指出了这是

---

① NCS, 12 October 1929；《顺天时报》，1929年10月10日第7页；1929年10月12日第7版；《益世报》，1929年10月12日第3页；*Peking Leader*, 12 October 1929, p. 12.
②《实报》，1929年10月23日第1版。
③《北平特别市市政公报》，第18期(1929年11月14日)，市府·记事，第2页。

民国18年历史上首次实现"真正统一"后,他警告道:"反动派时时蠢举,仍未达到真实之和平。"正当演讲还在继续时,电车工会的人突然带着他们关于铁山寺事件的提案走向讲台,要求当场宣读。张与其他人商议了片刻,同意"付大众表决"。提案要求特别市政府将城内所有寺庙于一周内废除,改办工厂和劳工学校。原本向政府的请愿变成了最后通牒,因为如果市政当局拒绝或拖延时间,五大团体将召开一个"全市市民大会",自动废除所有宗教场所。最后,电车工会还特别要求将铁山寺产权归其名下,任何之前抗议过工人占领寺庙的僧侣都要受到惩罚。决议虽然通过,面临的却只是巨大的骚动。结果,总工会代表担忧会造成更大的混乱,决定取消接下来的集会游行。综合表达群众团结与忠诚国民党及其运动的仪式过后,团体政治和竞争所引起的骚动便浮到了面上。电车工人的战术导致了一场华而不实的公关胜利。正如市长张荫梧事后所言,"电车工会自青白帜飞扬平市以来,迭与军警宪各界发生冲突,近且与工程队及和尚大肆斗争,已成平市极鲜明之目标"。①

外表一致与团体政治潜在的腐蚀效应之间的另一个反差迹象是,当迟到的电话工人试图穿过菜贩队前面,以到达他们自认为的在工会的优先位置时,菜贩们不肯定让路,电话工人便用棍子打他们。警方和总工会职员不得不插手阻止斗殴。市级团体和活动的领导者和指挥者们得在他们所负责的纷争不休的选区盖上一层似有正式共识的面纱。如果说大众民族主义和精英协调的传统是制造这层面纱的利器,那么阶级、地位和权力上的差异,也同样能够将其撕得粉碎。

---

① 《北平特别市市政公报》,第18期(1929年11月14日),市府·记事,第2页。

第十一章　机器捣毁者：1929年10月22日电车风潮

风潮来临

至1929年10月中旬，市民们已经见证了涉及诸如菜贩、农民、佛教僧侣、电车工人等团体的私人纠纷迅速升级成大型公众抗议。国庆日的庆祝活动保留了那些传统集会中喜庆和睦的气氛，但却有一股尖锐对峙的暗流在涌动，如电车工人等由国民党扶持的团体攻击他们的对手。工资和地位较高的工人试图排挤那些地位较低的工人同胞。电话工人会随身带着棍棒一点也不让人惊讶。在普遍激烈化的城市政治中，武装起来进行自我防卫的冲动是有传染性的，在北伐军抵京之后，这种做法的势头越来越强。双十节集会几天后，总商会宣布成立了一支配备木棍和少量枪支的7000人商团。①

10月18日，六家工会起草了一份请愿书，强烈批评张寅卿及其在总工会执监委员会的支持者。② 这份文件由邮务、电灯、自来水、电报、大车夫等工会签署，攻击张"行使其封建专制手段，任意发号施令，操纵把持"。这些论调和当初反叛的电灯工人和电车工人在与总工会领导层的冲突中所提的如出一辙。而这次，各工会联合起来要求举行新一轮选举，让现任领导者下台。翌日，各工会领导代表团在市党部办公室将请愿书呈至亲南京的干部李汉鸣。总工会中的异见工会在这些右翼干部中找到了天然盟友，这些人也与张寅卿和党内老牌左派存在冲突。因此李收下了请愿书，立即批准在10月20日下午2点召开工会代表大会。

---

① *NCS*, 15 October 1929, p. 9.
② 北京における电车暴动事件，《外事警察报》第89期（1929年11月），第123—124页。

旧农商部大楼总工会总部召开了旨在讨论近期内举行选举的会议。① 国民党官员邓仰至也代表由南京支持的"改正派"出席了会议。陈子修和徐澍全代表现任总工会领导者,超过 200 名代表参加了会议。会议刚开始,一名电话公司的代表就起立提议,宣布此次会议改为总工会正式的全会。现任领导的支持者察觉到有选举政变的味道,当即予以反对。混乱之中,国民党官员邓仰至发表了某些不当言论,于是他就被团团围住并遭到了殴打。其他工会领导者上前劝阻,把邓保护起来。就在会议厅稍稍恢复秩序时,电车工会代表郦寿昌夺门而出,他的支持者和同情者也紧随其后。郦的其他新势力工会代表刚离开,他们就遭到了一伙旧势力支持者的推搡,其中也包括与电车工会发生过矛盾的工程队工人的一个分队。新势力派会员事后称,是旧势力领导者陈子修命令工程队工人来搅乱会议组织快速表决的。

在 10 月 20 日总工会总部的混乱之后,市党部决定将收到的异见工会批评总工会领导者的请愿书公之于众。② 最初的六位签署者与电车工会一起,也在当地报纸上刊登了一则广告。③ 这则题为"紧急通知"的广告再次指责总工会已被"一小撮坏分子"所控制:

> 压迫工人是他们的特长。我们工会忍无可忍,所以要求民训会(张寅卿的势力最近已被清除)改革总工会。这些反动分子假装不懂我们为什么要开全体大会,并诬陷说民训会密谋解散总工会。他们煽动工程队工会和扫路工殴打民训

---

① 《新晨报》,1929 年 10 月 21 日(GSK, October 1929, pp. 250–252).
② 同上。
③ 《实报》,1929 年 10 月 21 日第 1 版(原件未查到,引文迻译——译注).

第十一章 机器捣毁者:1929年10月22日电车风潮

会代表邓仰至和电车工会代表郦寿昌。

这份声明坚称,签名工会对这次骚乱没有责任,并控诉:"在青天白日旗下竟然还会发生这样违法行为,这太可恨了!"

10月20日的混乱之后,只剩下工程队、清道夫、沟工队和西单牌楼支部的人力车夫仍旧忠诚于旧势力。三家市政工会依附着旧势力,现任官员也相应地冒着政府当局和南京方面的反对,而支持他们索求合法地位的要求。西单牌楼的人力车工会支部由于高涨的战斗情绪和庇护关系,支持现任总工会领导。西单车夫们已经经历了8月5日发动反对电车公司夜车政策和9月9日因停车规定与警察发生冲突等激烈时刻。另外,总工会为人力车夫开办的贫民工厂就位于西单牌楼北面的皮库胡同,可想而知,西单支部车夫的需要肯定会得到特别照顾。①

10月21日,反对张寅卿和现任总工会领导者的17家工会聚集一堂,商讨进一步对策。② 考虑到总工会派系斗争并没有让全体人力车夫同其他总工会成员完全划清界限,多家人力车工会支部决定支持异见者。代表团及其主席,电话工会领导者王伯超,成立了"维持会",以及一个配备刺刀和木棒的维持队,该团从电车、电话、邮务和车夫工会各抽10人。每个队员可以拿3角钱津贴,除了人力车夫,因为他们可以再多拿2角。或许这是为了认可他们搁下工作而做出的牺牲,也可能是为了补偿他们可能会因工会内部分裂而产生的剥离感。这次会议持续了四个小时,与会者决定翌日再议,以决定新一轮选举的问题。有着压倒性的总工会工会数以及新改组党部的支持,各异见工会有足够的理由确

---

①《华北日报》,1929年10月25日。
② 北京における电车暴动事件,第126—127页;《华北日报》,1929年10月22日。

定,能将怨愤转化为选举上的胜利。

第二天,10月22日,两派人集聚旧农商部大楼,双方都觊觎着那里的职位、公章和许可证。① 大楼本身则带有一种混合着官僚和革命的"气味",以及北平官场和政治的光环。这幢楼曾经是清末民初改良派献计献策的中心,而现在由于迁都南京,它沦为一个存放关于农业和矿业的政府文件的档案馆。由于堆放文件只占用了部分房间,于是五个由国民党指导的群众组织就获准入驻旧大楼空余部分。档案馆馆长对他们的入侵深恶痛绝,还发起了一场合法的政治运动来驱逐工、妇、学、农、商等组织。各个工会和协会在组织者和档案管理员之间的冲突中各持立场,恰恰体现了这座城市政治身份悬而未决、暧昧不清的本质。"博物馆化"和"动员化"二者同时进行,恰好像城市的官场正大片大片有组织、分门别类地进入沉睡,而民间社会却由于强化团体政治和群众政治的刺激而保持着完全清醒。②

10月22日正午前不久,张寅卿和陈子修率领约两百名来自四家忠诚工会的工人入据总工会。旧农商部大楼随之被异见工会的维持队包围。入驻之后,张和陈便开始痛斥他们的对手。他们称总工会已被一小部分"贵族工人"挟持。电车、电话、电灯和邮务等工会都是"我们最恨的"。支持异见工会的西城人力车夫工会一支部更是受到了单独辱骂。他们给新势力组织的维持队

---

① 北京における电车暴动事件,第128页;《顺天时报》,1929年10月23日第7版;《华北日报》,1929年10月23日。
② 《华北日报》,1929年10月5日第6版;有关注重中国过去的"博物馆化"的讨论,参见 Joseph Levenson, *Confucian China and Its Modern Fate* (Berkeley and Los Angeles: University of California Press, 1968), vol. 3, pp. 113 - 115; Frederic Wakeman's Foreword to Levenson, *Revolution and Cosmopolitanism: The Western Stage and the Chinese Stages* (Berkeley and Los Angeles: University of California Press, 1971), p. xiv.

贴上了"愚蠢""压迫者"以及违法的标签。"一小部分贵族工会有什么权力打倒执监常委？电车、电话、邮务和电灯工会这一小撮人能作何解释？"毕竟，"我们代表了穷苦工人的大多数，"而且，"我们也是人。"张和陈向他们的支持者保证，他们将"通过合法手段"保住现任执监常委，并声明他们将为共和与国民党目标做出贡献。张寅卿之前就曾经用他那一针见血的口才煽动过工人。在对手的包围之下，曾经举着一幅孙中山像就动员了全厂工人的张寅卿，这次又想借助国民党的意识形态来抵御他的敌人。

鉴于张寅卿及其支持者受到的最大指控便是其有"封建"专制领导的嫌疑，因此他把工会异见者描绘成"贵族"和"反动派"，这是一种滑头的修辞诡计。并非所有与新势力结盟的工人都能被称为劳工贵族的一分子。粪夫工会、大车夫工会以及一个或多个支部的人力车夫也站在新势力这边。而且，力争改选的现代企业中的工人和人力车夫、清道夫等从事简单劳动的工人之间，也确实在地位和收入上有巨大差异。这一"贵族工人"和"大部分穷苦工人"的对比也千真万确。它制造和加剧了电车工人和人力车夫、工程队等地位较低的工人之间的矛盾。张寅卿和陈子修希望利用这种紧张关系来保住旧执监常委的职位。

至下午一时，丰盛胡同旧农商部外的维持队和旁观者已有2000多人。① 连接西四和西单牌楼南北向大街的胡同东口，摆满了人力车。现场记者们还注意到人群中有僧侣。两天前，这里因电车工人持续占据铁山寺庙产而爆发了新一轮的抗议和混乱。僧人们自然会对这场似乎能够取代电车工会在总工会占据强势

---

① 《顺天时报》，1929年10月23日第7版；《华北日报》，1929年10月24日（GSK，October 1929，p. 299）。

位子的冲突感兴趣。至下午二时三十分,两派对峙已经剑拔弩张,于是一群党干部决定尝试调停纷争。四个没有直接卷入纠纷的团体——农协、商协、学联、妇协——的领导人出面调停。同情异见工会的各个团体同意"旧执委所为纯系把持"一说,并把工程队、沟工队、清道夫、人力车夫工会西单支部的忠诚说成是"执迷不悟"。但是调停者也希望"双方以和平为宗旨,共谋解决,勿轻用武"。双方派出代表,成功地安排了第二天召开调解会议。一支特别代表团被派赴琉璃厂电话工会办事处,与新势力的公认领袖王伯超商议。到此为止,这一系列事件还都符合城市各界通行的派系斗争的模式。当总工会的两股势力之间产生了看起来不可调和的冲突时,大团体内在的自我平衡机制就会向积极分子和干部们发出信号,需要对迫在眉睫的冲突进行缓解和调停。

调停者结束工作时,已是晚上 7 点。参加当天对峙的人开始离开旧农商部大院各自回家。① 大批维持队、总工会成员,以及其他如记者、僧侣等有兴趣的人群还在外面徘徊。当西单牌楼支部的一群人力车夫刚走出丰盛胡同准备打道回府时,一辆满载乘客的电车正巧驶来。车夫们堵住了它的去路,看上去是想骚扰一下司机和售票员,就像以前发生过许多次那样。调解新旧两派纠纷的调停团中的一位总工会职员前来平息这个看似微不足道的小纠纷。这一次,正如在街头冲突经常会发生的那样,扮演调停者的角色就需要按照字面意思站到敌对双方的中间来。不料愤怒的车夫们错把这位倒霉的官员当成了电车工会的人,把他打倒在地。接着,他们就把目标转向了电车。

---

① 《新晨报》,1929 年 10 月 23 日(GSK, October 1929, pp. 286-287);《益世报》,1929 年 10 月 23 日第 2 版;*Peking Leader*, 23 October 1929, p. 1.

第十一章 机器捣毁者：1929年10月22日电车风潮

到第一场破坏行动结束时，与旧势力结盟的市政工人也加入了车夫队伍。激动的人群一路向南，捣毁了路上见到的每一辆电车。他们一不做二不休，"电车驶至，无一幸免"。① 正如艾瑞克·霍布斯鲍姆所言，除了可能引起人群攻击现代城市运输系统的具体不满外，电车，"不管是加尔各答的，还是巴塞罗那的，都是暴动者方便实用的目标"。② 这种"庞大而又受制于轨道的车辆，一旦被烧毁或倾翻，就能轻轻松松地堵塞街道、中断交通"。在接下来的三个小时里，随着人群沿着电车轨道向南和向东走去，数千然后数万名车夫也加入这数百名暴动者的行列。最后有25000余人参加了这次暴动，其中大部分都是人力车夫。③

在旧农商部附近发生的第一次攻击，直接起因便是对总工会领导地位的政治斗争。西单牌楼支部的车夫，以及与他们一起砸毁第一辆电车的市政工人，都是一群对前些日子的派系冲突了如指掌的积极分子。对张寅卿和旧势力怀有敌意的后续报道，称正是张寅卿下令攻击电车，作为对其大势已去的报复。据一些在暴动余波中遭到逮捕的车夫供认，之前有人出钱让他们去攻击电车。④ 然而，由于电话工会领导者王伯超才是反旧势力运动的主要策划者，而电车工会只不过是几个主导攻击现任领导者的工会之一，因此对像张寅卿这样有如此政治敏锐感的人物来说，一场针对电车的暴动似乎并不是什么明智有效的进攻策略。虽然此次暴动始于张寅卿日渐扩大的盟友与敌对阵营之间的矛盾，但是

---

① 《益世报》，1929年10月23日第2版。
② E. J. Hobsbawm, *Revolutionaries* (London: Weidenfield and Nicolson, 1973), p. 221.
③ 当地文献和报纸称有成千上万人，外电报道为 25,000 人。*Times* (London), 24 October 1929, p. 16; *New York Times*, 24 October 1929, p. 10.
④ 《顺天时报》，1929年10月25日第7版。

311

由几百人之间的斗殴转变为涉及数千人的运动,使得这次冲突上升到了一个新的高度。

队伍不断壮大的人群喊着"打倒电车公司!"和"每天多给人力车夫五角钱!"①暴动者还大声谴责电车公司长期拖延设立人力车夫救济金。② 人群在西单牌楼向东转去,所向披靡地沿着长安街游行至这座城市的中心,穿过市政府和警察大楼。暴动者所走的正是多年来无数请愿团走过的路线。但是这回,并没有停下来要求市长接见或听取官员们的辩解。市长张荫梧及其警察和军队的下属并没有立即出面制止这场破坏的狂欢。③ 市长之后说,警方之所以未能立即干预,是因为最初的矛盾只是单纯的党和工会事务。④ 在团体自我管制的传统以及国民党有权否决或抵制政府当局的新观念的武装之下,政治激进分子们特别不愿意警方干预他们的事务。根据过去一年半以来的经验,警察们若是无视各个机构团体之间的界限和势力范围的话,就有可能有挨打的风险。但是,也由于警方逃避职责,没在第一时间插手制止,暴动者才能够成功损毁第一辆电车而一发不可收拾。之后,公众开

---

① 北京における电车暴动事件,第 121、130 页。
② *NCS*,23 October 1929,p. 1.
③ 对于党对自己属下监管职责的敏感,并不能解释市长张荫梧何以等第一轮攻击发生三个小时后才调动军队上街清场。(张荫梧的解释是:"党权高于一切。党务工作与军政职权几若鸿沟之划分,丝毫不能侵越。各工会均在市党部直接指导之下,而其改组开会,又均属合理之举动,军政机关对此种合理之举动,即充其职能之极限量,亦只有一些监视之权,绝对不容少加干涉。……在人力车夫未发生暴动以前,其开会改组等举动,纯在党部指挥之范围,并未出乎党的立场之外。"——译者注)作为阎锡山的下属并很快倒向挑战南京政府的改组派分子,张荫梧可能就是要让骚乱发展,给南京政府在当地机构中的同盟者以难堪,并支持像张寅卿这样就是或将是改组派的左翼分子。如果是这样的话,那么他对最初显然想要宽纵的骚乱的强烈程度失算了。
④ *NCS*,24 October 1929,p. 1.

始指责警方最初的不作为。① 一旦人群逃出警区和区署的管辖范围而蔓延至城内,这些暴动者就成了一个难以控制或约束的移动目标。车夫们在主干道边上的"巷子里窜进窜出",把他们对城市地形的熟悉发挥到了极致。②

由于警方暂时逃避治安责任以及张荫梧拖延了召集军队的时间,人力车夫们才能够摆脱平日强加在他们身上的规矩和法规。有意或无意地,他们做了一件毫无疑问他们早就想做的事情:指挥交通。"有一段时间他们完全是街道的主人,他们拦住各种车辆,搜查汽车,盘问乘车人,并不准某些街道通行。"③有那么几个小时,电车、"贵族工人"、汽车、上流乘客以及警察都服从了暴动者的意志。这一戏剧性的角色颠倒,车夫们对他们每天奔波但却从未控制过的街道的临时占领,以及他们对仇视的竞争者的破坏,都解释了他们的情绪为何如此高涨。在对暴动的事后分析中,张市长指出,"人力车夫……如饮狂药"。④

暴动的那一刻,充满着表现力和机械性。⑤ 在暴动者"简直把电车撕成了碎片",并"临时管制了各主道……以棍棒威胁不听他们命令的人"时,他们以戏剧性的方式,让人们知道了他们的怨恨不满之深。并非所有这些感情都能用口号和主义的形式表现出来,或通过理智的政治活动来疏导。过去社会上许多戏剧性事

---

① *Peking Leader*,23 October 1929,p.1.
② 《益世报》,1929 年 10 月 23 日第 2 版。
③ *Peking Leader*,23 October 1929,p.11.
④ 《北平特别市市政公报》第 18 期(1929 年 11 月 14 日),市府·记事,第 2 页。
⑤ 当然,这说得有点远,这一观点有点冒险,根据查尔斯·蒂利(Charles Tilly)对于风潮和抗议解释的"水压说",愤怒的个体行为,就像怨恨的水池、紧绷的水管、沸腾的锅炉,而非有理性、有原则的政治个体行为。Tilly,"Food Supply and Public Order in Modern Europe", in Tilly, ed., *The Formation of National States in Western Europe* (Princeton: Princeton University Press, 1975), pp. 390 - 391.

件,都只是表现和加强了车夫的依附性身份,而现在这些全都化成了车夫向所经历过的所有政治、社会和文化上的统治挥去的拳头。

释放这些情绪并不意味暴动者们失去了理智。他们的发泄目标——城市电车系统,预设了这场暴动的构造,因为车夫和他们的盟友们从西城区的事发地点神使鬼差地沿着电车轨道向西、向南方向移动。当他们沿着轨道对电车系统实施物质毁灭的报复时,这也把他们引向了电车公司管理和员工的总部。当晚九十点钟,人群开始在东城的公司办公室和位于天桥区电车场的工会总部周围聚集。记者们指出,在场的人力车夫早已因为铁山寺被占领以及最近电车工人与佛教僧侣间的骚乱而"群情激奋",可见为何包围工会办公室的人群会有如此规模和进攻性。① 暴动者抵达这两处目的地时,公司 90 辆电车中已有 60 辆遭到了损坏和摧毁。有些车的发动机和传动系统也被暴动者毁坏。另一些车辆的玻璃窗被砸碎,车厢上的木板也被撬了下来。电车售票处的候车站也遭到毁坏,电线也被切断了。街上"铺满了从一长列遭毁电车上落下来的碎玻璃和木片"。② 尽管没有人员死亡,但有 18 名电车工人遭到了暴动者的殴打,有的还使用了铁棍和木棍等。③ 65 名工人事后报告称,有票箱、钱袋、衣物等遭窃或丢失。

当人群刚准备冲进这两处办公室时,警察和军队终于赶来驱散了人群。军队用刺刀把街道一扫而空。随着军队的前进,暴动者和看热闹的人都"一哄而散"了。④ 在人力车夫奋勇抵抗的地

---

① 《华北日报》,1929 年 10 月 24 日(GSK, October, p. 299)。
② *Peking Leader*,23 October 1929,p. 1.
③ 《华北日报》,1929 年 10 月 25 日第 5 版。
④ *NCS*, 24 October 1929,p. 11.

第十一章 机器捣毁者:1929年10月22日电车风潮

方,军队就发射空包弹,用枪托对抗示威者的棍棒。有近两百人遭到了逮捕。① 士兵和警察还在内城北面的鼓楼附近设法困住了一千名车夫。许多被捕者声称,他们只不过是聚在一起支持异见工会,不是来闹事的。在旧农商部就加入暴动的车夫们回来时发现他们的洋车都被偷了。他们急忙向总工会官员求助,却发现办公室内空无一人。总工会干部们由于害怕"追究责任",纷纷开了小差。②

第二天相对没有什么冲突。想要发起总罢工的车夫和希望恢复工作的车夫之间爆发了零星的斗殴。③ 张荫梧下令全城戒严,军队和警察占领了人力车夫工会和支部办公室以及三家市政工会的办事处。尽管电车公司由于暴动造成的损失和担心进一步的混乱而决定暂停所有线路运营,不过电车工人包装了五辆还能使用的电车,在车上贴上标语,沿着没有被残骸阻塞的铁轨行驶,以庆祝他们的胜利。④

公众对这次风潮的反应主要集中在人力车夫与电车公司之间持续的冲突。虽然也有人说,总工会内部斗争和僧众与电车工人之间的矛盾是这次事件的成因,但当晚的大多数报道都以人力车夫自公司经营伊始就心怀不满的论调作为开头。以《数万名人力车劳工攻击电车》为题,畅销的日报《实报》指出,"自从北平电车系统建成以来,每个普通车夫都会在工作中强烈地感受到电车的冲击"。⑤ 只有亲南京党部认为,张寅卿及其党羽阴谋策划了

---

① 《益世报》,1929年10月24日第2版。
② 同上。
③ NCS, 24 October 1929, p. 11.
④ NCS, 25 October 1929, p. 2.
⑤ 《实报》,1929年10月23日第1版。(引文迻译。——译者注)

这起暴动。①

警察和军队最终逮捕和拘留了一千余人。② 被指为暴动祸首的工会高层干部受到了严厉的处置。虽然张寅卿据说乔装打扮设法逃出了城,但是多名旧势力成员,包括他的表弟陈子修,都被逮捕。③ 陈是在暴动后两天试图登上一辆前往天津的火车时,被便衣探员逮捕的。两周之后,陈以及另外三名工会领导者在天桥刑场被枪决。据说尽管陈曾在狱中受到刑讯逼供,但是他直到最后一刻也坚称自己的清白。④ 陈子修对暴动背后存在阴谋的坚决否认向人们暗示了,虽然他和张寅卿也许曾为保住权力,计划破坏总工会会议,但他们并没有命令其支持者去攻击电车。其他三位领导者,都是人力车夫工会职员,他们承认了参与领导攻击电车。尽管这些可能都是屈打成招,可大多数遭到逮捕的暴动带头人都是工会执委或支部领导者的事实表明,虽然总工会层面的旧势力成员没有直接参与暴动,但工会职员确实领导着人力车夫。⑤

其他因暴动而被逮捕的人责罚相对较轻,可监禁最初几天,毕竟让人感到前途未卜、万般难熬。大多数案子都是在北海附近的一个道观⑥审理的,这道观也就成了临时监狱。为了防止劫狱和越狱,道观门口部署了三挺机枪和四排军人。⑦ 暴动后的这些日子里,被告人家属聚集在道观门外,试图与家人取得联系并给

---

① 《顺天时报》,1929 年 10 月 25 日第 7 版。
② *NCS*, 25 October 1929, p. 1.
③ *Peking Leader*, 27 October 1929, p. 12.
④ *NCS*, 29 October 1929, p. 11.
⑤ 《华北日报》,1929 年 10 月 26 日。在 1143 名被捕者中,有 925 名工人,80 名委员和 243 名团体领导人。
⑥ 光明殿。——译者注
⑦ 《华北日报》,1929 年 10 月 25 日第 5 版。

第十一章 机器捣毁者:1929年10月22日电车风潮

他们送来食物。① 妻子们和母亲们在探问丈夫和儿子时都泣不成声。家庭成员既担心拘留者的命运,也担忧没有了车夫收入来源的情况下他们自己如何过活。即便只是临时拘禁,也对车夫家庭的生计造成了惩罚。大多数被捕者有两天没得到食物,最后在警方的安排下每人得到了一个馒头。结果证明审讯太耗时间,于是调查员将暴动者分成七人一组集体审问。大多数被捕者否认参与闹事,拒绝检举车夫工友并保证日后肯定不会闹事。② 35人被判入狱,刑期从4个月至一年多不等。③ 98人在他们签署了承诺日后绝不犯事的保证书后即被释放。其他大多数人则被驱逐出城。889人被分成三组带到了离城墙六里远的地方,然后释放,并责令不许再回来。此次驱逐的执行带有很强的仪式性,身着制服的军人于同一天在城市东、西、北三处排成纵队。④

风潮结束后不到一周,新一轮的总工会选举就在新势力必将掌握执监委员会的气氛和规则之下举行了。⑤ 人力车夫工会被暂停投票权,而工程队、清道夫和沟工队工会则被永久取缔了。⑥ 鉴于旧势力领导人入狱的入狱、逃亡的逃亡,而他们的支持者也被逐出选举,选举结果不言而喻。当异见工会成员正为掌权沾沾自喜之时,在重新召集的总工会大会上发言的国民党官员却在某种程度上,对他们自己插手过的派系斗争疯狂的高潮事件表现出了惊讶。张明经称,他对北京劳工运动的狂热性留下了深刻的印

---

① *Peking Leader*, 25 October 1929, p. 1.
② 《华北日报》,1929年10月29日。
③ *NCS*, 27 November 1929, p. 1.
④ 北京における电车暴动事件,第152页。
⑤ 《顺天时报》,1929年10月30日第7版。
⑥ 《益世报》,1929年10月26日第7版。

象,也承认结果"出乎我的意料"。① 这场经历证明,"工人必须时时刻刻不要忘党,接受党的领导,否则无异于自杀",领导层"完全为私人谋利益,……即当捉出"。当然,正是源自南京的党派斗争,才使异见工会能够通过独立斗争赢得了总工会的权力。

电车公司称,60辆电车损失金额总计40万元。② 在获得政府同意提高票价弥补损失之后,电车于12月底恢复运营。票价上调了,虽然有领导人被处决,工友不是入狱就是遭到驱逐,而且还暂时失去了在总工会的正式代表权等代价,但是车夫们还是赢得了部分他们为之奋斗的东西。另外,市政府还允许公司停交税款三个月。事态发展却夺走了电车工人在总工会的派系胜利上的一部分喜悦感,因为他们也不得不承担一部分损失。经过简短争辩之后,电车工人同意放弃年终奖金,并且在该月只拿半数工资。③ 更糟的是,工会还被迫放弃了对铁山寺的支配权。④ 当工人们开始拆除庙墙扩建学校时,佛教徒们再次举行了抗议活动。市长张荫梧担心再生事端,便下令社会福利局接管寺庙。数月后,佛教徒和电车工人依旧在为此事打官司。⑤

结　论

与民国其他城市一样,北平发生过许许多多的罢工、示威、集会和抗议游行。但是攻击电车系统,是自1900年拳乱和1912年

---

① 《华北日报》,1929年10月31日第7版。
② *China Weekly Review*, 7 December 1929, p. 26.
③ *NCS*, 6 November 1929, p. 12.
④ *NCS*, 30 October 1929, p. 12.
⑤ *NCS*, 26 February 1930, p. 2.

第十一章 机器捣毁者：1929 年 10 月 22 日电车风潮

兵变以来，这座城市发生的第一次大规模市民骚乱。如果把这两次骚动分别归为官方准许的劫掠和兵变计划结果的话，那么 1929 年的电车风潮，就是这座城市从晚清至 1976 年天安门事件的这段历史时期内里唯一的一次具有暴动性质的市民骚乱。不论是采用英文词典中对"骚乱"的定义——"野蛮、暴力、公开扰乱和平"，或是当代文献对"暴动"一词的释义——"集合大群人杀人、放火、劫掠以及进行其他暴行，包括有政治性质的行动"，电车风潮作为一场罕见的失控和混乱（如果有特殊区别的话）都显得尤其突出。

人力车夫们用了相当长的时间才下定了决心。在 1924 年，车夫们曾准备以卧轨阻止电车运行。当他们的庇护人孙学仕在公司有权势的后台压力下屈服时，他们的计划在最后一刻失败了。1929 年，只是经过了一系列政治策略和战术试探，以及 8 月的预演之后（"夜车"事件），人力车夫们终于发现他们有暴动的集体意愿。

最近有关群众骚乱和暴力的研究，都强调初始评估（emergent values）和政治体验对解释暴动行为的重要性。国家市民骚乱咨询委员会（National Advisory Commission on Civil Disorder）在其一份关于 1960 年代美国城市暴动原因的报告中总结道："骚乱并非作为偶发或突发事件毫无预兆而突然发生的。相反，它源自于一种日益动荡的社会氛围，通常在这种氛围之下，几周或几个月之内发生的一系列造成紧张局势的事件，把众多怀有共同潜在不满情绪的人心联结在了一起。"①

---

① 引自 Anthony Oberschall, *Social Conflict and Social Movements* (Englewood Cliffs, N. J.: Prentice Hall, 1973), p. 111.

就北平这次暴动而言,导火线是人力车夫与电车工人在旧农商部附近的纠纷以及在楼内发生的派系斗争。在此之前,涉及人力车夫、电车工人、市政工人、佛教徒以及党和工会干部的一连串的白热化事件,使得全市弥漫着一种动荡的社会气氛。作为相互冲突的副产品,每个团体都培养出了同仇敌忾的敏锐感。当政治的势不两立,助以北平市民习于相互顶撞和冒犯他人权力与利益的易怒天性,社会冲突的激烈升级便势所必然。

一般而言,城市的社会秩序,可以通过调停人和中间人来阻止或和缓个人及团体间的冲突,以缓解这些紧张和冲突。当国民党政治机关为了在这座城市的统治机构大家庭中谋取一席之地而试图模仿这些做法时,群众政治的意识形态和组织机构还有另一条倾向于让事态升级而不是缓和的路线。国民党干部们企图通过攻击资本家工厂主及总商会等强大组织来推进一种鼓励事态升级的政治纲领,可是在经历多次失败的尝试之后,他们终于定下心来,以一种"负责"的态度来处理其自身的事务了。但是这么做,却让他们成了派系斗争和社会运动的攻击目标。作为既有城市社会秩序组成部分的派系风气,以及国民党干部本身在多年的游行、抗议和天安门集会中推行的政治运动逻辑,为这些攻击提供了基础。

1930年代,老舍受到电车风潮的启发,写了《黑白李》这篇短篇小说。① 小说中,他借用电车风潮来说明中产阶级两兄弟的不同:一个是善良软弱的知识分子,另一个是冷酷的政治运动者。李氏兄弟相貌酷似,只是哥哥黑李脸上有个黑痣。他们雇了一位

---

① 王际真(Wang Chi-chen)编译:*Contemporary Chinese Short Stories*(New York: Columbia University Press, 1944)。

第十一章 机器捣毁者:1929年10月22日电车风潮

名叫王五的车夫给他们拉包月。王五感谢黑李对他生活安康的家长式关心,但是发现白李更擅长煽动暴力。暴动如期发生了,李四爷(白李)作为首犯遭到通缉。二爷,即那位对政治毫无兴趣的哥哥,抹去了黑痣,冒充弟弟让警察抓住,使四爷得以逃脱。二爷和五位车夫遭受了与陈子修和三名工会干部同样的命运,被判处死刑,游街拖向刑场,给枪毙了。

老舍为读者提供了两种选择,一个是只会自我牺牲的"好"哥哥,另一个是为了能够组织政治运动而愤世嫉俗、缺乏人情的"坏"弟弟。作者并没有对暴动本身的正当性做出任何评论,尽管王五被塑造成了一个富有同情心的角色,而且他说电车会直接威胁人力车夫生计时也不会有争议。再来看这位激进分子弟弟,他老于世故、与贫苦工人走得近、外表狡黠冷峻,还有骗过行刑者的本事,这与张寅卿的为人极其相似。他哥哥的人道主义精神则唤起了对1920年代这一道德难题的辩论,一边是人力车夫存在的现实,一边则是诸多知识分子,在试图寻找像车夫困境等社会问题的解决途径时所经历的挫折感。

同时代的各种主义为大量有问题的政治行为提供了正当借口,从殴打工友和砸毁公共设施,到徇私舞弊和滥用职权,不一而足。老舍暗示了参与现代政治会抹杀一个人的道德责任感。即便仅仅是偶尔读读报或参加些社会活动,都能让老舍留下民国政治充满可耻而又暴力的印象,来支持他在《黑白李》《骆驼祥子》及其他作品中所描绘的群众政治面目的真实性。在《骆驼祥子》中,老舍笔下的人力车夫主人公,只有在他的人格堕落之后,才开始参加政治活动。他在北京这座"文化之城"里"变成了走兽"。[①]

[①] 老舍:《骆驼祥子》,第290页。

阮明是个贪婪、没有原则的人,他从学生变成了国民党劳工组织者。在他的怂恿下,祥子加入了人力车夫工会。"阮明为钱,出卖思想;祥子为钱,接受思想。"①阮明相信自己的激烈思想,并让祥子相信这思想"十分有理"。两人都毫不犹豫地利用自己的信念来为其损人利己的行为开脱。作为一名学生,阮明虽有进步思想,却因曹先生(祥子善良的老雇主,与黑李的道德观相似)没给他好分数而向国民党告发他是共产党。在此之后,祥子也为了60块钱把阮明出卖给了警察,把这位工会领导人送上了天桥刑场。

老舍高超地塑造了阮明和四爷等政客形象,这些形象与1920年代那些能言善辩之人在他们对手眼中的形象如此相似,使人们不仅能够领会城市政治中机会主义的盛行,还可以看到激进主义者和普通市民是如何默默地探求他们的道德平衡点的。与他同时代的人把政客视如"官僚黑帮"或更坏的东西一样,老舍对于现代政治的厌恶,模糊了公众期待、传统政治动机和现代意识形态等在1920年代中国城市里相得益彰的地方。

张寅卿能够得势,主要归功于他能够把国家主义(nationalism)、三民主义与选民生活联系在一起。至于他们对"封建主义"的所有抨击,张寅卿这样的政治人员最擅长的便是重塑一套言行方式,以符合对社会事务该如何处理的习惯期待。张寅卿是一个有着现代思想的暴君或"土皇帝",他掌握着能让比他地位低下的人视他为庇护者的诀窍。国民党意识形态将工人们的"饭碗"、儒家对"民生"的重视以及孙中山的"民生主义"糅合在了一套话语中,在人力车夫的卢德主义传统本质之上披了一层现

---

① 老舍:《骆驼祥子》,第304页。

第十一章 机器捣毁者:1929年10月22日电车风潮

代外衣。中国传统"道德经济"证明保护民生是确保社会和谐的方法,而"政治经济"则保护财产和利润,现代中国政治并没有因为支持后者而抛弃前者,作为一项基本原则,它通过将传统经济权利和公民权利联系起来,从而使之现代化和强化。正如关于欧洲砸毁机械设备事件的研究所示,为保住工作而砸毁机器的工人,通常会得到社会对这种行为的广泛支持。① 在残存的社会准则与现代资本、科技和组织的竞争中,陈旧的价值观最终溶解了。就中国而言,装着民生老酒的国民党观念的新瓶,以某种方式使人力车夫的疯狂抱负,让赞同和支持国民革命的人们清晰可辨,虽然不那么食之甘饴。有些人对青天白日旗不感兴趣,甚至怀有敌意,对这些人来说,人力车夫们所尝试要做的,不过是基于保护集体利益的古老的城市政治活动。人力车夫以市民身份捍卫他们的生计,通过操纵现代政党政治对抗现代化。混合在这次风潮中的返祖性与现代性,表现了现代社会变革的自相矛盾的本质:越是抵制进步,就越会被卷入现代资本和现代国家权力的发展中去。

---

① E. J. Hobsbawm, "The Machine Breakers", in Hobsbawm, *Labouring Men*: *Studies in the History of Labour* (New York: Basic Books, 1964); Hobsbawm and George Rude, *Captain Swing* (New York: Pantheon, 1968).

第十二章　城市政治中的秩序与趋势

错位的发展

在 1928 年,身为京师总商会会长的烟草商人王文典,辞去了全国商会联合会副会长职务。王埋怨说,他(也大概是指他的南洋兄弟烟草公司)已经对花数千元补助这个团体感到厌烦。① 中华民国之下,有众多贴有"全国"标签的组织,往往只在一定地区有影响力,这就像曹锟,虽是"大总统",可他的势力却出不了京城。位子坐得"越高",或与"中央"走得越近,越有可能遇到这些政治上和组织上的壳层。如果当地有对应的上级全国性组织存在的话,地方性商会、劳工联合会和学生联合会等,要比这些全国性组织强大很多。但是,以这种方式构建起来的权威运作的半虚构层级框架,一旦其中央被夺取并巩固起来,接管了这种组织的全国性和全市性网络,其关系的天平就可能发生逆转。到 1920 年代末,相当比重的中国城市居民已经达到了与其民国国民身份相当的政治觉悟水准。商人、工人、学生、妇女、郊区农民和各行各业的人加入全市性协会和工会之中,等待着最终被整合到全国

---

① *NCS*,7 January 1928,p. 12.

性系统之中。

整合规模的扩大趋势在中国城市社会获得了广泛支持。植物向阳生长,现代的中国人团体迎着政治权威发展。即便是在民国政体黯淡的情况下,从城市居民愿意被自称有全国政治权威的机构和个人所管理和动员来看,就不难发现有一种大合并的运动趋势。这种中央化的趋势并非源于惧怕上级或盲目服从。从1920年代北京所有团体和阶层政治活动的记录资料来看,反而能发现一种与生俱来的挑战警察、雇主、政客和军阀权威的战斗精神和积极主动性。具有政治意识的中国人意识到了国家干预的意义,它不仅能够协调公共产品的生产,例如社会安定和经济保障,还能使现有社会秩序具有合法性(或丧失合法性)。

如果按克利福德·格尔茨(Clifford Geertz)的说法,我们可以说,中国人重视的是"治国之道"(statecraft,"统治;摄政、政权、支配、控制之意")和"国家威仪"(stateliness,"壮观;壮丽、炫耀、尊严、风度之意")的实用性。① 凭借着身居中国政治中心的地利,北京居民完全能够分辨政治元素中哪些是行政,哪些只是仪式,也能理解两者之间的互相关系。传统上,城市精英都是在国家提供的行政和标准的环境下运作的。行会成员和士绅人士会负责管理消防救火、抓捕小偷、接济穷人,并精心策划节日庆典以及那些令其权威更孚众望的典礼仪式等。② 他们这么做,是因为

---

① Clifford Geertz, *Negara*: *The Theatre State in Nineteenth-Century Bali* (Princeton: Princeton University Press, 1980), p. 121.
② 同上。Geertz 在传统巴厘岛国的个案中表明,"典礼中心"如何戏剧性地集中体现在可以构成社会秩序要素的社会价值上,这是国王和地主对等级制度、不平等一样都器重的,"十分迷人"。在巴厘岛的个案中,由于政府的政治职能为地方精英和组织所掌控,国家无须多做其他的事情。在传统中国,政府以一种能够促进政府与非政府精英分享管理和治安职能,维持既服务于国家也能使地方实权派合法化的典礼中心的程序,将治国之道和国家威仪结合起来。

他们知道,军人、官员和朝臣还在其他地方忙着维持一套高压的、规范管理的机构,以支持、协调他们在地方上的努力,并使其拥有合法地位。① 民国时期,城市居民已从臣民变成了公民,他们所面对的各个政府都装模作样地要承担更多行政负担,而且还要求得到现在基于国家主义的至高无上的政治权威。然而,政府总体来说既不高效也有负众望。这对已经表明愿意支付警察部门的昂贵开销而被管理,又热衷于在政治上参与天安门抗议示威的城市居民来说,可是个棘手的问题。在这种情况下,除了等待一个能力相当的政府出现外,什么都做不了。北京不同于革命的巴黎,她自己无法孕育出如此一头猛兽,但是政治中心的地位一旦恢复,这座城市就会全方位地表现出服从其领导的意愿。在此期间,地方政治的防御工事,包括久经考验的行会制度和新近修建的法团制度得到了维护,还抵御着表现差劲的政府以及对现状不满的阶层和运动。② 中央层面的政治失败,势必会使政治发展,从政府机构向准政府机构、从国家向地区、从中心向边缘产生位移。

如果对毛泽东来说,中国人民是一张白纸,好写最新最美的文字,那么民国的城市就是一张处理过的油画布,拉得紧紧地裱糊了起来,它能对精湛的政治技艺产生共鸣,却容不得破绽百出的理念

---

① 参见黄仁宇(Ray Huang)对于1587年帝国治国之道和典礼之法的结构与功能的生动讨论: *A Year of No Significance* (New Haven: Yale University Press, 1981).
② 我使用"防御工事"比喻都市机构采自 Ira Katznelson 提供的 Antonio Gramsci 对于都市政治的考察。参见 Katznelson, *City Trenches: Urban Politics and the Patterning Class in the United States* (New York: Pantheon, 1981). 又见 Joseph Levenson(列文森)在"滑稽的洪宪皇帝"一节的叙述: *Confucian China and Its Modern Fate: The Problem of Monarchical Decay* (Berkeley and Los Angeles: University of California Press, 1968), pp. 37.

和新手的糟蹋。三位民国政治人物——袁世凯、张勋和张作霖——在他们逗留北京时试图复辟君主制,恢复这座城市的帝都地位,等待他们的只是嘲笑和失败。①天坛的祭祀,证明是与天安门外的群众政治仪式水火不相容的。在1928年和1929年,年轻的国民党组织者照着党治模式努力改造这座城市,而成效却不明显。他们的努力遭到挫折,不仅是由于内部的冲突,而且还由于当地精英分子连让给他们这块城市社会和政治画布的一两个边角都十分勉强。

大规模的政治胜利,须有对公民权利作为现代政治基础的现实及其潜力的认识;将一个完整的、吸引人的政治远景充满(或至少围绕着)政治中心的能力;以及冲破城市政治的防御工事而在店铺、工厂、办公室和四合院接触到城市居民的意愿和本领。随着时间的推移,民国的政治工程举步维艰,城市政治的主动权也就从既有社会政治秩序的进攻者那里转移到了防御者手中。对军阀这样的局外人来说,城市政治的防御工事简直就是一个深不可测的迷宫。而对进入迷宫的国民党革命者来说,处处碰壁,既耗尽了干部动员群众支持的能力,也耗尽了最初派他们承担改造使命而又决心收回成命的南京那个中央的保护。

正如警察厅、京师总商会和总工会的历史所示,北京的社会结构和政治结构有足够的弹性来适应定向变革。不过,从各个团体承受外界压力和抵御外来干预的能力来看,也不难体会到城市弹性的限度,恰如其城墙所带来的物理界限。

在北京,城门被设计得至少要和城墙一样雄伟,这个容纳了城内大小团体的半封闭式环境暗示了,它既有对外界盟友开放和管理的意愿,也有击退入侵者的能力。在总商会和总工会等组织

---

① 再参见 Joseph Levenson "滑稽的洪宪皇帝" 一节。

的政治活动中,既有兄弟阋墙而共御外敌,也有请援入门而助攻对手。吊诡的是,组织规模越大,防御范围越广,大门越可能敞开。就连牢不可破的粪夫和水夫行会,当派系斗争的逻辑需要请援入门时,警察、记者、工会组织者和检察官就能登堂入室。在由诸多独立行会、工会和学生团体联合的大型组织里,共同意识相对较弱,依赖外部的意识形态以获得合法性,更容易让局外人和外部势力进入。

  工帮、口子等城市最基层单位,与其上层的联系是间接的,它们通过内部复制占支配地位的家长式权威模式的能力,而不实际触及所在行会的权力结构。依法建立的市级组织则直接与政府接洽。这颇有点像北京的城门与城墙。在1920年代,北京城最显眼的两座城门或许就是天安门和前门了。在天安门外,一座较小的皇城门①出乎意料地被迫扮演起了民国政治生活的中心角色,一批批的人在此集会,以创造和维持群众民族主义。天安门内则有故宫博物院。天安门在博物馆化的王朝过去和群众政治的未来之间划下了一条分界线。紫禁城存在的仪式意义,不过只是衬托了城外的新型政治仪式。而分割内城"官界"和外城"商界"的前门,也为适应日益繁忙的交通而进行了改造。正如繁忙的交通一样,民国时期国家与社会也因频繁互动而连接了起来。政府的衰败与瓦解,中断了国家与国民的联系,至少对于政治这条双向车道来说是如此,但是通过各色干部的活动所建立起来的正式沟通的习惯,却从未中断过。

---

① 指中华门。——译者注

第十二章　城市政治中的秩序与趋势

守势政治

安东尼奥·葛兰西(Antonio Gramsci)在其《狱中札记》的一节中,将社会秩序中的统治机构和主流信仰,比作"现代战争的堑壕配系",他把政治斗争区分为"运动战"和"阵地战"。[1] 积极抵抗或推翻掌权者的运动,如大罢工,与注重边际防御和扩大某种社会地位的消极抵抗,是有区别的。因为革命不能在罢工和示威游行的战场上取得胜利,葛兰西越来越关注围困政权的阵地战方式。他指出了教会、工业体系和主流文化,形成了国家这个"外在的壕沟"背后"强大的堡垒和工事",体现了现有社会秩序的坚韧性,由此论证了向政治阵地战的转变。

像中国这样地域辽阔、丰富多样的国家,人们可以在不同地区和不同层面同时开展运动战和阵地战。军阀们的阵地战可以被张作霖或北伐军一击而溃。城市则会像1919年和1925年那样,爆发大规模抗议示威,然后再求助于政治手段,而各个团体和阶级则运用这种政治手段努力地巩固、保卫或最低限度地扩充他们的利益。冯玉祥在1926年的失败为北京的五卅运动落下了帷幕。而1928年北方军阀和南京政权之间的僵局让政治运动战得以重现。

正如葛兰西所指出的,政治运动战的平息,可以让人们对非政府机构有更好的估量(做出"精确的侦查")。北京的基本秩序路径,可以通过当地机构的"深度"和地方精英老练的领导来解释。人们很容易会把民国时期误读成一段乏味的完全分裂和混

---

[1] Antonio Gramsci, *Selections from the Prison Notebooks*, Quintin Hoare and Geoffrey N. Smith, eds. and trans. (New York: International Publishers, 1971), pp. 229-239.

乱时期,这是因为他们的视线没有越过政府的壕沟,看看安迪生、孙学仕、周作民及其他当地著名的个人、集体和公共利益的保卫者。即便是意识形态上以政治运动战著称的人物,例如张寅卿等,也曾试图把他们的集体防御体系加入到全市的堑壕配系当中。政治运动战,就部分而言,就是既有社会秩序穿上一套华丽的戏服到天安门外展示并加以合法化罢了。

这套体系之所以行之有效,是因为当地精英分子愿意吸纳新团体进入现有社会秩序,即便冒着他们防御策略复杂化的风险。当然,这些"负责任"的个人、会议和集会无休止的筹划必有其自身的弱点。这套政治体系解决社会问题的能力远不及其社会控制能力。正如艾拉·卡茨内尔森(Ira Katznelson)所言,城市政治的特点就是,形成一种能够缓和潜在激烈的阶级和地域族群冲突而不必重新分配权力或财富的机制。① 在北京,这种缓和效应的实现,并非像美国城市在世纪之交时那样主要靠的是党派政治,而是通过传统经验的现代化,如调解和利用有能力平息群众骚乱、扭转掠夺性政治力量侵入的干部场域(cadredom)。

地方精英在政治阵地战中的调停者、中间人和专家的形象,有助于揭示民国时期政治研究中的一个关键问题——政权的社会基础。比如,南京政权是不是资产阶级和地主阶级利益的政治结晶?② 或国民党政府是不是就是"它自己的选民",无关乎所有

---

① Katznelson, pp. 188 – 189.
② Harold Isaacs(伊罗生)在其经典著作 *Tragedy of the Chinese Revolution* (Stanford: Stanford University Press, 1961)提出了赞同观点。对于伊罗生的蒋介石与中国资本家密切联系观点的批评,依据的是国家与社会阶级之间冲突与敌意的证据,见 Parks Coble, *The Shanghai Capitalists and the Nationalist Government*, 1927 – 1937 (Cambridge: Harvard Council of East Asian Studies, 1980). 在 *The Politics of Cotton Textiles in Kuomintang China* (New York: Garland, 1982)中,Richard Bush 论述了南京政府与长江下游工业家冲突与合作的混杂关系。

社会势力的选择和状况？① 国民党在当地最忠实的支持者，就是被张寅卿等干部动员起来的群众。而对这个一方面以军阀手段勒索保护费，另一方面煽动群众运动反对既有权威的政权，地方精英的评估是相当冷静的。随着时间的推移，当地精英们学会了与这些新政治巨头的相处之道。鉴于国民党政权内部派系纷争、政治组织紊乱的性质，维持这种工作关系需要相当的技巧和耐性。当地精英及其所代表的阶级利益之与南京政权的联系，不是作为爪牙或傀儡，而是作为一系列特定交易的参与者。在这些交易之中，他们用当地的资源和支持为筹码，换取更高层级的特权和职务。这一阶层作为当地经营者和秩序维护者的存在，可以使像定都在南京这样的政权得以滑行在中国社会的表层，并能以最小的代价控制地方日常事务，从而获得最大的政治机动性。如果国民党人像农村的共产党人，打破坚冰，深入到社会下层，或许符合其长远利益。但1927年之后，像李乐三、张寅卿这样勇敢的跳水者和泅渡者，在国民党阵营已是凤毛麟角，而在1929年之后，这样的人事实上不存在了。

冲突与聚合：一种连贯过程

在应对19世纪中晚期的城市社会危机时，城市精英和组织已经更新或开发出了一套令人赞叹的处理社会冲突和脱序的策

---

① Lloyd Eastman（易劳逸）曾做了个案，这样论述了国民党治下的国家—社会关系。Eastman, *The Abortive Revolution: China Under Nationalist Rule, 1927-1937* (Cambridge: Harvard University Press, 1974). Bradley Geisert 认为，南京政府与地方阶级和团体的关系，比易劳逸提出的观点要复杂得多。参见他的论文"Toward a Pluralist Model of KMT Rule", *Chinese Republican Studies Newsletter* 7:2 (February 1982).

略和方法。① 政府官员们鼓励设立民兵、粥厂、慈善团体、市场管理机制和其他公益事业。管理和监管的基本任务则由行会等准政治团体的操作。农村骚乱和工业不平衡发展所带来的压力的汇聚和增加，使这些传统机构越来越力不从心。世纪之交之后，政府对城市社会的治安、管理和发展进行干预的承诺和前景，让官员和公众对解决面临的贫困、混乱和落后产生了期望。② 传统的和现代的、政府的和准政府的手段，似乎可以相辅相成。

在1910年代和1920年代，这些观念和机构的岸堤部分瓦解，不免让人对城市如何应对变革和脱序问题心存疑虑。"贫民工厂"这种不伦不类的机构，杂糅了国家资助工业化的想法和中西方的慈善观念，似乎只是一种安抚贫民和公众舆论的姿态，而非针对失业和经济无保障等问题的解决方案。正如孙学仕等民间领袖的生涯所表明的那样，这种构思巧妙的姿态能够赢得可观的地方政治资源。但是，期望和社会现实之间不可逾越的鸿沟，也会导致类似电车风潮这样的大爆发，并为1949年之后针对城市社会问题的行政解决铺平了道路。

处于现代化进程下的城市往往会变得十分混乱。在路易·谢瓦利耶(Louis Chevalier)看来，19世界的巴黎就是一座

> 病态的城市，一座不断被各种危机和矛盾折磨着的城市。一座被各种事件搅动的城市……从街头打架和工场斗殴，到大规模的工人起义、暴动和革命；从工场、街头频发的

---

① William T. Rowe. *Hankow: Commerce and Society in a Chinese City, 1796–1889* (Stanford: Stanford University Press, 1984).

② 在即将出版的有关19世纪汉口的专著，*An Early Modern Chinese City: Conflict and Community in Nineteenth-Century Hankow* (Stanford: Stanford University Press)，罗威廉考察了都市机构应对社会危机未可小看的能力和19世纪末叶这些挑战日益严重的紧张关系。

第十二章 城市政治中的秩序与趋势

报复,平时的大量纷争,到必决雌雄的群殴;从个人的怨仇到民众的愤恨。①

1920年代的北京,作为一个大型中心城市,同样有其危机、冲突、骚动、斗殴、报复和个人怨仇。然而,在这座城市中大规模的反叛和深仇大恨却并不多见。诚然,北京现代化进程和发展之慢,减轻了谢瓦利耶指出的主要引起巴黎社会骚乱的这类社会的和人口分布上的压力。但是,只消读一读北京当地的报纸,就能发现工场、街道和街坊被形形色色的激烈矛盾所撕裂的大量证据。

然而,从基于个人或团体层面的对抗到全市政治层面的冲突,敌视和对抗既未减弱也未增强,像1929年电车风潮,实属社会秩序常态中的例外。在矛盾升级的过程中,当各种争议问题、受侵害团体以及相关运动穿过城市政治的堑壕配系或沿着其边缘发展的时候,都会有人出来进行疏缓和调停。由此而形成的一副社会安定的景象和现实,给许多游客和记者留下了深刻印象,对他们来说,北京就是一派安静的画面。一位刚从上海、南京到北平的游客,称这座城市是"冷静"的。他刚到北平,肃静的火车站里听到的电车当当声,就仿佛能把他从梦中震醒,中山公园中形单影只地打着太极拳的人,也让他停下脚步,驻足观望。② 从当地资料和文献来看,事实情况并没有这么简单,在这座城市冷静的外表之下,涌动着骚动与冲突。这种冷静的外表,只是代表了精英、领导者、经营者和各种机构在公共场合上的实际表情,让人们在乱世之中仍能感到一丝秩序。这一平静外表迸发成政治风暴的突然性,以及调停者

---

① Louis Chevalier, *Laboring Classes and Dangerous Classes* (Princeton: Princeton University Press, 1973), p. 11.
② 味橄[钱歌川]:《北平夜话》(上海:中华书局有限公司,1935)。

平息风波和政治活动家浑水摸鱼的急切,表明了一致、冲突和恢复秩序,都是同一连贯过程中的一部分。

不同的机构和团体都不厌其烦地在其政治声明中提及社会安定、地方秩序和团结一致的重要性,以及混乱、闹事和内讧的危险性,都体现了乱世中自然会有的希望和焦虑。但老是这么谈论城市生活也有一定的政治逻辑可循。和谐的政治价值不仅在于其本身可以作为一个目标,还在于作为凸显矛盾和纠纷的一种手段。① 表现总商会领导人或党员干部之间和睦关系的典礼,也为对手和派系之间的戏剧性冲突搭好了舞台。领导人各尽其责的理想画面,短期内可以防止有人挑战在任者,但随着时间推移,便成了准备指控当权者挪用公款、任人唯亲、行事专制、有背公信的批评者和反对团体的支点。对于领导人的仪式性赞词成为他们永不可能兑现的"竞选承诺"的负担。表现团结的粉墨登场,暗藏着派系间较量的玄机;而公开的政治对峙,又或许是团体或机构重建和谐的征兆。

任何企图在中国重建统一政治秩序的尝试,都以这种对社会秩序的执念为基础,并加以强化,与此同时,也为派系斗争和社会运动的重现创造了条件。这个政治和社会层级制度的"高度",覆盖了一片大陆且深入到人口稠密、层级分明的城镇,为

---

① 有关冲突与一致的功能性联系的经典探讨,可见于 Georg Simmel, *Conflict and the Web of Group-Affiliations* (New York: Free Press, 1955)。至于有关一致可以提高对于冲突的敏感性的见解,参见 Takie Sugiyama Lebra, "Nonconfrontational Strategies for the Management of Interpersonal Conflicts", in Ellis S. Krauss, Thomas P. Rohlen, and Patricia G. Steinhoff, eds., *Conflict in Japan* (Honolulu: University of Hawaii Press, 1984)。照 Lebra 的观点,当我们关注冲突时,我们看来是接受了冲突的模式而排拒了和谐的模式,似乎两者是相互排斥的。这是不能捕捉真相的过于简单的区分。事实的逻辑恰恰相反,越想要和谐,于冲突就越敏感。

全国、地区、地方和子地方（sublocal）之间及其内部的关系注入了相当的张力。以此视角前瞻，1950年代共产党实行加强团结、压制冲突时的中国政治的高度一致性，在现代中国城市史上是相当反常的现象。"文化大革命"期间多层次的派别斗争，加之以团体竞争和群众运动、中央和地方角逐者之间的复杂交易，依稀可见民国时期的政治阵地战和运动战的模式。虽然中国城市不太可能在短时间重现1920年代和1960年代那种混乱的特殊时期，但是政治斗争，将继续以社会层级的综合架构为背景，围绕着干部场域（Cadredom）以及有政治意识的社会阶层与团体的行为正当与否而展开。

始于1920年代的中国现代城市传统中，冲突与一致作为其主题和原则而互相交织在一起。中国的城市既无法孕育一场大革命，也不能产生一个有能力阻止其在农村崛起的国家。不过，它们一方面通过产生阶级冲突、政治激进主义、现代公众舆论、政治暴力风气以及大众民族主义的核心图案和符号，另一方面还通过建立警察队伍及其他干部场域要素、社会团体法人化、正式与非正式调停和控制社会冲突的手段，以及对社会安定和经济保障的强力支持感，为1949年前后的革命和国家政权的建立做出了贡献。没有一座城市或城市势力的联盟，曾经被证明能够把这些互相矛盾的趋势转变为一个具有自我意识、自我利益的城市政治秩序。相反，城市已成了一个储藏着政治手段、策略和情感的仓库，对任何能够理解它、开发它和利用它的人们都敞开着大门。

参考文献

译者说明:原著参考文献按英文字母顺序统一排列,中译本依照语种分别排列。中文参考书目增加了修订本的书目,并在笔名后加注本名。西文参考书目中,作者姓名已有中文名字或成译的,加注中文名字;华人、日人以西文名字发表的著述,尽可能标注其中文姓名,以便中文读者检索。

缩略语

GSK　Gendai Shina no kiroku(《现代支那之记录》)
NCS　North China Standard(《华北正报》)

一、中文文献

1. 《北京工业史料》,中国人民大学工业经济系编,北京:北京出版社,1960。
2. 《北京工运史料》四卷,北京市总工会工会工人运动史研究组编,北京:工人出版社,1981。
3. 《北京日报》,北京,1925。
4. 《北京瑞蚨祥》,中国科学院经济研究所资本主义经济改造研究室,北京:三联书店,1959。
5. 《北京指南》,上海:中华书店,1917。
6. 《北平市公报》,北平,双周刊,1928—1930。
7. 《晨报》,北京,日报。
8. 《大公报》,天津。
9. 邓昊明:《"本社"始末》,《文史资料选编》第9辑,北京:北京出版社,1981。
10. 《华北日报》,北平,1929。
11. 黄迪:《五四以来之学潮》,《社会学界》1932年第6期。
12. 黄公度:《对于无产阶级社会态度的一个小小测验》,《社会学界》1930年第4期。

13. 《京师警察法令汇纂》,北京,1915。
14. 《京师警察公报》,北京,日报,1927—1929。
15. 《京师内外城巡警总厅第二次统计书》,北京:京师内外城巡警总厅,1907。
16. 《京师总会会行名录》,北京:1925。
17. 《警务规则》,北京:顺天时报,190?。
18. 老舍:《老舍生活与创作自述》,胡絜青编,香港:三联书店,1981。
    a)《骆驼祥子》,香港:学林有限公司,无版期。
    b)《四世同堂》。
19. 老舍:《我这一辈子》,上海:惠群出版社,无版期。
20. 老宣[宣永光]:《实报疯话》,北平:时报出版社,1935。
21. 《劳动界》,北京:1920。
22. 雷辑辉:《北平税捐考略》,北平:北平社会调查所,1933。
23. 李诚毅:《三十年来家国》,香港:振华出版社,1961。
24. 李大钊:《李大钊选集》,北京:人民出版社,1962。
25. 《李大钊传》,北京:人民出版社,1979。
26. 李福海:《人力车工人砸电车事件始末》,《文史资料选编》第13辑,北京:北京出版社,1982。
27. 李华编:《明清以来北京工商会馆碑刻选编》,北京:文物出版社,1980。
28. 李景汉:《北京人力车夫现状的调查》,《社会学杂志》第2卷第4期(1925年4月)。
29. 李景汉:《北平最低限度的生活程度的讨论》,《社会学界》第三期(1929年9月)。
30. 李景汉:《北京拉车的苦工》,《现代评论》第3卷第62期(1926年2月13日)。
31. 刘鉴堂:《回忆向导周刊在北京印行的经过》,载张静庐编《中国现代出版史料》,北京:中华书局,1959。
32. 刘一峰:《北京电车公司见闻回忆》,《文史资料选辑》第31辑,北京:文史资料出版社,1980。
33. 娄学熙、池泽汇、陈问咸编纂:《北平市工商业概况》,北平:北平社会局,1932。
34. 罗敬:《北京民众反段运动与国民党右派破坏阴谋》,《向导》周刊第140期(1925年12月30日)。
35. 鲁追、李和平:《旧中国北京的珐琅业及工人状况》,北京市总工会工人运动史研究组编:《北京工运史料》第1辑,北京:工人出版社,1981。

36. 马超俊:《中国劳工运动史》,台北:中国劳工福利社,1959。
37. 孟天培、甘博(Gamble,Sidney)著,李景汉译:《二十五年来北京之物价工资及生活程度》,《社会科学季刊》第4卷第1、2期(1925年10月、1926年3月)。
38. 牛鼐鄂:《北平一千二百贫户之研究》,《社会学界》第7期(1932)。
39. 彭明:《五四运动在北京》,北京:北京出版社,1979。
40. 彭泽益:《中国近代手工业史资料(1840—1949)》,北京:三联书店,1957。
41. 曲直生:《平庸集》,台北:台湾商务印书馆,1958。
42. 沈云龙:《徐世昌评传》,《传记文学》第13卷第3期(1968年9月)。
43. 《实报》,北平,日报,1928—1930。
44. 《(实用)北京指南》,上海:商务印书馆,1926。
45. 《顺天时报》,北京,日报,1919—1929。
46. 陶亢德编:《北平一顾》,上海:宇宙风社,1938。
47. 陶孟和编:《第一次中国劳动年鉴》,北平:社会调查所,1932。
48. 《第一次中国劳动年鉴》,北平:社会调查所,1928。
49. 《北平生活费之分析》,社会调查所,1930。
50. 王次凡:《农村地主与都市贫民》,《独立评论》第106期(1934)。
51. 王庆华:《高君宇同志生平事迹》,《文史资料选编》第14辑,北京:北京出版社,1982。
52. 味橄[钱歌川]:《北平夜话》,上海:中华书局有限公司,1935。
53. 魏巍、钱小惠:《邓中夏传》,北京:人民出版社,1981。
54. 吴半农:《河北省及平津两市劳资争议的分析》,《社会科学季刊》第4卷第3、4期(1929年7月、12月)。
55. 武光:《冬夜战歌(修订版)》北京:北京航空航天大学出版社,2009。
56. 《五四爱国运动》第1册,中国社会科学院近代史研究所编,北京:中国社会科学出版社,1979。
57. 西滢[陈源]:《西滢闲话》,上海:新月书店,1928(石家庄:河北教育出版社,1994)。
58. 《现代评论》,北京,周刊。
59. 肖超然:《关于北京共产党小组的建立与活动》,《文史资料选编》第11辑,北京:北京出版社,1981。
60. 叶德尊:《社会生活(北京的人力车夫)》,《新中国》第1卷第1期

(1919年9月)。

61. 《益世报》,北京,日报,1919—1929。
62. 余荣昌编,陈克明校勘:《故都变迁纪略》,北平,出版社不详,1941。
63. 于恩德:《北平工会调查》,《社会学界》第4期(1930)。
64. 乐天宇口述,赵庚奇、梁湘汉整理:《我所知道的中共北京地委早期的革命活动》,《文史资料选编》第11辑,北京:北京出版社,1981。
65. 张厚载:《人力车问题》,《新中国》第1卷第1期(1919年9月)。
66. 张铁铮:《北平粮市概况》,《社会科学杂志》第8卷第1期(1937年3月)。
67. 张友渔:《我的回忆》,《文史资料选编》第9辑,北京:北京出版社,1981。
68. 《中国歌谣》,中国民间文艺研究会编,北京:北京大学,1959。
69. 《中国国民党各省市总登记和各党员总计》,中国国民党中央执行委员会,1929。
70. 周淑娟:《周止庵(学熙)先生别传》,北平:1948。
71. 朱炳南、严仁赓:《北平之市财政》,《社会科学杂志》第5卷第4期。

二、西文文献

1. Abrikossow, Dimitrii. *Revelations of a Russian Diplomat*. Edited by George A. Lensen. Seattle: University of Washington Press, 1964.
2. Alitto, Guy S.(艾恺). *The Last Confucian: Liang Shu-ming and the Chinese Dilemma of Modernity*. Berkeley and Los Angeles: University of California Press, 1979.
3. Alitto, Guy S. "Rural Elites in Transition: China's Cultural Crisis and the Problem of Legitimacy." In Susan Mann(曼素恩), ed., *Proceedings of the Center for Far Eastern Studies Modern China Project*. Chicago: University of Chicago Center for Far Eastern Studies, 1979.
4. Benevolo, Leonardo. *The History of the City*. Translated by Geoffrey Culverwell. Cambridge: MIT Press, 1980.
5. Benjamin, Walter. *Reflections: Essays, Aphorisms, Autobiographical Writings*. Translated by Edmund Jephcott. New York: Harcourt Brace Jovanovich, 1978.
6. Berman, Marshall. *All That Is Solid Melts into Air: The*

Experience of Modernity. New York: Simon and Schuster, 1982.

7. Berman, Marshall. "Facades at Face Value." *Nation* (6 August 1977).
8. Black, John R. *Young Japan*. Vol. 2. London: Trubner, 1881.
9. Boorman, Howard L. (包华德), and Richard C. Howard. *Biographical Dictionary of Republican China*. 4 vols. New York: Columbia University Press, 1967, 1968, 1970, 1971.
10. Brecher, Jeremy. *Strike*! Boston: South End Press, 1972.
11. Bredon, Juliet(裴丽珠). *Peking*. New York: Oxford University Press, 1982.
12. Burgess, John S. *The Guilds of Peking*. New York: Columbia University Press, 1928.
13. Burgess, John S. "The Problem of Prostitution."《社会学杂志》第2卷第4期(1925年4月)
14. Bush, Richard C. (卜睿哲). *The Politics of Cotton Textiles in Kuomintang China*. New York: Garland, 1982.
15. Chesneaux, Jean(谢诺). *The Chinese Labour Movement, 1919 – 1927*. Stanford: Stanford University Press, 1968.
16. Chevalier, Louis. *Laboring Classes and Dangerous Classes*. Princeton: Princeton University Press, 1973.
17. Ch'i, Hsi-sheng(齐锡生). *Nationalist China at War*. Ann Arbor: University of Michigan Press, 1982.
18. Chi, Madeline. "Bureaucratic Capitalists in Operation: Ts'ao Ju-lin and His New Communications Clique, 1916 – 1919." *Journal of Asian Studies* 34:3 (May 1975).
19. Ch'ien Tuan-sheng(钱端升). *The Government and Politics of China, 1912 – 1949*. Stanford: Stanford University Press, 1970.
20. *China Perspectives*. St. Paul, Minn., semiannual.
21. *China Weekly Review*. Shanghai, weekly. 1918 – 1930.
22. *The China Yearbook*. Edited by H. G. W. Woodhead(伍海德). 1915 through 1926 – 1927. London: George Routledge, 1916 – 1921; Tianjin: Tientsin Press, 1921 – 1928.
23. *Chinese Economic Bulletin*. Beijing, Weekly. 1921 – 1927.
24. *Chinese Economic Monthly*. Beijing.
25. Chow Tse-tsung(周策纵). *The May Fourth Movement*:

Intellectual Revolution in Modern China. Stanford: Stanford University Press, 1967.

26. Choy, Jun Ke(蔡增基). *My China Years, 1911-1945: Practical Politics in China After the 1911 Revolution*. Hong Kong: Peninsula Press, 1974.

27. Chu Chi-ch'ien(朱启钤) and Thomas Blaisdell, Jr. *Peking Rugs and Peking Boys: A Study of the Rug Industry in Peking*. Beijing: Chinese Social and Political Science Association, 1924.

28. Clarke, Joseph I. C. *Japan at First Hand: Her Islands, Their People, the Picturesque, the Real*. New York: Dodd, Mead, 1920.

29. Cobb, Richard. *The Police and the People*. Oxford: Oxford University Press, 1970.

30. Coble, Parks(柯博文). *The Shanghai Capitalists and the Nationalist Government, 1927-1937*. Cambridge: Harvard Council of East Asian Studies, 1980.

31. Dahrendorf, Ralf. *Class and Class Conflict in Industrial Society*. Stanford: Stanford University Press, 1959.

32. Dray-Novey, Alison(崔艾莉). "Policing Imperial Peking: The Ch'ing Gendarmerie, 1650-1850." Ph. D. dissertation, Harvard University, 1981.

33. Duke, Michael. "The Urban Poor in Lao She's Pre-war Short Stories." *Phi Theta Papers* 12 (1970).

34. Duncan, Robert M. *Peiping Municipality and the Diplomatic Quarter*. Beiping: Peiyang Press, 1933.

35. Eastman, Lloyd. *The Abortive Revolution: China Under Nationalist Rule, 1927-1937*. Cambridge: Harvard University Press, 1974.

36. Eastman, Lloyd. *Seeds of Destruction: Nationalist China in War and Revolution, 1937-1949*. Stanford: Stanford University Press, 1984.

37. Eckstein, Alexander. *China's Economic Development: The Interplay of Scarcity and Ideology*. Ann Arbor: University of Michigan Press, 1975.

38. Elvin, Mark(伊懋可), and G. William Skinner(施坚雅), eds.

The Chinese City Between Two Worlds. Stanford: Stanford University Press, 1974.

39. Esherick, Joseph W. (周锡瑞). *Reform and Revolution in China: The 1911 Revolution in Hunan and Hubei*. Berkeley and Los Angeles: University of California Press, 1976.

40. Feuerwerker, Yi-tsi (费梅仪慈). "The Changing Relationship Between Literature and Life." In Merle Goldman, ed., *Modern Chinese Literature in the May Fourth Era*. Cambridge: Harvard University Press, 1977.

41. Fewsmith, Joseph(傅士卓). "From Guild to Interest Group: The Transformation of Public and Private in Late Qing China." *Comparative Studies in Society and History* 25:4 (October 1983).

42. Fewsmith, Joseph. *Party, State, and Local Elites in Republican China: Merchant Organizations and Politics in Shanghai, 1890–1930*. Honolulu: University of Hawaii Press, 1985.

43. Fischer, Emil S. *Guide to Peking and Its Environs Near and Far*. Beijing: Tientsin Press, 1925.

44. Fosdick, Raymond. *European Police Systems*. New York: Century Co., 1915.

45. Franck, Harry A. *Wandering in Northern China*. New York: Century Co., 1923.

46. Gamble, Sidney(甘博). *How Chinese Families Live in Peiping*. New York: Funk and Wagnalls, 1933.

47. Gamble, Sidney. *Peking: A Social Survey*. New York: George H. Doran, 1921.

48. Geertz, Clifford. *Negara: The Theatre-State in Nineteenth-Century Bali*. Princeton: Princeton University Press, 1980.

49. Geisert, Bradley. "Toward a Pluralist Model of KMT Rule." *Chinese Republican Studies Newsletter* 7:2 (February 1982).

50. Gilman, Richard. *Decadence: The Strange Life of an Epithet*. New York: Farrar, Straus and Giroux, 1979.

51. Girouard, Mark. *Cities and People*. New Haven: Yale University Press, 1985.

52. Goffman, Erving. *The Presentation of Self in Everyday Life*.

New York: Doubleday, 1959.

53. Gramsci, Antonio(葛兰西). *Selections from the Prison Notebooks of Antonio Gramsci.* Translated and edited by Quintin Hoare and Geoffrey N. Smith. New York: International Publishers, 1971.

54. Halliday, Jon. *A Political History of Japanese Capitalism.* New York: Pantheon, 1975.

55. Harrison, James P. *The Long March to Power: A History of the Chinese Communist Party, 1921-1972.* New York: Praeger, 1972.

56. Hershatter, Gail(贺萧). *The Workers of Tianjin, 1900-1949.* Stanford: Stanford University Press, 1986.

57. Hobsbawm, E. J. *Labouring Men: Studies in the History of Labour.* New York: Basic Books, 1964.

58. Hobsbawm, E. J. *Revolutionaries.* London: Weidenfield and Nicolson, 1973.

59. Hobsbawm, E. J. *Workers: Worlds of Labour.* New York: Pantheon, 1984.

60. Hobsbawm, E. J., and George Rude. *Captain Swing: A Social History of the Great English Agricultural Uprising of 1830.* New York: Pantheon, 1968.

61. Huang, Ray(黄仁宇). *1587: A Year of No Significance.* New Haven: Yale University Press, 1981.

62. *Industrial Labour in Japan.* International Labour Office. Geneva: P. S. King, 1933.

63. Isaacs, Harold(伊罗生). *The Tragedy of the Chinese Revolution.* Stanford: Stanford University Press, 1961.

64. Ishii Ryosuke(石井良助). *Japanese Legislation in the Meiji Era.* Translated by William J. Chambliss. Tokyo: Pan-Pacific Press, 1958.

65. Jansen, Marius B. *The Japanese and Sun Yat-sen.* Cambridge: Harvard University Press, 1967.

66. Johnson, Kinchen. *Folksongs and Children-Songs from Peiping.* Taibei: Dongfang Wenhua Shuju, 1971. (北平:商业印书局,1932)

67. Jones, Susan Mann(曼素恩). "The Organization of Trade at the County Level: Brokerage and Tax Farming in the Republican Period." In Susan Mann Jones, ed., *Political Leadership and*

Social Change at the Local Level in China from 1850 to the Present: Select Papers from the Center for Far Eastern Studies Modern China Project. Chicago: University of Chicago Center for Far Eastern Studies, 1979.

68. Jones, Susan Mann, and Philip A. Kuhn(孔飞力). "Dynastic Decline and the Roots of Rebellion." *Cambridge History of China*. Vol. 10, *Late Ch'ing*, 1800 – 1911. Edited by John K. Fairbank. New York: Cambridge University Press, 1978.

69. Kates, George. *The Years That Were Fat*. Cambridge: MIT Press, 1967.

70. Katznelson, Ira. *City Trenches: Urban Politics and the Patterning of Class in the United States*. New York: Pantheon, 1981.

71. Kotenev, A. M. (郭泰纳夫). *Shanghai: Municipality and the Chinese*. Shanghai: North-China Daily News and Herald, 1927.

72. Kung, H. O. "Tramways in Shanghai, Tientsin, and Peiping." *Far Eastern Review* (February 1937).

73. Kuczynski, Jurgen. *The Rise of the Working Class*. Translated by C. T. A. Ray. New York: McGraw-Hill, 1967.

74. LaMotte, Ellen N. *Peking Dust*. New York: Century Co., 1920.

75. Lane, Frederick. *Venice and History*. Baltimore: Johns Hopkins Press, 1966.

76. Lao She. "Black and White Li." In Wang Chi-chen(王际真), trans. and ed., *Contemporary Chinese Short Stories*. New York: Columbia University Press, 1944.

77. Lao She. *The Yellow Storm*. Translated by Ida Pruitt. New York: Harcourt, Brace, 1951.

78. Lebra, Takie Sugiyama. "Nonconfrontational Strategies for Management of Interpersonal Conflicts." In Ellis S. Krauss, Thomas P. Rohlen, and Patricia Steinhoff, eds. *Conflict in Japan*. Honolulu: University of Hawaii Press, 1984.

79. Levenson, Joseph(列文森). *Confucian China and Its Modern Fate: A Trilogy*. Berkeley and Los Angeles: University of California Press, 1968.

80. Levenson, Joseph. *Revolution and Cosmopolitanism: The Western Stage and the Chinese Stages*. Berkeley and Los Angeles:

University of California Press, 1971.
81. Lowe, H. Y. (罗信耀). *The Adventures of Wu: The Life Cycle of a Peking Man*. Vol. 2. Princeton: Princeton University Press, 1983.
82. Lyell, William A. *Lu Hsun's Vision of Reality*. Berkeley and Los Angeles: University of California Press, 1976.
83. Lynn, Jermyn (林志宏). *The Social Life of the Chinese*. Beijing: China Booksellers, 1928.
84. McCormack, Gavan. *Chang Tso-lin in Northeast China, 1911 – 1925: China, Japan, and the Manchurian Idea*. Stanford: Stanford University Press, 1977.
85. McKay, John P. *Tramways and Trolleys: The Rise of Urban Mass Transport in Europe*. Princeton: Princeton University Press, 1976.
86. MacKinnon, Stephen R. (麦金农). *Power and Politics in Late Imperial China: Yuan Shi-kai in Beijing and Tianjin, 1901 – 1908*. Berkeley and Los Angeles: University of California Press, 1980.
87. MacMurray, John V. A. (马慕瑞), ed. and comp. *Treaties and Agreements with and Concerning China, 1894 – 1919*. Vol. 2. New York: Oxford University Press, 1921.
88. Mann, Susan (曼素恩). *Local Merchants and the Chinese Bureaucracy, 1750 – 1950*. Stanford: Stanford University Press, 1987.
89. Metzger, Thomas (墨子刻). *Escape from Predicament: Neo-Confucianism and China's Evolving Political Culture*. New York: Columbia University Press, 1977.
90. *Millard's Review* (see *China Weekly Review*).
91. Mitsufumi Tsuchida. "Rickshaw." *Kodansha Encyclopedia of Japan*. Vol. 6. Tokyo: Kodansha, 1983.
92. Muir, William Ker, Jr. *Police: Streetcorner Politicians*. Chicago: University of Chicago Press, 1979.
93. Nagano Akira (长野朗). *Development of Capitalism in China*. Tokyo: Japan Council of the Institute of Pacific Relations, 1931.
94. Naito Konan (内藤湖南). "Naito Konan and the Development of the Conception of Modernity in Chinese History." Translated and

edited by Joshua A. Fogel. *Chinese Studies in History* 17: I (Fall 1983).

95. Nathan, Andrew J. (黎安友). *Chinese Democracy*. New York: Knopf, 1985.

96. Nathan, Andrew J. *Peking Politics, 1918–1923: Factionalism and the Failure of Constitutionalism*. Berkeley and Los Angeles: University of California Press, 1976.

97. Nelson, Joan. *Access to Power: Politics and the Urban Poor in Developing Nations*. Princeton: Princeton University Press, 1979.

98. *New York Times*. New York, daily. 1900–1930.

99. Niida Noboru(仁井田陞). "The Industrial and Commercial Guilds of Peking and Religion and Fellow Countrymanship and Elements of Their Coherence." *Folklore Studies* (1950).

100. *The North-China Herald and Supreme Court and Consular Gazette*. Shanghai, Weekly. 1900–1930.

101. *North China Standard*. Beijing, daily. 1919–1929.

102. Oberschall, Anthony. *Social Conflict and Social Movements*. Englewood Cliffs, N. J.: Prentice-Hall, 1973.

103. *Peking Leader*. Beijing, Daily. 1919, 1926, 1928–1929.

104. Perckhammer, Heinz v. *Peking*. Berlin: Albertus-Verlag, 1928.

105. Perlman, Janice. *The Myth of Marginality: Urban Poverty and Politics in Rio de Janeiro*. Berkeley and Los Angeles: University of California Press, 1976.

106. Pu Yi, Henry(溥仪). *The Last Manchu: The Autobiography of Henry Pu Yi, Last Emperor of China*. Edited by Paul Kramer. New York: G. P. Putnam's Sons, 1967.

107. Quennell, Peter. *A Superficial Journey Through Tokyo and Peking*. London: Faber and Faber, 1934.

108. Rankin, Mary (冉玫烁). *Elite Activism and Political Transformation in China: Zhejiang Province, 1865–1911*. Stanford: Stanford University Press, 1986.

109. Remer, C. F. (雷麦). *Foreign Investments in China*. New York: Macmillan, 1933.

110. Rowe, William T. (罗威廉). *An Early Modern Chinese City: Conflict and Community in Nineteenth-Century Hankow*.

Stanford: Stanford University Press. Forthcoming.
111. Rowe, William T. *Hankow: Commerce and Society in a Chinese City, 1796 - 1889*. Stanford: Stanford University Press, 1984.
112. Sennett, Richard. *The Fall of Public Man*. New York: Knopf, 1977.
113. Shaffer, Lynda. "Mao Zedong and the October 1922 Changsha Construction Workers' Strike." *Modern China* 4:4 (October 1978).
114. Sheridan, James (薛立敦). *China in Disintegration: The Republican Era in Chinese History, 1912 - 1949*. New York: Free Press, 1975.
115. Sheridan, James. *Chinese Warlord: The Career of Feng Yü-hsiang*. Stanford: Stanford University Press, 1966.
116. Silver, Allan. "The Demand for Order in Civil Society: A Review of Some Themes in the History of Urban Crime, Police, and Riot." In David J. Bordua, ed., *The Police: Six Sociological Essays*. New York: Free Press, 1967.
117. Simmel, Georg. *Conflict and the Web of Group-Affiliations*. New York: Free Press, 1955.
118. Simpson, Bertram L. (辛博森). *Indiscreet Letters from Peking*. New York: Dodd, Mead, 1907.
119. Siren, Oswald (喜仁龙). *The Walls and Gates of Peking*. London: Lane, 1924.
120. Skinner, G. William(施坚雅). "Chinese Peasants and the Closed Community: An Open and Shut Case." *Comparative Studies in Society and History* 13:3 (1971).
121. Skinner, G. William, ed. *The City in Late Imperial China*. Stanford: Stanford University Press, 1977.
122. Smith, Henry D. "Tokyo as an Idea: An Exploration of Japanese Urban Thought Until 1945." *Journal of Japanese Studies* 4:1 (Winter 1978).
123. Spence, Jonathan(史景迁). *The Gate of Heavenly Peace: The Chinese and Their Revolution*. New York: Viking, 1981.
124. Stauffer, Milton T. (司德敏), ed. *The Christian Occupation of China*. Shanghai: China Continuation Committee, 1922.

125. Stead, Philip J. "The New Police." In David Bayley, ed., *Police and Society*. Beverly Hills: Sage, 1977.

126. Stearns, Peter, and Daniel J. Walkowitz, eds. *Workers in the Industrial Revolution: Recent Studies of Labor in the United States and Europe*. New Brunswick, N. J.: Transaction Books, 1974.

127. Su Ru-chiang. "*Birth Control in China.*" Ph. D. dissertation, University of Chicago, 1946.

128. Suleski, Ronald (薛龙). "The Rise and Fall of the Fengtien Dollar, 1917 – 1928: Currency Reform in Warlord China." *Modern Asian Studies* (1979).

129. Tan Shih-hua (邓惜华). *A Chinese Testament. As told to S. Tretiakov*. New York: Simon and Schuster, 1934.

130. T'ao, L. K. (陶孟和). *Livelihood in Peking: An Analysis of the Budgets of Sixty Families*. Beijing: China Foundation for the Promotion of Education and Culture, 1928.

131. T'ao, L. K. "Unemployment Among Intellectual Workers in China." *Chinese Social and Political Science Review* 13:3 (July 1929).

132. Thompson, E. P. "The Crime of Anonymity." In Douglas Hay, Peter Linebaugh, E. P. Thompson, and Cal Winslow, eds., *Albion's Fatal Tree: Crime and Society in Eighteenth Century England*. New York: Pantheon, 1975.

133. Thompson, E. P. *The Making of the English Working Class*. New York: Vintage, 1966.

134. Thompson, E. P. "The Moral Economy of the English Crowd in the Eighteenth Century." *Past and Present* 50 (1971).

135. Tien Hung-mao (田弘茂). *Government and Politics in Kuomintang China, 1927 – 1937*. Stanford University Press, 1972.

136. Tilly, Charles. "Food Supply and Public Order in Modern Europe." In Charles Tilly, ed., *The Formation of National States in Western Europe*. Princeton: Princeton University Press, 1975.

137. Tilly, Charles. *From Mobilization to Revolution*. Menlo Park,

Calif.: Addison-Wesley, 1978.

138. Tong, Y. L. "Social Conditions and Social Service Endeavor in Peking." *Chinese Social and Political Science Review* 7: 3 (1923).

139. Tso Shi-kan [Sheldon]. (祝世康). *The Labor Movement in Peking.* Shanghai: n. p., 1928.

140. Vishnyakova-Akimova, Vera. *Two Years in Revolutionary China, 1925-1927.* Translated by Stephen Levine. Cambridge: Harvard University East Asian Research Center, 1971.

141. Vohra, Ranbir. *Lao She and the Chinese Revolution.* Cambridge: Harvard East Asian Research Center, 1974.

142. Wakeman, Frederic, Jr. (魏斐德). *The Fall of Imperial China.* New York: Free Press, 1975.

143. Wakeman, Frederic, Jr., and Carolyn Grant, eds. *Conflict and Control in Late Imperial China.* Berkeley and Los Angeles: University of California Press, 1975.

144. Wang Chi-chen (王际真), ed. and trans. *Contemporary Chinese Short Stories.* New York: Columbia University Press, 1944.

145. Warner, Sam B. *Streetcar Suburbs: The Process of Growth in Boston, 1870-1900.* Cambridge: Harvard University Press, 1962.

146. Weiner, Richard R. *Cultural Marxism and Political Sociology.* Beverly Hills: Sage, 1981.

147. Werner, Edward T. C. *Autumn Leaves: An Autobiography with a Sheaf of Papers, Sociological, Philosophical, and Metaphysical.* Shanghai: Kelly and Walsh, 1928.

148. *Who's Who in China: Biographies of Chinese Leaders.* Shanghai: China Weekly Review Press, 1925.

149. Whyte, Martin K. (怀默霆) and William L. Parish (白威廉). *Urban Life in Contemporary China.* Chicago: University of Chicago Press, 1984.

150. Wilbur, C. Martin (韦慕庭). "Military Separatism and the Process of Reunification Under the Nationalist Regime, 1922-1937." In Ping-ti Ho (何炳棣) and Tang Tsou (邹谠), eds., *China in Crisis,* vol. 1. Chicago: University of Chicago

Press, 1968.

151. Wilbur, C. Martin. "The Nationalist Revolution: FromCanton to Nanking, 1923‐1928." *Cambridge History of China*. Vol. 12, *Republican China, 1912‐1949*, part 1. New York: Cambridge University Press, 1983.

152. Wilbur, C. Martin, and Julie Lien-ying How(夏连荫). *Documents on Communism, Nationalism, and Soviet Advisers in China, 1918‐1928*. New York: Columbia University Press, 1956.

153. Wright, Erik Olin. *Class, Crisis, and the State*. London: NLB, 1978.

154. Wright, Mary(芮玛丽), ed. *China in Revolution: The First Phase, 1900‐1913*. New Haven: Yale University Press, 1968.

155. Wu Wo-yao(吴沃尧). "A Bannerman at the Teahouse." Translated by Gloria Bien. *Renditions: A Chinese-English Translation Magazine* 4 (Spring 1975).

156. Yates, Douglas. *The Ungovernable City: The Politics of Urban Problems and Policy Making*. Cambridge: MIT Press, 1977.

157. Yee, Frank Ki Chun(余秀豪). "The Police in Modern China." Ph. D. dissertation, University of California, Los Angeles, 1942.

158. Yen Ching-yueh(严景耀). "Crime in Relation to Social Change in China." Ph. D. dissertation, University of Chicago, 1934.

159. Yen Hui-ching(颜惠卿). *East-West Kaleidoscope, 1877‐1946*. New York: St. John's University Press, 1974.

160. Young, Ernest(杨格). *The Presidency of Yuan Shih-k'ai: Liberalism and Dictatorship in Early Republican China*. Ann Arbor: University of Michigan Press, 1976.

三、日文文献

1. 《现代中华民国满洲帝国人名鉴》,东京:外务省情报部,1923。
2. 《现代支那之记录》,波多野乾一编,月刊,1924—1929。
3. 服部宇之吉:《北京笼城日记》,东京:平凡社,1965。
4. 《现代支那人名鉴》,东京:外务省情报部,1928。
5. 今崛诚二:《北京市民的自治构成》,东京:文求堂,1947。
6. 北京における电车暴动事件,《外事警察报》第89期(1929年11月)。

7. 《北京案内记》,东京:新民印书馆,1940。
8. 吉川幸次郎:《中国的警察》,《吉川幸次郎全集》第16卷,东京:筑摩书房,1974(吉川幸次郎著、钱婉约译:《我的留学记》,中华书局,2008)。
9. 《座談会「六十年の思い出」——矢野仁一博士を囲んで》,〔出席〕矢野仁一、宫崎市定、萩原淳平,《东方学》第28辑(1964年7月)。
10. 葛生能久:《东亚先觉志士记传》,第2册,东京:黑龙会出版部,1935。

索引

Agricultural University, 186
An Disheng: arrest, trial, and exoneration of, 107–112; attempted comeback by, 114–118; background and career of, 103–104; political views of, 105, 111–112, 128; serves as chamber of commerce president, 102–108, 226
Anfu clique, 108, 111, 236
Architecture: balance between monumental and vernacular, 1, 2, 76 fig. 11; commercial, 49, 106 fig. 13; concealment and protection provided by, 56, 88, 94, 214; courtyard style of, 43, 45; decay and renovation in, 3–4, 16, 140 fig. 15, 287–288; monumental, xi, 1, 4, 26–27, 174 fig. 20
Archivists, 270
Assassination, 69, 157
Automobiles, 5, 28, 34, 56

"Band-of-brothers" mentality, 138, 152
Bank of China, 100, 104, 108, 114
Bank of Communications, 100, 104, 108, 113, 114
Bank runs and panics, 114, 200
Bankers, 108, 109, 113–114, 123–124, 215. *See also* Zhou Zuomin
Bankers association, 95, 210–211, 217
Bannermen: déclassé character and poverty of, 13, 31, 109, 200; Manchu ethnicity and, 13, 170, 180; native to Beijing, 13, 84; number of, 13; occupations of, 13, 30–31, 60, 69, 73; prejudice against, 10, 13; role in policing imperial capital, 66
Banque Industrielle de Chine (BIC), 123–126

Bathhouses, 119, 169, 230
Beggars, 29, 32, 93, 205
Beijing: administrative status, 66, 223–224; as a "walking city," 26; bureaucratic and political aura of, 12, 15, 137, 147; character of residents of, 12, 14, 15, 137, 148, 164, 285; compared to Paris, 286, 291; compared to treaty ports, 5; economy, 16–17, 31, 143; loss of status as capital, 10–12, 223–224, 258; population, 13, 206, 297n.37; renamed Beiping, 10; reputation for decadence, 10–11, 14, 15–16, 20, 148, 226–227; transitional nature of, 5, 6, 7 fig. 4
Beijing University, 47, 143, 146, 180, 182, 186, 193, 194
Benjamin, Walter, 138
Bergère, Marie-Claire, 100
Berman, Marshall, 5
Birth control, 171
Boycotts: anti-foreign, 105, 175–176, 185, 188; of taxes, 130
Boxer uprising, 24–25, 67, 69, 194, 200
Brothels, 55, 60, 110, 117, 131, 169–170
Buddhists, 150–151, 236, 264, 266, 271, 275, 279
Buses, 27, 243–244, 250

"Cadredom," 97, 191, 289, 293
Cadres, political: extremism, 193, 195, 281–282; dependence on patrons, 191, 225; leadership of mass movements, 182, 223, 224–227; moderation, 232; quest for a popular constituency, 143, 191. *See also* Communist party; Nationalist party

353

Cao Kun, 15, 284
Cao Rulin, 108, 174
Central government (Beijing): decline and demoralization, 12, 198–199, 212; discontent within officialdom, 69, 170–171; failure to pay employees, 12, 32–33, 170–171; financial weakness, 124, 125; Ministry of Finance, 102, 109, 114; Ministry of Interior, 101, 179
Central government (Nanjing), 218, 219–220, 222, 290
Central Park (Sun Yat-sen Park), 119; role in public life, 169, 169 fig. 19; site of political rallies, 10, 174–175, 182, 229
Chamber of commerce: community leadership role, 98–99, 107, 115, 131, 203–204, 218; dependence on state, 100, 102, 109, 111, 119; elections, 105–106, 114–115, 116–117, 119, 131; in other cities, 100, 101; internal politics, 109–110, 111–112, 118, 120, 237; membership profile, 105, 119; mix of modern and traditional elements, 121; and 1911 loan controversy, 101–102, 108–109, origins, 99–101; role in anti-government politics, 104–105, 184–185; shop tax collection controversy, 218–220; support for police, 95, 210; and warlords, 205, 217, 218
Changxindian, 146–147, 191
Chen Guofu, 238
Chen Zixiu, 268, 270, 271, 277
Chesneaux, Jean, 61, 148, 162
Chevalier, Louis, 291
Chiang Kai-shek: as leader of Northern Expedition, 9, 217, 219, 222–224; support for rightists, 238; visits to city by, 11, 229, 246
Circular telegrams, 11, 111, 182–183, 228, 238 239
Citizen assemblies, 177–178
Communications clique, 113
Communist party: dependent on political patrons, 147, 148, 191; mobilizes city residents, 145–148, 165–166, 191–195; opposition to, 10, 192, 196; persecution of, 195, 222, 224; perspective on Nationalist successes, 40; and post-1949 urban politics, 293. *See also* Deng Zhongxia; Li Dazhao; Wu Guang
Confucianism, 36; modern relevance of, 77, 83, 90–91, 97, 128, 283

Confucius University, 186
Crime, 204, 206. *See also* Police
Cultural Revolution, 293
Currency fluctuations and instability, 62, 104, 114, 149, 203

Dahrendorf, Ralf, 324n.7
Degree-holders (gentry), 100, 103–104, 171, 181, 285
Demonstrations: Buddhist, 264; farmer, 262–263; merchant, 220; police, 95; by public at large, 171–172, 177–178, 229–230, 233–234, 265–267; student, 92–93; worker, 132, 186, 232, 234, 236, 243, 264–265. *See also* March Eighteenth Incident; May Fourth Movement; May Thirtieth Movement
Deng Yuan, 127, 130
Deng Zhongxia, 143–144, 146, 191
Ding Weifen, 225–226, 238
Dragon boat festival, 187, 216
Dray-Novey, Alison, 66
Duan Hongye, 132
Duan Qirui, 225, 227; and March Eighteenth Incident, 194–195; and streetcar controversy, 132–133, 135; tenure in office in Beijing, 183, 192, 207

Factory owners, federation of, 230
Farmers: join urban labor force, 29–30; organize militia, 199; protests by, 262–263; sell produce in city, 104, 199, 262–263; view of urban life, 29–30, 51–52
Fatuan. *See* Professional associations
Feng Yuxiang, 132, 194, 199, 200, 202–203, 206–207, 209, 211, 215, 217, 222; support for leftists, 191–192
Fewsmith, Joseph, 219
Fire brigades (*shuihui*), 66, 88, 97, 128
Forbidden City, 1, 6, 16, 27

Gamble, Sidney, 72
Geertz, Clifford, 285
Goffman, Erving, 83
Government. *See* Central government; Municipal government; Police
Gramsci, Antonio, 288–289
Grand Alliance faction, 225–226, 239
Guildhalls, 170, 171, 175, 208, 224
Guilds, 154–155, 244
Guilds, craft, 62–63, 167; continued vitality of, 148, 152, 165, 253; factionalism within, 152, 154, 157, 158; internal organization of, 149, 158,

163; obstacles to organizing, 153, 154; political role of, 187; provision of social services by, 162–163
Guilds, examination, 167
Guilds, merchant, 63, 104, 167, 203; opposition to taxes by, 62, 218; provision of social services by, 156; role played in chamber of commerce by, 101, 105, 109, 112–113, 119

Hammond, J. L. and Barbara, 36
Hershatter, Gail, 148, 165
The Historical Records, 78
Hobsbawm, Eric, 256, 273
Hu Hanmin, 238
Hu Shi, 171, 180
Hu Weide, 207
Huang Gongdu, 57, 65, 251

Intellectuals: attitude toward rickshaw pulling, 33–37; criticism of police by, 87, 92; relations with workers, 146
Iron Mountain Temple, 236, 264, 266, 271, 275, 279

Jincheng (Kincheng) Banking Corporation, 113, 126–127

Kates, George, 63
Katznelson, Ira, 18, 289
Kawashima Naniwa, 67–69
Kuczynski, Jurgen, 142
Kuhn, Philip, 95, 180

Labor unions: conflicts with other groups, 229–230, 264; factionalism within, 166, 234–238, 246, 265–273, 278–279; founding of, 146, 227–228, 241; guild-like nature of, 166; leadership of, 165, 143–148, 225, 227–229, 232–233, 237; purge of, 232, 234–235, 265; repression of, 229; tactics used by, 165, 228, 231–232, 235; view of by workers, 252–254
Labor unions, federation of (FTU): attacked by Yan Xishan, 228–229; grows in power, 232–234, 237; leads labor movement, 231–232, 241, 246, 248; membership profile of, 227–228; political role of, 238–239; turmoil within, 234–238, 239–240, 259, 265–273, 276–277, 278–279; worker interests represented by, 242, 244–245, 249–250
Lane, Frederick, 216
Lao She, 31, 54, 69, 73, 81, 214; "Black and White Li," 281–282; *Camel Xiangzi*, 22–23, 29, 38, 39, 41–42, 43, 45, 48, 50, 55, 58, 63–64, 199, 241; criticism of Republican society, 281–282; *My Life*, 69, 73; use of rickshaw in works by, 21–23, 45
Legal proceedings: lawsuits, 86, 94, 104, 139, 157, 160, 279; trials, 111, 236–237, 277–278
Legation Quarter, 2 fig. 1, 8, 27, 67, 174 fig. 20, 183; as host to banks and businesses, 101; as refuge for wealth and the wealthy, 205, 206, 208–209; and Soviet legation, 60, 195; as target of protests, 174, 183
Leng Jiayi, 218, 220, 233
Li Chengyi, 1
Li Dasan, 132–133
Li Dazhao, 191, 222; as labor organizer, 143, 147, 165; as participant in the March Eighteenth Incident, 194–195; proposes municipal reform plan, 93, 124–125, 128
Li Hanming, 263, 266, 268
Li Jinghan, 21, 30
Li Lesan: as manager and mediator, 232–233; as mass organizer, 226, 227, 228, 230; purged by Nanjing, 238
Li Pinxian, 10
Liu Yifeng, 126, 133, 137
Liulichang Normal University, 193
Locality (native place) clubs, 170, 171
Locality ties, 31; and communal solidarity, 110, 154–155; as a political resource, 116, 225–226
Lu Zhonglin, 203, 209, 210, 213, 215
Luddism. *See* Machine-breaking

Machine-breaking, 129, 155, 159, 189, 246, 254, 256, 283
McKay, John, 122
Magistrates, 66, 70
Manchus. *See* Bannermen
Mann, Susan, 100
Mao Zedong, 145, 286
March Eighteenth Incident (1926), xii, 194–195, 230
Marriage, 45, 84–87, 161, 206–207
Marxism, 145, 147
May Day rallies, 146–147, 196
May Fourth Movement: citizen participation in, 173, 175, 177–178; merchant support for, 105, 108; political legacy of, xi–xii, 36, 61, 92, 167, 191, 222, 243; student role in, 173–177, worker participation in, 146

355

May Thirtieth Movement, 167, 182–191, 192, 222, 226, 243
Mayors, 224, 243
Mediation: buffering role of, 272, 280, 292; in labor disputes, 62, 152, 154, 161, 189, 224, 232, 233, 234, 244, 248, 249, 272; performed by local elites, 132–134, 135, 198, 214, 216, 289–290, 292; spontaneous attempts at, 14–15, 53, 60–61, 157, 160
Merchants: bathhouse proprietors, 230; brothel managers, 110, 117; coal dealers, 204; conflicts with warlords, 205; hotel- and innkeepers, 10, 218; jewelers, 104, 110, 115; night soil yard owners, 156–157, 160–161; pawnbrokers, 203; shop as domain, 106, 106 fig. 13; vegetable brokers, 262–263; political outlook of, 100, 102, 105, 111, 118, 127, 131, 175–176; tradition of self-regulation and activism, 100, 168; and water well owners, 154–155
Merchants union, 219–220
Metzger, Thomas, 83
Militia: merchant, 88–89, 205, 206, 209, 263, 267; proposed citywide, 207–208; worker, 230, 234, 236, 244, 269
Monarchy, xiii, 8–9, 17, 200, 286
Moral economy, 129, 256–257, 283
Morgue, proposed, 180
Mote, Frederick, 167
Municipal government, 115, 179, 180; police as surrogate for, 66, 72, 99; reformed by Nationalists, 224
Museums and "museumification," 270, 288

Nanyang Brothers Tobacco Company, 26, 119, 284
Nationalism, 105, 126, 175–177, 183, 184 fig. 22, 190 fig. 23, 193, 257; instrumental use of, 188–190, 196
Nationalist party: criticism of old capital, 10–12, 226–227; factionalism, 192, 193, 225, 238–240, 265–266, 278; mass organizations, 219, 223, 227, 233, 262, 270, 272; mobilization of city residents, 166, 185, 186, 212–220, 224–225, 228, 229–230; popular image, 192, 220, 226–227, 258; purges, 239–240; recruitment, 166, 226; relationship with Nationalist government, 223; revolutionary agenda, 220–221, 226–227, 234, 251, 280; united front with Communists, 191. *See also* Li Lesan; Zhang Yinqing

Native-place ties. *See* Locality ties
Neighborhood: antagonism toward streetcars, 126, 139; perspectives on social order, 128
New Policies, 67–68, 99, 104
Newspapers, 56, 200, 231, 232, 268; political role of, 109–110, 165, 168–169, 192
1911 Revolution, 8, 13, 52, 99, 101, 123
Northern Expedition, 9, 217–219, 222, 224, 229, 237, 243

Opera, 14, 57, 79, 90, 257
Opium, 40, 84, 108, 111

Parliament, 8, 212
Paternalism and patriarchy, 87–88, 287; between employers and employees, 48, 63, 152, 162; on part of local elites, 242; on part of police, 71, 81
Patron-client ties, 148, 152, 160–161, 162; in the workplace, 49, 143
Peace Preservation Society (PPA), 9, 203–205, 207–210, 212–216, 217, 218
Peel, Robert, 70, 89
People's livelihood (*minsheng*), 128–129, 256–257, 283
Police: academy, 67, 74; arrests and detention by, 51, 53, 57, 74; as "street-level bureaucrats," 91; attempts to cope with public disturbances, 161, 189, 204–205, 210, 264, 274, 276; budget and revenue base, 62, 95–96, 224; compared with police in Europe and the United States, 72, 89–91; competition with non-governmental rivals, 88–89, 181, 244–245, 263, 274; conflict with local magistrates, 70; corruption, 80, 81; disputes with residents, 14, 55–56, 80, 92, 171–172, 247; effectiveness and professionalism, 70, 71–72, 90, 95, 248; European influence on, 68–69; income and living standard of, 72, 80, 96; Japanese influence on, 67–69, 73, 183; judicial powers of, 70, 73–74, 78, 92; laws and regulations, 54, 79, 92, 171, 183; local political role of, 109, 114, 130–134; *Metropolitan Police Gazette* published by, 52, 85; moral showmanship of, 83, 85–86, 89; negative image of, 71; and old gendarmerie, 66, 68, 71; origins and early growth of, 69; pattern of deployment of, 72–73, 75 fig. 10, 76 fig. 11, 81; repression and brutality, 82, 92, 145, 146, 152, 171–172, 175, 177,

192; response to family violence, 86–87; responsiveness to citizen requests for help, 51, 53, 93–94, 109, 134–135, 157, 243; role as mediator and buffer, 74, 78–79, 80–81, 94; social background and status, 55, 69, 73, 80; stress on surveillance and crime prevention, 76–77, 84–85; tasks and functions of, 3, 43, 71, 224; welfare services, 42, 43, 52, 109, 204
Politicians. *See* Cadres
Poor-factories, 129–131, 134, 242, 251, 264, 269, 291
Poor people: attitudes of, 264; condition of, 42–43, 45–46, 203; death of by starvation and exposure, 43, 210; elite and community response to, 128, 204–205, 206; linked to crime, 206; number and spatial distribution of, 28, 45–46, 205
Popular culture, 54, 57, 90–91, 257
Preindustrial economy, 143; public dimension of, 49–50
Professional associations *(fatuan)*: administrative role, 232; origin in late Qing, 18, 101; relationship to state, 94, 102, 209, 286; representative function of, 99, 178; right to participate in public discussion, 171, 177, 186; role in city politics, 19, 99, 173, 181, 221, 223, 233
Public sphere: and boundaries between official and private realms, 87–88, 99, 168, 172, 181; comparisons with the West, 168, 179, 196; consensual dimension, 195, 289; corporate structure, 17, 131, 175, 185, 186, 190, 192, 196–197, 224, 233, 237; definition of, 168; group formation and activity, 126, 131, 170, 178, 179–181, 203, 216, 227, 249; legal and ideological basis of, 168; political permissibility, 92, 171, 175, 178, 222–223; and public interest, 131, 180; and public opinion, 126, 129, 131, 168, 183; role of citizens, 167, 172; roots in tradition, 167, 290–291; social communications, 168–170; spatial dimensions, 63–64, 168, 178, 187–188; and Tianan Gate as civic monument, 172, 174 fig. 20, 185, 221

Qing reformers, 2–3, 25–26, 67–68, 95, 99–101, 104, 123
Qu Zhisheng, 42

Railways, 203–204, 218
Republican politics: centerless nature of, 17, 65, 118, 212, 216, 243, 282, 284–285; displaced political development during, 286; pluralism of, 18, 98–99, 223; and social basis of regimes, 289–290
Republican University, 183
Reorganizationists, 238
Resignation, the politics of, 112, 131, 157, 209
Restaurants, 116–117, 169–170
Revolution, 220–221, 226–227, 253, 257–258, 288, 293
Rickshaw men: city life from perspective of, 23, 57; cultural attainments of, 57; communal ties among, 58–61, 261–262; engaged in union activities, 143–144, 196, 225, 227, 240, 241–242, 243, 246, 247, 249, 252–253, 259, 269, 270–272; and garage owners, 46, 47, 48, 61–63; income and living standards of, 29, 38, 42, 43; in Japan, 41, 61; in Korea, 61; in other Chinese cities, 21, 26, 30, 61; numbers of, 21, 26; opposed to streetcar, 125–126, 132–133, 143, 240, 246–247, 250, 274–276; political controversy over the fate of, 124, 127, 129, 131–132, 133–134, 243, 245, 273–274; political sentiments of, 56, 61, 64, 65–66, 177, 241, 249, 250, 255, 257–261, 273–275, 283; popular image of, 52, 56–57, 64, 261; physical demands on, 35, 39–41, 261; and police, 53–56, 57, 65–66, 77–80, 82, 244–245, 247–248; protests by, 61, 62, 125–126, 186, 243–251; quarrels with passengers, 50–53, 60, 261–262; social background and identity of, 29–34, 238, 241, 255, 274; status differences among, 41–42, 50, 58
Rickshaws: as modern machines, 20, 24, 25; as public spectacle, 20, 21; as symbols, 21, 28, 33–34, 35, 36–37, 38, 61; as popular means of conveyance, 26–27, 39 fig. 6; compete with streetcars, 135–137; early opposition to, 24, 25–26; guild for owners of, 62–63, 131, 242, 245; introduced to Beijing, 24–26; invention of, 23–24; and social status, 27–28, 50
Riot: and insurrection, 89, 280; streetcar, 242, 267–283; troop, 102, 109, 200
Rowe, William, 100
Rude, George, 256

357

Salt Industrial Bank, 126–127
Sanger, Margaret, 171
Self-government, 115, 126, 130–131, 178–181, 203, 208
Shao Piaoping, 213–214
Shop guarantee (*pubao*), 46–47
Silver, Allan, 89
Smith, Henry, 320n.90
Social movements, 172, 196–197, 250–251, 255
Social research and surveys, 21, 42, 251–261
Social stratification, 28, 56, 137; and class consciousness, 142–143; and consciousness of status, 164, 237–238, 248, 267, 270–271; and diet, 29–30; and dress, 7 fig. 4, 27, 35 fig. 5, 50, 39 fig. 6, 151 fig. 17, 173; and entertainment, 57–58; effect on social relations, 50, 55, 138
Soldiers, 50, 137–138, 142, 161, 206, 211, 229–230, 261–262. See also Warlordism
Soup kitchens, 43, 45, 204–205, 206, 210
Stearns, Peter, 164
Streetcars: 27, 142; company repression of workers, 165; compensation scheme for rickshaw men, 129–131, 133–134, 242, 274; development in Beijing, 125–127; French influence on, 123; impact on city life, 134–141, 263; impetus for development of, 3–4, 6, 123; "night car" promotion, 245–247; opposition to, 122, 125, 127–133, 139–140, 180, 250, 273–276; and politicized management structure, 126–127, 137; unprofitability of, 137; viewed in comparative perspective, 121–122, 136, 273
Streets: and alleyways, 2, 4 fig. 3, 24; as arenas of social conflict, 63–64, 251; and modern avenues, 3, 3 fig. 2, 4–5, 25–26, 140 fig. 15; poor condition of, 24, 27, 51
Strikes: carpenter and mason, 150; matweaver, 159; night-soil carrier, 166; police, 95; printer, 165; rail, 147; shoemaker, 152; streetcar worker, 142, 165; textile worker, 151 fig. 17
Student organizations, 177, 183, 186
Students, 182, 212; activism among, 181, 225–226; in conflict with police, 92–93, 173–174, 177, 182–183, 193; lead protests, 173–177, 176 fig. 21, 182–185, 184 fig. 22, 193
Su, Prince, 67

Suicide, 42, 52, 53, 213
Sun Baoji, 207
Sun Chuanfang, 201 fig. 24
Sun Xueshi: background and career of, 116–117; opposition to streetcar company by, 127–133; president of chamber of commerce, 116–119, 180, 184–185, 203, 207, 208–209, 215, 218, 220, 221, 226, 242, 279; skill as politician, 117–118
Sun Yat-sen, 132, 225; death and temporary internment in Beijing, 9, 192; plans for memorial statue of, 11; political legacy of, 11, 65, 193, 219, 230, 231, 266. See also Three People's Principles

Tao Menghe, 32, 45
Tawney, R. H., 213
Taxes, 95–96, 130, 210, 218; as cause of protests, 62, 114, 243, 262–263
Teachers, 33, 180
Teahouses, 58, 183; and labor recruitment, 32; and politics, 145, 154, 155, 165, 172, 180, 196
Telephones, 168
Temples: and labor politics, 151–152, 153, 236; controversy over use of, 264, 266; poor-factories located in, 130
Three People's Principles, 65, 253–254, 259, 282–283
Tradition, contemporary relevance of, 128–129, 148, 177, 283. See also Confucianism
Transportation, 24, 27; as part of household budgets, 26
Twenty-One Demands, 175

Urban social order: corporate structure of, 244–245; "fortified" nature of, 18, 289; strategies used to maintain, 204

Violence: against officials and the police, 69, 172, 193; and labor politics, 48–49, 87, 154, 156–157, 159, 161, 164, 236, 244, 245, 247, 268, 275–276; and student politics, 174, 193; and urban life, 60, 82, 85, 160–161, 193, 291; official and state, 82, 193, 194–195, 232

Wang Bochao, 269, 273
Wang Jingwei, 238–239
Wang Shizhen, 127, 128, 207, 209, 215, 218
Wang Wendian, 119–220, 284

Warlordism, 17, 199, 220; cyclical nature of, 199, 201–203, 208, 217–218, 222–224, 246; defenses against, 18, 203–205, 207–208, 209, 211, 213–214, 217; economic impact of, 200, 206, 212–213; extortion and protection costs under, 205, 209, 210, 214–220; and local politics, 147; political repression resulting from, 147–148, 213–214, 222, 225, 228–229; refugees from, 199–206, 210, 211–212; and urban consciousness, 199–200, 211
Water trade, 153, 188
Waterworks, 101, 153–154, 188–189
Winter defense (*dongfang*), 204, 210
Women: ambivalence toward rickshaw travel, 25; participation in politics by, 171, 227, 229; and police, 84–87; as rickshaw pullers, 31; sexual harassment of, 93, 229–230; streetcars reserved for, 137; and warfare, 206–207, 211; workers, 93–94, 161, 231
Workers, categories of: barbers, 227, 230; butchers, 163; camel drivers, 227; carpet, 159–160, 163, 232; carriage drivers, 271; cloisonné, 158; coffin makers, 158; construction (painters, carpenters and masons), 149–150, 187; electric-light, 186, 228, 231, 234–235, 237, 270–271; grain-milling, 154; ink makers, 152–153; iron, 162; mat-weavers, 159, 162; match, 162, 231; military uniform and tent makers, 161–162; newspaper deliverers, 166, 225, 228, 232; night-soil carriers, 156, 157, 160–161, 225, 227, 231, 235, 238, 271; noodle-and-dumpling makers, 158; papermakers, 158; postal, 166, 228, 229, 230, 270–271; printers, 145, 165, 172, 186–187, 225, 231, 232; railway, 146, 147, 191; road construction, 240, 264–265, 268; sewer-and-drain cleaners, 240; shoemakers, 152, 157; storytellers, 152; street sweepers, 227, 240; streetcar, 138–139, 142, 165, 228, 229–230, 235–237, 245, 246, 264–265, 266, 268, 270–271, 276, 279; telephone, 229, 267, 269, 270–271; textile, 151 fig. 17; vegetable oil, 162; vegetable peddlers, 267; water carriers, 153, 188–190, 196, 225, 228, 235; waterworks, 186, 189. *See also* Rickshaw men
Workers, issues of: anonymous demands, 165; apprenticeship, 31–32, 49, 87,
159, 162, 163, 207; casual and seasonal labor, 32; child labor, 40, 163, 231; comparison of modern and traditional roles, 142–143, 164–166; conflicts with soldiers, 60, 142, 161, 165, 229–230, 235; festivals and bonus money, 48, 158, 162; feuds and personal disputes, 163–164; habits of association, 170; housing, 43; political and class consciousness, 56, 64, 142–143, 164–166, 251–252, 259–260; resentment toward owners and managers, 158–160; role of labor bosses, 93, 145, 149–150, 161–162; schools for children, 231, 235, 264; time-off and vacations, 162, 230–231; use of media and propaganda, 150, 230, 231, 235, 268–269; wages and rations, 160, 163; working conditions, 163, 234
Wu Bingxiang, 109, 173
Wu Guang, 40, 47, 50, 56, 62
Wu Peifu, 147, 148, 191, 202, 212, 258

Xi Ying, 27, 28, 33, 36, 49, 58, 61
Xiong Xiling, 9
Xu Shichang, 70–71, 173
Xu Zhimo, 21

Yamen clerks and runners, 71, 95, 96
Yan Huijing, 207, 216
Yan Xishan, 222–223, 227, 228–229
Yin Haiyang, 108, 111
Yoshikawa Jojiro, 77
Yu Lang, 68
Yu Side, 253
Yuan Shikai, 8, 15, 68, 69–70, 102, 108, 115, 123, 200; attempts to become emperor, 8–9, 102, 286
Yue Tianyu, 195

Zhang Minjing, 266, 278
Zhang Xueliang, 132
Zhang Xun, 200, 286
Zhang Yinqing, 226, 227, 228, 230; as mediator, 232, 234–235; opposition to, 234, 237, 238–240; power struggles involving, 262, 265, 267, 269, 270–271, 273, 277; role in city politics, 233; skill as a labor organizer, 231, 271, 281–283; support for Reorganizationists, 238–239
Zhang Yinwu, 232, 263, 266, 274–275, 279
Zhang Zhidong, 26
Zhang Zongchang, 201 fig. 24, 214

359

Zhang Zuolin, 16, 65, 258; and air bombardment of city, 208; assassination of, 9; conquest of Beijing, 194, 196, 202 206, 210–211; extortionate policies of, 215; driven from Beijing, 218; imperial ambitions of, 8, 286; photograph banned, 227; role in shaping warlord politics, 199, 219; tenure in Beijing, 8, 16, 96, 195, 196, 222, 225, 239

Zhao Erxun, 203, 207

Zhaoyang University, 225–226

Zhongnanhai palace complex, 8, 15, 16

Zhou Enlai, 21

Zhou Zuomin: background and career of, 103 fig. 12, 113–114, 116, 119, 215; as bureaucratic capitalist, 118, 120, 126–127, 128; as chamber of commerce official, 108, 111–114; high-level political connections of, 108

Zhu Shen, 183, 203, 236

译后记

在林林总总有关中国近代历史的西文著作中,史谦德先生的《北京的人力车夫》无疑堪列最优秀的成果之一。现在它终于译成中文,与中国读者见面了。本书翻译工作一波三折。早在五年之前,翻译和校译工作基本完成,因我疏忽,未及时联系版权,所以只能搁置下来。经多方打听,才得知江苏人民出版社已委托袁剑先生在翻译此书。征得出版社和袁剑先生同意,由我负责将袁先生已译的部分与周书垚翻译、我校译的稿子合璧定稿。史谦德先生的行文优雅而风趣,既有西方学院派著述的严谨,又不失浓浓的民国"京味",译文笔力常感难及,谨请作者和读者鉴谅。

本书翻译过程中,对作者引用的中文书报尽可能找到原文加以处理,实在找不到的才以回译方式处理。中文译本中的边码为英文版页码,以便读者参考原书。注引书目一律不予翻译,以便读者能够查找原书。

中文翻译如有失误或不当之处,敬请读者赐正,以便再版时改正。

周育民
2019 年 10 月

"海外中国研究丛书"书目

1. 中国的现代化　[美]吉尔伯特·罗兹曼 主编　国家社会科学基金"比较现代化"课题组 译　沈宗美 校
2. 寻求富强:严复与西方　[美]本杰明·史华兹 著　叶凤美 译
3. 中国现代思想中的唯科学主义(1900—1950)　[美]郭颖颐 著　雷颐 译
4. 台湾:走向工业化社会　[美]吴元黎 著
5. 中国思想传统的现代诠释　余英时 著
6. 胡适与中国的文艺复兴:中国革命中的自由主义,1917—1937　[美]格里德 著　鲁奇 译
7. 德国思想家论中国　[德]夏瑞春 编　陈爱政 等译
8. 摆脱困境:新儒学与中国政治文化的演进　[美]墨子刻 著　颜世安 高华 黄东兰 译
9. 儒家思想新论:创造性转换的自我　[美]杜维明 著　曹幼华 单丁 译　周文彰 等校
10. 洪业:清朝开国史　[美]魏斐德 著　陈苏镇 薄小莹 包伟民 陈晓燕 牛朴 谭天星 译　阎步克 等校
11. 走向21世纪:中国经济的现状、问题和前景　[美]D.H.帕金斯 著　陈志标 编译
12. 中国:传统与变革　[美]费正清 赖肖尔 主编　陈仲丹 潘兴明 庞朝阳 译　吴世民 张子清 洪邮生 校
13. 中华帝国的法律　[美]D.布朗 C.莫里斯 著　朱勇 译　梁治平 校
14. 梁启超与中国思想的过渡(1890—1907)　[美]张灏 著　崔志海 葛夫平 译
15. 儒教与道教　[德]马克斯·韦伯 著　洪天富 译
16. 中国政治　[美]詹姆斯·R.汤森 布兰特利·沃马克 著　顾速 董方 译
17. 文化、权力与国家:1900—1942年的华北农村　[美]杜赞奇 著　王福明 译
18. 义和团运动的起源　[美]周锡瑞 著　张俊义 王栋 译
19. 在传统与现代性之间:王韬与晚清革命　[美]柯文 著　雷颐 罗检秋 译
20. 最后的儒家:梁漱溟与中国现代化的两难　[美]艾恺 著　王宗昱 冀建中 译
21. 蒙元入侵前夜的中国日常生活　[法]谢和耐 著　刘东 译
22. 东亚之锋　[美]小R.霍夫亨兹 K.E.柯德尔 著　黎鸣 译
23. 中国社会史　[法]谢和耐 著　黄建华 黄迅余 译
24. 从理学到朴学:中华帝国晚期思想与社会变化面面观　[美]艾尔曼 著　赵刚 译
25. 孔子哲学思微　[美]郝大维 安乐哲 著　蒋弋为 李志林 译
26. 北美中国古典文学研究名家十年文选　乐黛云 陈珏 编选
27. 东亚文明:五个阶段的对话　[美]狄百瑞 著　何兆武 何冰 译
28. 五四运动:现代中国的思想革命　[美]周策纵 著　周子平 等译
29. 近代中国与新世界:康有为变法与大同思想研究　[美]萧公权 著　汪荣祖 译
30. 功利主义儒家:陈亮对朱熹的挑战　[美]田浩 著　姜长苏 译
31. 莱布尼兹和儒学　[美]孟德卫 著　张学智 译
32. 佛教征服中国:佛教在中国中古早期的传播与适应　[荷兰]许理和 著　李四龙 裴勇 等译
33. 新政革命与日本:中国,1898—1912　[美]任达 著　李仲贤 译
34. 经学、政治和宗族:中华帝国晚期常州今文学派研究　[美]艾尔曼 著　赵刚 译
35. 中国制度史研究　[美]杨联陞 著　彭刚 程钢 译

36. 汉代农业:早期中国农业经济的形成　[美]许倬云 著　程农 张鸣 译　邓正来 校
37. 转变的中国:历史变迁与欧洲经验的局限　[美]王国斌 著　李伯重 连玲玲 译
38. 欧洲中国古典文学研究名家十年文选　乐黛云 陈珏 龚刚 编选
39. 中国农民经济:河北和山东的农民发展,1890—1949　[美]马若孟 著　史建云 译
40. 汉哲学思维的文化探源　[美]郝大维 安乐哲 著　施忠连 译
41. 近代中国之种族观念　[英]冯客 著　杨立华 译
42. 血路:革命中国中的沈定一(玄庐)传奇　[美]萧邦奇 著　周武彪 译
43. 历史三调:作为事件、经历和神话的义和团　[美]柯文 著　杜继东 译
44. 斯文:唐宋思想的转型　[美]包弼德 著　刘宁 译
45. 宋代江南经济史研究　[日]斯波义信 著　方健 何忠礼 译
46. 一个中国村庄:山东台头　杨懋春 著　张雄 沈炜 秦美珠 译
47. 现实主义的限制:革命时代的中国小说　[美]安敏成 著　姜涛 译
48. 上海罢工:中国工人政治研究　[美]裴宜理 著　刘平 译
49. 中国转向内在:两宋之际的文化转向　[美]刘子健 著　赵冬梅 译
50. 孔子:即凡而圣　[美]赫伯特·芬格莱特 著　彭国翔 张华 译
51. 18世纪中国的官僚制度与荒政　[法]魏丕信 著　徐建青 译
52. 他山的石头记:宇文所安自选集　[美]宇文所安 著　田晓菲 编译
53. 危险的愉悦:20世纪上海的娼妓问题与现代性　[美]贺萧 著　韩敏中 盛宁 译
54. 中国食物　[美]尤金·N. 安德森 著　马孆 刘东 译　刘东 审校
55. 大分流:欧洲、中国及现代世界经济的发展　[美]彭慕兰 著　史建云 译
56. 古代中国的思想世界　[美]本杰明·史华兹 著　程钢 译　刘东 校
57. 内闱:宋代的婚姻和妇女生活　[美]伊沛霞 著　胡志宏 译
58. 中国北方村落的社会性别与权力　[加]朱爱岚 著　胡玉坤 译
59. 先贤的民主:杜威、孔子与中国民主之希望　[美]郝大维 安乐哲 著　何刚强 译
60. 向往心灵转化的庄子:内篇分析　[美]爱莲心 著　周炽成 译
61. 中国人的幸福观　[德]鲍吾刚 著　严蓓雯 韩雪临 吴德祖 译
62. 闺塾师:明末清初江南的才女文化　[美]高彦颐 著　李志生 译
63. 缀珍录:十八世纪及其前后的中国妇女　[美]曼素恩 著　定宜庄 颜宜葳 译
64. 革命与历史:中国马克思主义历史学的起源,1919—1937　[美]德里克 著　翁贺凯 译
65. 竞争的话语:明清小说中的正统性、本真性及所生成之意义　[美]艾梅兰 著　罗琳 译
66. 中国妇女与农村发展:云南禄村六十年的变迁　[加]宝森 著　胡玉坤 译
67. 中国近代思维的挫折　[日]岛田虔次 著　甘万萍 译
68. 中国的亚洲内陆边疆　[美]拉铁摩尔 著　唐晓峰 译
69. 为权力祈祷:佛教与晚明中国士绅社会的形成　[加]卜正民 著　张华 译
70. 天潢贵胄:宋代宗室史　[美]贾志扬 著　赵冬梅 译
71. 儒家之道:中国哲学之探讨　[美]倪德卫 著　[美]万白安 编　周炽成 译
72. 都市里的农家女:性别、流动与社会变迁　[澳]杰华 著　吴小英 译
73. 另类的现代性:改革开放时代中国性别化的渴望　[美]罗丽莎 著　黄新 译
74. 近代中国的知识分子与文明　[日]佐藤慎一 著　刘岳兵 译
75. 繁盛之阴:中国医学史中的性(960—1665)　[美]费侠莉 著　甄橙 主译　吴朝霞 主校
76. 中国大众宗教　[美]韦思谛 编　陈仲丹 译
77. 中国诗画语言研究　[法]程抱一 著　涂卫群 译
78. 中国的思维世界　[日]沟口雄三 小岛毅 著　孙歌 等译

79. 德国与中华民国 [美]柯伟林 著 陈谦平 陈红民 武菁 申晓云 译 钱乘旦 校
80. 中国近代经济史研究:清末海关财政与通商口岸市场圈 [日]滨下武志 著 高淑娟 孙彬 译
81. 回应革命与改革:皖北李村的社会变迁与延续 韩敏 著 陆益龙 徐新玉 译
82. 中国现代文学与电影中的城市:空间、时间与性别构形 [美]张英进 著 秦立彦 译
83. 现代的诱惑:书写半殖民地中国的现代主义(1917—1937) [美]史书美 著 何恬 译
84. 开放的帝国:1600年前的中国历史 [美]芮乐伟·韩森 著 梁侃 邹劲风 译
85. 改良与革命:辛亥革命在两湖 [美]周锡瑞 著 杨慎之 译
86. 章学诚的生平与思想 [美]倪德卫 著 杨立华 译
87. 卫生的现代性:中国通商口岸健康与疾病的意义 [美]罗芙芸 著 向磊 译
88. 道与庶道:宋代以来的道教、民间信仰和神灵模式 [美]韩明士 著 皮庆生 译
89. 间谍王:戴笠与中国特工 [美]魏斐德 著 梁禾 译
90. 中国的女性与性相:1949年以来的性别话语 [英]艾华 著 施施 译
91. 近代中国的犯罪、惩罚与监狱 [荷]冯客 著 徐有威 等译 潘兴明 校
92. 帝国的隐喻:中国民间宗教 [英]王斯福 著 赵旭东 译
93. 王弼《老子注》研究 [德]瓦格纳 著 杨立华 译
94. 寻求正义:1905—1906年的抵制美货运动 [美]王冠华 著 刘甜甜 译
95. 传统中国日常生活中的协商:中古契约研究 [美]韩森 著 鲁西奇 译
96. 从民族国家拯救历史:民族主义话语与中国现代史研究 [美]杜赞奇 著 王宪明 高继美 李海燕 李点 译
97. 欧几里得在中国:汉译《几何原本》的源流与影响 [荷]安国风 著 纪志刚 郑诚 郑方磊 译
98. 十八世纪中国社会 [美]韩书瑞 罗友枝 著 陈仲丹 译
99. 中国与达尔文 [美]浦嘉珉 著 钟永强 译
100. 私人领域的变形:唐宋诗词中的园林与玩好 [美]杨晓山 著 文韬 译
101. 理解农民中国:社会科学哲学的案例研究 [美]李丹 著 张天虹 张洪云 张胜波 译
102. 山东叛乱:1774年的王伦起义 [美]韩书瑞 著 刘平 唐雁超 译
103. 毁灭的种子:战争与革命中的国民党中国(1937—1949) [美]易劳逸 著 王建朗 王贤知 贾维 译
104. 缠足:"金莲崇拜"盛极而衰的演变 [美]高彦颐 著 苗延威 译
105. 饕餮之欲:当代中国的食与色 [美]冯珠娣 著 郭乙瑶 马磊 江素侠 译
106. 翻译的传说:中国新女性的形成(1898—1918) 胡缨 著 龙瑜宬 彭珊珊 译
107. 中国的经济革命:20世纪的乡村工业 [日]顾琳 著 王玉茹 张玮 李进霞 译
108. 礼物、关系学与国家:中国人际关系与主体性建构 杨美惠 著 赵旭东 孙珉 译 张跃宏 译校
109. 朱熹的思维世界 [美]田浩 著
110. 皇帝和祖宗:华南的国家与宗族 [英]科大卫 著 卜永坚 译
111. 明清时代东亚海域的文化交流 [日]松浦章 著 郑洁西 等译
112. 中国美学问题 [美]苏源熙 著 卞东波 译 张强强 朱霞欢 校
113. 清代内河水运史研究 [日]松浦章 著 董科 译
114. 大萧条时期的中国:市场、国家与世界经济 [日]城山智子 著 孟凡礼 尚国敏 译 唐磊 校
115. 美国的中国形象(1931—1949) [美]T. 克里斯托弗·杰斯普森 著 姜智芹 译
116. 技术与性别:晚期帝制中国的权力经纬 [英]白馥兰 著 江湄 邓京力 译

117. 中国善书研究　[日]酒井忠夫 著　刘岳兵 何英莺 孙雪梅 译
118. 千年末世之乱:1813年八卦教起义　[美]韩书瑞 著　陈仲丹 译
119. 西学东渐与中国事情　[日]增田涉 著　由其民 周启乾 译
120. 六朝精神史研究　[日]吉川忠夫 著　王启发 译
121. 矢志不渝:明清时期的贞女现象　[美]卢苇菁 著　秦立彦 译
122. 明代乡村纠纷与秩序:以徽州文书为中心　[日]中岛乐章 著　郭万平 高飞 译
123. 中华帝国晚期的欲望与小说叙述　[美]黄卫总 著　张蕴爽 译
124. 虎、米、丝、泥:帝制晚期华南的环境与经济　[美]马立博 著　王玉茹 关永强 译
125. 一江黑水:中国未来的环境挑战　[美]易明 著　姜智芹 译
126. 《诗经》原意研究　[日]家井真 著　陆越 译
127. 施剑翘复仇案:民国时期公众同情的兴起与影响　[美]林郁沁 著　陈湘静 译
128. 华北的暴力和恐慌:义和团运动前夕基督教传播和社会冲突　[德]狄德满 著　崔华杰 译
129. 铁泪图:19世纪中国对于饥馑的文化反应　[美]艾志端 著　曹曦 译
130. 饶家驹安全区:战时上海的难民　[美]阮玛霞 著　白华山 译
131. 危险的边疆:游牧帝国与中国　[美]巴菲尔德 著　袁剑 译
132. 工程国家:民国时期(1927—1937)的淮河治理及国家建设　[美]戴维·艾伦·佩兹 著　姜智芹 译
133. 历史宝筏:过去、西方与中国妇女问题　[美]季家珍 著　杨可 译
134. 姐妹们与陌生人:上海棉纱厂女工,1919—1949　[美]韩起澜 著　韩慈 译
135. 银线:19世纪的世界与中国　林满红 著　詹庆华 林满红 译
136. 寻求中国民主　[澳]冯兆基 著　刘悦斌 徐硙 译
137. 墨梅　[美]毕嘉珍　陆敏珍 译
138. 清代上海沙船航运业史研究　[日]松浦章 著　杨蕾 王亦诤 董科 译
139. 男性特质论:中国的社会与性别　[澳]雷金庆 著　[澳]刘婷 译
140. 重读中国女性生命故事　游鉴明 胡缨 季家珍 主编
141. 跨太平洋位移:20世纪美国文学中的民族志、翻译和文本间旅行　黄运特 著　陈倩 译
142. 认知诸形式:反思人类精神的统一性与多样性　[英]G.E.R.劳埃德 著　池志培 译
143. 中国乡村的基督教:1860—1900江西省的冲突与适应　[美]史维东 著　吴薇 译
144. 假想的"满大人":同情、现代性与中国疼痛　[美]韩瑞 著　袁剑 译
145. 中国的捐纳制度与社会　伍跃 著
146. 文书行政的汉帝国　[日]富谷至 著　刘恒武 孔李波 译
147. 城市里的陌生人:中国流动人口的空间、权力与社会网络的重构　[美]张骊 著　袁长庚 译
148. 性别、政治与民主:近代中国的妇女参政　[澳]李木兰 著　方小平 译
149. 近代日本的中国认识　[日]野村浩一 著　张学锋 译
150. 狮龙共舞:一个英国人笔下的威海卫与中国传统文化　[英]庄士敦 著　刘本森 译　威海市博物馆 郭大松 校
151. 人物、角色与心灵:《牡丹亭》与《桃花扇》中的身份认同　[美]吕立亭 著　白华山 译
152. 中国社会中的宗教与仪式　[美]武雅士 著　彭泽安 邵铁峰 译　郭潇威 校
153. 自贡商人:近代早期中国的企业家　[美]曾小萍 著　董建中 译
154. 大象的退却:一部中国环境史　[英]伊懋可 著　梅雪芹 毛利霞 王玉山 译
155. 明代江南土地制度研究　[日]森正夫 著　伍跃 张学锋 等译　范金民 夏维中 审校
156. 儒学与女性　[美]罗莎莉 著　丁佳伟 曹秀娟 译

157. 行善的艺术:晚明中国的慈善事业(新译本) [美]韩德玲 著 曹晔 译
158. 近代中国的渔业战争和环境变化 [美]穆盛博 著 胡文亮 译
159. 权力关系:宋代中国的家族、地位与国家 [美]柏文莉 著 刘云军 译
160. 权力源自地位:北京大学、知识分子与中国政治文化,1898—1929 [美]魏定熙 著 张蒙 译
161. 工开万物:17世纪中国的知识与技术 [德]薛凤 著 吴秀杰 白岚玲 译
162. 忠贞不贰:辽代的越境之举 [英]史怀梅 著 曹流 译
163. 内藤湖南:政治与汉学(1866—1934) [美]傅佛果 著 陶德民 何英莺 译
164. 他者中的华人:中国近现代移民史 [美]孔飞力 著 李明欢 译 黄鸣奋 校
165. 古代中国的动物与灵异 [英]胡司德 著 蓝旭 译
166. 两访中国茶乡 [英]罗伯特·福琼 著 敖雪岗 译
167. 缔造选本:《花间集》的文化语境与诗学实践 [美]田安 著 马强才 译
168. 扬州评话探讨 [丹麦]易德波 著 米锋 易德波 译 李今芸 校译
169. 《左传》的书写与解读 李惠仪 著 文韬 许明德 译
170. 以竹为生:一个四川手工造纸村的20世纪社会史 [德]艾约博 著 韩巍 译 吴秀杰 校
171. 东方之旅:1579—1724耶稣会传教团在中国 [美]柏理安 著 毛瑞方 译
172. "地域社会"视野下的明清史研究:以江南和福建为中心 [日]森正夫 著 于志嘉 马一虹 黄东兰 阿风 等译
173. 技术、性别、历史:重新审视帝制中国的大转型 [英]白馥兰 著 吴秀杰 白岚玲 译
174. 中国小说戏曲史 [日]狩野直喜 张真 译
175. 历史上的黑暗一页:英国外交文件与英美海军档案中的南京大屠杀 [美]陆束屏 编著/翻译
176. 罗马与中国:比较视野下的古代世界帝国 [奥]沃尔特·施德尔 主编 李平 译
177. 矛与盾的共存:明清时期江西社会研究 [韩]吴金成 著 崔荣根 译 薛戈 校译
178. 唯一的希望:在中国独生子女政策下成年 [美]冯文 著 常姝 译
179. 国之枭雄:曹操传 [澳]张磊夫 著 方笑天 译
180. 汉帝国的日常生活 [英]鲁惟一 著 刘洁 余霄 译
181. 大分流之外:中国和欧洲经济变迁的政治 [美]王国斌 罗森塔尔 著 周琳 译 王国斌 张萌 审校
182. 中正之笔:颜真卿书法与宋代文人政治 [美]倪雅梅 著 杨简茹 译 祝帅 校译
183. 江南三角洲市镇研究 [日]森正夫 编 丁韵 胡婧 等译 范金民 审校
184. 忍辱负重的使命:美国外交官记载的南京大屠杀与劫后的社会状况 [美]陆束屏 编著/翻译
185. 修仙:古代中国的修行与社会记忆 [美]康儒博 著 顾漩 译
186. 烧钱:中国人生活世界中的物质精神 [美]柏桦 著 袁剑 刘玺鸿 译
187. 话语的长城:文化中国历险记 [美]苏源熙 著 盛珂 译
188. 诸葛武侯 [日]内藤湖南 著 张真 译
189. 盟友背信:一战中的中国 [英]吴芳思 克里斯托弗·阿南德尔 著 张宇扬 译
190. 亚里士多德在中国:语言、范畴和翻译 [英]罗伯特·沃迪 著 韩小强 译
191. 马背上的朝廷:巡幸与清朝统治的建构,1680—1785 [美]张勉治 著 董建中 译
192. 申不害:公元前四世纪中国的政治哲学家 [美]顾立雅 著 马腾 译
193. 晋武帝司马炎 [日]福原启郎 著 陆帅 译
194. 唐人如何吟诗:带你走进汉语音韵学 [日]大岛正二 著 柳悦 译

195. 古代中国的宇宙论　[日]浅野裕一 著　吴昊阳 译
196. 中国思想的道家之论:一种哲学解释　[美]陈汉生 著　周景松 谢尔逊 等译　张丰乾 校译
197. 诗歌之力:袁枚女弟子屈秉筠(1767—1810)　[加]孟留喜 著　吴夏平 译
198. 中国逻辑的发现　[德]顾有信 著　陈志伟 译
199. 高丽时代宋商往来研究　[韩]李镇汉 著　李廷青 戴琳剑 译　楼正豪 校
200. 中国近世财政史研究　[日]岩井茂树 著　付勇 译　范金民 审校
201. 魏晋政治社会史研究　[日]福原启郎 著　陆帅 刘萃峰 张紫毫 译
202. 宋帝国的危机与维系:信息、领土与人际网络　[比利时]魏希德 著　刘云军 译
203. 中国精英与政治变迁:20世纪初的浙江　[美]萧邦奇 著　徐立望 杨涛羽 译　李齐 校
204. 北京的人力车夫:1920年代的市民与政治　[美]史谦德 著　周书垚 袁剑 译　周育民 校
205. 1901—1909年的门户开放政策:西奥多·罗斯福与中国　[美]格雷戈里·摩尔 著　赵嘉玉 译
206. 清帝国之乱:义和团运动与八国联军之役　[美]明恩溥 著　郭大松 刘本森 译